BASTEI
LÜBBE
TASCHENBUCH

Über den Autor:

Horst Conen gilt als einer der renommiertesten Coachs mit den Schwerpunkten Leben, Beruf, Erfolg. Seit mehr als 25 Jahren führt er sowohl persönliche Einzelcoachings als auch Teamtrainings durch und hält Vorträge in Unternehmen und Institutionen. Er schrieb zahlreiche Bücher – viele davon wurden Bestseller.

www.conencoaching.com

Horst Conen

Sei gut zu dir, wir brauchen dich

Vom besseren Umgang
mit sich selbst

BASTEI
LÜBBE
TASCHENBUCH

BASTEI LÜBBE TASCHENBUCH
Band 60738

1. Auflage: März 2013

Dieser Titel ist auch als E-Book erschienen.

Vollständige Taschenbuchausgabe
der beim Campus Verlag erschienenen Hardcoverausgabe

Bastei Lübbe Taschenbuch in der Bastei Lübbe GmbH & Co. KG

Originalverlag:
Copyright © 2005 by Campus Verlag GmbH, Frankfurt am Main
Für diese Lizenzausgabe:
Copyright © 2013 by Bastei Lübbe GmbH & Co. KG, Köln
Umschlaggestaltung: Christina Seitz, Berkheim,
unter Verwendung einer Illustration von Jörg Mühle
Satz: TypoForum GmbH, Seelbach
Gesetzt aus der Adobe Caslon Pro
Druck und Verarbeitung: GGP Media GmbH, Pößneck
Printed in Germany
ISBN 978-3-404-60738-9

Sie finden uns im Internet unter
www. luebbe.de
Bitte beachten Sie auch: www.lesejury.de

Der Preis dieses Bandes versteht sich einschließlich
der gesetzlichen Mehrwertsteuer.

Für Cosima und Noël

»Wenn ich nicht für mich einstehe, wer dann?«

Erich Fromm

Inhalt

Vorwort zur überarbeiteten Neuausgabe

Wir gehen nicht gut mit uns um. Das gilt auch Jahre seit dem ersten Erscheinen dieses Buches im Jahr 2005 noch. Es scheint sogar, als ob immer mehr Menschen dazu neigen, sich selbst zu schaden. Am Ende des Tages fühlen sich viele von den Leistungsanforderungen im Beruf und Belastungen in Alltag und Familie sabotiert. Dabei sabotieren wir uns auch selbst.

Die vielen Emails und Briefe, die ich seit der Erstausgabe dieses Buches erhalten habe, zeigen es: Jeder hat ein solches Teufelchen auf der Schulter sitzen, das ihn zur Selbstsabotage verleiten will und weiß davon zu berichten. Mal animiert es dazu, ewig an sich zu zweifeln und nie mit uns zufrieden zu sein. Ein anderes Mal redet es uns ein, dass wir nur etwas wert sind, wenn wir ganz viel arbeiten und uns selbst nichts gönnen. Wieder ein anderes Mal will es uns davon zu überzeugen, dass wir in allem perfekt sein sollen, niemals »Nein« sagen dürfen und es jedem Recht machen müssen.

Es sind Verhaltensweisen wie diese, die uns viel Kraft und oft auch die Gesundheit, die Partnerschaft und den beruflichen Erfolg kosten – bis zum Burnout. Das erfahre ich bei meiner Tätigkeit als Coach und Trainer immer wieder. Zwar mag sich niemand sogleich damit anfreunden, derlei Mechanismen in sich zu tragen und benennt die Probleme und Reibungspunkte am Arbeitsplatz, in Alltag und Familie als verantwortliche Übeltäter. Doch fest steht: Es ist diese Mischung aus Hast und Stress, mangelhafter Work-Life-Balance und Selbstsabotage, die den Nährboden dafür bildet, dass wir uns selbst manchmal eher feindlich behandeln als freundlich.

Um das zu verhindern, gilt es vor allem, die Stellschrauben der Selbstbehandlung neu zu justieren. Wir müssen mehr Bewusstsein dafür entwickeln, dass wir uns selbst steuern und nicht nur unser Umfeld – die Ansprüche der Anderen, die Aufgaben, die Pflichten. Dem Umgang mit den Belastungen im Beruf und Alltag, dem ewigen »Schneller, Höher, Weiter« gilt es sich auch neu zu stellen. Doch ist dies nicht effektiv ohne zugleich einen Selbstreflexionsprozess in Gang zu setzen.

Niemand ist völlig frei von Selbstsabotageakten. Und sei es nur, dass man der Typ ist, der begeistert alles anfängt, aber nichts zu Ende führt, sich gern verzettelt, zu wichtigen Terminen regelmäßig zu spät kommt oder die Teamkollegen in der Firma ewig mit seiner Nölerei und blockierenden Art ausbremst. Man könnte es einfach mit einem »nobody is perfect« abtun, weil Menschen nun mal ihre Schwächen haben. Doch wäre diese Schlussfolgerung fatal, denn sie würde nicht dazu führen, mit sich selbst besser umzugehen. Um dies zu erreichen, gilt es, mit sich selbst eine Art Freundschaftspakt zu schließen und etwas auszuhandeln, was gut für uns ist – für Körper und Seele, die Beziehungen zu Menschen, den Erfolg im Beruf und Leben. Die gezielten Maßnahmen in diesem Buch wollen dazu beitragen.

Für die vorliegende Neuausgabe habe ich das Buch überarbeitet und aktualisiert. Die vielen Vorträge, die ich in Unternehmen und Institutionen zu diesem Thema hielt und die Gespräche, die ich im Anschluss daran und in meinen Einzelcoachings seit dem ersten Erscheinen geführt habe, erbrachten neue Impulse für das vorliegende Werk. Geblieben ist die zentrale Absicht: Ihnen fundierte und praktische Anleitungen dafür zu bieten, die alltägliche selbstgemachte Sabotage zu enttarnen und zu verhindern. Und Ihnen zugleich Wege aufzuzeigen, wie Sie sich im Alltag Kraftquellen schaffen können, die direkt spürbar Entspannung und neue Energie erzeugen – neue Motivation, neue Lebensfreude.

So ist das Buch in Ihren Händen ein noch besserer Helfer geworden. Es ist ein effektives Mittel zum »Selbstcoaching« mit dem Ziel, die Kunst, gut mit sich umzugehen tagtäglich praktizieren zu können. Ich bin mir sicher, Sie bald im Kreis derer begrüßen zu können, denen das trotz Stress und hoher Ansprüche an sich selbst immer öfter gelingt.

Herzliche Grüße aus Köln

Ihr
Horst Conen   im Frühjahr 2011

Einführung: Das »Take-Care-Prinzip«

Wir leben in einer bewegten Zeit. Nie zuvor haben Menschen in derart rasantem Tempo Veränderungen erfahren wie heute. Einerseits erleben wir einen radikalen Wandel in der Wirtschafts- und Arbeitswelt, andererseits werden wir fortwährend mit neuartigen Erkenntnissen und Technologien konfrontiert. Unsere Gesellschaft gestaltet sich um. Die Welt internationalisiert und beschleunigt sich. Damit ändern sich die Anforderungen, die an uns gestellt werden – auch an die Art wie wir leben, arbeiten, uns informieren oder kommunizieren. Was die einen spannend finden, ängstigt die anderen. Das Gefühl, gehetzt und erschöpft zu sein hat heute fast jeder.

Die daraus resultierende Getriebenheit und der Druck, den der Einzelne sich macht, führt nicht selten dazu, dass Menschen das Gespür dafür verlieren, was sie sich zumuten und abverlangen können und wann sie das eigene gesunde Maß aus den Augen verlieren. Schon in Ihrer unmittelbaren Umgebung werden Sie mindestens eine Person erkennen, die genau diesem Profil entspricht – vielleicht ist es Ihr Chef, eine Kollegin oder ein Kollege, Ihr Lebenspartner, ein Freund, Ihre Mutter, Ihr Vater oder sogar Sie selbst.

Viele Menschen arbeiten im Tagesgeschäft bis zur Erschöpfung und vergessen dabei sich selbst. Hinzu kommt, dass es heute leider als Zeichen des Erfolges gilt, gestresst zu sein und für sich selbst keine Zeit zu haben. Ob der Kampf um das persönliche Überleben oder die Anerkennung und einen Platz in dieser Gesellschaft, der mit Bewunderung und Status belohnt wird – wir mühen uns, ackern und rackern und kommen trotzdem oft nicht da hin, wo wir gerne wären. Dabei überhören wir leicht die körperlichen und seelischen Signale. Bis sie nicht mehr überhörbar sind. Im Einzelgespräch erfahre ich oft, wie wenig ausgeprägt das Bewusstsein für den eigenen Umgang mit sich ist. Immer wieder begegne ich der einseitigen Ansicht, dass sich Erfolg im Leben und Beruf allein auf Beharrlichkeit und harte Arbeit gründet. Die Erkenntnis, dass Erfolg in nicht unerheblichem Maße auch vom richtigen Umgang mit sich selbst abhängt – vom Wissen um den klugen Einsatz der persönlichen Stärken sowie der seelischen und körperlichen Kräfte und Möglichkeiten – ist wenig verbreitet.

Doch wer so lebt, lebt gefährlich. Immer alles schaffen, alles können, alles sein zu wollen führt auf Dauer dazu, nie bei sich zu sein, nicht zu sich zu kommen. Ob Superman oder Supermama – wer nie zu sich kommt, verliert irgendwann das Gefühl für sich selbst, weiß bald nicht mehr, was gut für sich und andere ist und worin er den Sinn seines Lebens sieht. Viele sind am Rande des Zusammenbruchs. Meist merken sie es gar nicht mehr, weil sie sich an den täglichen »Grenzgang« längst gewöhnt haben – es als normal ansehen, sich zu überfordern. Der gutgemeinte Rat »Mach doch mal ein paar Tage Urlaub« hilft da wenig.

Doch was kann man tun als Frau, als Mann, im Arbeitsleben stehend, deutlich mehr beansprucht als früher, mit der Furcht, den Job zu verlieren, nicht mehr zu genügen, abzurutschen? Was kann man tun, mit einer Doppelbelastung behaftet aus Beruf und Familie, Kindern und Haushaltsmanagement oder dem pflegebedürftigen Elternteil, den es auch noch zu versorgen gilt? Was kann man tun, wenn der Alltag mit Wucht an die Tür klopft und wir ihm oft nichts anderes entgegen zu setzen haben als unsere Perfektionsansprüche, ohne gelernt zu haben, die persönlichen Grenzen zu orten, einzuhalten und alles in ein gesundes Verhältnis zu den eigenen Zielen zu rücken? Gibt es Wegweiser für diese Zeit?

Es gibt diese Wegweiser. Die Erfahrung zeigt, dass sie dann effektiv sind, wenn sie von einer »aktiven Selbstfürsorge« geprägt sind. Davon sind wir im Alltag nämlich leider oft weit entfernt. Daran hat auch die Wellness-Welle nichts geändert. Wir sind zwar zum Teil dazu übergegangen, mehr Verantwortung für unsere Gesundheit zu übernehmen, treiben mehr Sport, achten auf gesündere Ernährung oder nutzen Anti-Aging-Rezepte – aber der Wellness-Gedanke wird noch zu passiv umgesetzt. Viele meinen, wenn sie sich eine Massage gönnen, grünen Tee trinken oder in die Sauna gehen, sei das Nötige getan, um gut zu sich zu sein. Dabei übersehen sie, dass das eigentliche Gefährdungspotenzial in unseren Köpfen sitzt. Von dort ist es mit Joghurt-Drinks und Dampfdusche nicht zu vertreiben. Um es zu kontrollieren, benötigen wir ein neues »aktives« Selbstverständnis – eben ein liebevolleres Verhältnis zu uns selbst. Und zwar nicht im Sinne von Selbstverliebtheit und Egoismus, sondern in Form eines Mentalitätswechsels: weg von jener unreflektierten Falschbehandlung der eigenen physischen und emotionalen Ressourcen, die den Körper und die Seele krank macht – hin zu einem klugen Umgang mit sich selbst, dem achtsamen Einsatz unserer Energien und Stärken. So minimiert man nicht nur die zermürbende Wirkung von beruflichem Dauerstress und privaten Dauerbaustellen – und damit das persönliche Burnout-Risiko – so lässt sich auch ein gelingendes Leben führen.

Mein Angebot an Sie besteht aus acht Fragen: zum Beispiel, ob Sie sich selbst manchmal ungut behandeln, weil Sie es so gelernt haben. Denn falsche Rollenbilder können dafür ebenso die Ursache sein wie eine Erziehung, in der Schwäche bestraft wurde, um vorab nur zwei Beispiele zu nennen. Auch wird die Frage aufgeworfen, ob Sie sich zuweilen selbst ausbremsen, weil Sie immer noch die negativen Gefühle vergangener Ereignisse mitschleppen. Oder: »Warum tue ich mir das an – obwohl ich doch längst weiß, dass es mir auf Dauer nicht gut tut.« Ob Fragen nach dem eigenen Antrieb, dem Umgang mit der Arbeit, schwierigen Mitmenschen oder was Sie am meisten unter Stress setzt – wir klopfen fast jeden Bereich des Lebens ab. Jede Frage ist als Selbsttest zu verstehen, inwieweit Sie in Denk- und Verhaltensmuster verstrickt sind, deren Begleiterscheinung es ist, dass Sie nicht freundlich zu sich sind und damit in die falsche Richtung steuern. Und jeder dieser Selbsttests bietet die Möglichkeit, ein Prinzip anzuwenden, mit dem Sie sofort korrigierend eingreifen können, wenn Sie sich dabei ertappen, wie Sie sich eigenhändig sabotieren. Ich nenne dieses Prinzip das »Take-Care-Prinzip«. Es besteht aus konkreten Anleitungen, Übungen, Tipps und Checklisten, die alle nur das eine Ziel verfolgen: im beruflichen und privaten Alltag besser mit sich selbst umgehen zu können und auf diese Weise entspannter und gesünder, lebensfroher und erfolgreicher zu sein. »Take care! – Pass auf dich auf!«, sagt man im Englischen zu Menschen, die man gerne vor Schaden bewahren möchte und denen man nur Gutes wünscht. Das wird das Motto dieses Buches sein. Machen Sie es schon jetzt zu Ihrem – indem Sie es sich noch heute auf einen Klebezettel schreiben und ihn an den Computerbildschirm, das Bücherregal oder den Kühlschrank heften, damit sie fortan täglich daran erinnert werden.

Das »Take-Care-Prinzip« im Alltag zu leben heißt, das Prinzip der »Selbstwirksamkeit« anzuwenden. Dieser psychologische Begriff besagt, dass wir uns niemals ausgeliefert fühlen müssen, wenn wir daran glauben, aus eigener Kraft etwas bewirken zu können. Wir können unsere Gefühle und Erfahrungen zum Positiven verändern, auch und gerade in schwierigen und verunsichernden Zeiten, wenn wir uns nicht als Opfer, sondern als Gestalter begreifen. Diese wichtige menschliche Fähigkeit ist ein Schlüssel für die stete Weiterentwicklung der eigenen Persönlichkeit und zugleich dazu geeignet, sich zu allen Zeiten neue Energien und Sinnmöglichkeiten zu erschließen. Mit der Orientierung am »Take-Care-Prinzip« halten wir den dazu nötigen Selbstreflexionsprozess in Gang. Dieses Mehr an Selbstbeobachtung erzeugt, dass wir bei allem, was wir tun, die Fragen im Blick haben: Was ist sinnvoll, wichtig und richtig für mich, d.h. ist es okay, dass ich dazu meine Zeit und Kraft einsetze? Und was schadet mir nur?

Nutzen Sie die Gelegenheit, um eine Inspektion Ihrer Mittel durchzuführen, mit denen Sie an die Dinge des täglichen Lebens herangehen. Ausgehend von der Erfahrung, dass wir in der Regel unser Auto häufiger durchchecken lassen als uns selbst, kann eine Untersuchung des persönlichen Status quo in Leben und Beruf sowie der eingesetzten Werkzeuge nur von Vorteil sein. Stellen Sie sich einmal selbstkritisch auf den Prüfstand, um die Wirkungsweise Ihrer unbewussten Denk- und Verhaltensmuster zu untersuchen. Denn wer sie und damit sich selbst besser verstehen lernt, wird nicht mehr so leicht von der Welle des Alltags mitgerissen. Er gewinnt die Kontrolle über sein Leben zurück – und gerät in die machtvolle Position, immer öfter selbst entscheiden zu können, ob es so weiter gehen soll oder ob ab sofort mehr Bedacht beim Umgang mit sich selbst und dem eigenen Leben angesagt ist.

Es geht also in diesem Buch um mehr Selbstbestimmung und nicht darum, dass Sie sich nur noch halbherzig für etwas engagieren sollen anstatt Ihr Bestes zu geben. Ich möchte Sie dazu ermuntern, bewusster auf sich Acht zu geben, damit Sie sich und den Menschen, die Sie lieben und die um Ihr Wohl bemüht sind, noch lange Zeit erhalten bleiben. »Brennen« Sie ruhig weiter für Ihren Job, Ihre Familie und für alles, was ihnen etwas bedeutet. Nur lernen Sie auch, sich nicht zu *ver*brennen. Take care!

Schleppen Sie die Vergangenheit mit sich herum?

Hätten Sie Lust, noch einmal so richtig durchzustarten? Vielleicht Ihr Leben zu verändern, den Absprung in einen spannenderen Job zu wagen, sich eine zweite Karriere aufzubauen, den Schritt in die Selbstständigkeit zu unternehmen, zu heiraten und Kinder zu bekommen oder sich einen lang gehegten Lebenstraum zu erfüllen? Und? Was hindert Sie daran, für ein privates oder berufliches Vorhaben richtig Vollgas zu geben? Sind es äußere Faktoren wie Abhängigkeiten, Verpflichtungen oder finanzielle Erwägungen? Oder fällt Ihnen der Neustart schwer, weil Sie von etwas gebremst werden, das allein aus Ihrer persönlichen Geschichte zu erklären ist? Sagen Sie vielleicht selbst zu sich: »Lass es lieber bleiben, das schaffst du sowieso nicht!«? Oder manövrieren Sie sich unbewusst in Situationen hinein, die dann dazu führen, dass Ihr Vorhaben scheitert?

Verändern Sie mit »starken Sprüchen« Ihr Leben

Das Wichtigste zuerst: Die Gründe, weshalb wir uns manchmal selbst im Weg stehen, sind vor allem in der Vergangenheit zu suchen: Es spielt eine Rolle, wo und wie wir aufgewachsen sind. Kindheits- und Jugenderfahrungen geben über vieles Aufschluss, was unsere Identität betrifft. Oft hat es sogar den Anschein, als ob wir den gesamten Treibstoff, mit dem wir uns durchs Leben bewegen, nur dort getankt hätten. Denn was man uns früher verwehrte, versuchen wir uns heute zurückzuholen. Womit man uns früher geärgert hat, damit ärgern wir heute die anderen. Was früher Unsicherheit für uns bedeutete, versuchen wir heute durch Sicherheitsdenken auszugleichen. Wir müssen also unsere Vergangenheit miteinbeziehen – dort liegt oftmals der Schlüssel für das Weiterkommen in der Gegenwart.

Vor allem gilt es, die Botschaften zu untersuchen, die man uns mit auf den Weg gab. Denn einige behindern uns vielleicht und halten ständig das Stoppschild vor die Nase. Andere hingegen fördern uns. Deshalb denken Sie kurz nach: Wissen Sie noch, was man Ihnen früher eingetrichtert hat? Waren es typische »Bremsersätze« wie etwa »Was soll aus dir bloß werden, du machst mir nur Sorgen!«, »Lass lieber die Finger davon, das kann deine Schwester oder dein Bruder besser!« oder »Du wirst mal eine gute Mutter!« (aber eben keine Frau, die Karriere macht)? Oder waren es eher ermutigende Worte und Sätze wie »Du schaffst das!«, »Du wirst deinen Weg machen!« und »Ich glaube an dich!«?

Nun mögen Sie vielleicht meinen, diese Sprüche spielen heute keine Rolle mehr. Doch weit gefehlt. Denn solche Glaubenssätze sind Botschaften fürs Leben. Sie gehören zu den Schlüsselerfahrungen, die uns prägen. Das heißt: Was wir in der Kindheit und Familie und in den Beziehungen zu anderen Menschen (zum Beispiel die erste Liebe, die beste Freundin, der Trainer des Sportvereins) immer wieder gesagt bekamen, hat einen enormen Einfluss auf unsere Selbstachtung. Machen wir uns nicht bewusst, welche Sätze uns in der Kindheit und Jugend wiederholt gesagt wurden, können sie unser Denken und Handeln ein Leben lang beeinflussen.

Deshalb mein Rat: Prüfen Sie zuerst, was sich in dieser Hinsicht alles bei Ihnen festgesetzt hat. Denn Ihre Lebensbotschaften sind nicht selten ausschlaggebend dafür, ob Sie im Beruflichen erfolgreich sind oder immer wieder Misserfolge ernten, ob Sie im Privaten glücklich sind oder immer wieder an die falschen Lebenspartner geraten, ob Sie schüchtern und ängstlich oder mutig und selbstbewusst an Schwierigkeiten und Probleme herangehen, und ob Sie gut mit sich umgehen oder sich selbst schlecht behandeln.

Überlegen Sie: Wie sehen die Sprüche aus, die Sie geprägt haben? Was haben Eltern, Geschwister und andere Bezugspersonen häufig zu Ihnen gesagt – vom besten Schulfreund bis hin zum ersten Lehrer oder Vorgesetzten. Wie hat man reagiert, wenn Sie mal etwas falsch gemacht haben oder dringend Hilfe brauchten? Was rief man Ihnen hänselnd hinterher? Was sagte man, um Sie zu ermuntern oder zu trösten? Wurden Sie oft gelobt oder mehr getadelt? Hat man Ihnen so etwas wie ein Grundvertrauen vermittelt (»Was du auch anstellst, wir sind immer für dich da.«)? Oder war es eher Gleichgültigkeit und vielleicht sogar das Gefühl, eine Belastung zu sein?

Was fällt Ihnen an dieser Stelle auf? Wird Ihnen bewusst, dass es viel mehr abwertende als aufbauende Töne waren und Sätze, die Sie erniedrigt haben, dann sollten Sie noch heute damit beginnen, Ihre Selbstachtung zu stärken. Denn egal, wie alt Sie sind: Sie können Ihre Biografie immer noch mitschreiben, an diesem Tag und in dieser Minute wieder die Regie übernehmen statt sich weiterhin unterschwellig dirigieren zu lassen. Mit anderen Worten: Es gibt tatsächlich Wege, wie Sie auf Ihre Vergangenheit Einfluss nehmen können. Und zwar so, dass Ihre Gegenwart und Zukunft nicht nachteilig davon bestimmt werden und Sie sich bei der Verwirklichung Ihrer Lebensveränderungswünsche und Ziele nicht selbst drosseln, sondern freie Fahrt haben. Die folgenden Sätze sind typische Beispiele für negative Lebensbotschaften:

- »Du störst!« (wird auch wortlos geäußert)
- »Das schaffst du nicht!«
- »Du machst immer alles falsch!«
- »Du bist eine Enttäuschung!« (wird auch wortlos geäußert)
- »Das kann dein Bruder/deine Schwester besser!«
- »Du bist genauso wie deine Mutter/dein Vater!«
- »Was soll nur aus dir werden?«

- »Das verstehst du sowieso nicht!«
- »Das geht bestimmt schief!«
- »Dein Aussehen/deine Figur ist nicht okay!« (wird auch wortlos geäußert)

Haben Sie die negativen Botschaften von früher aus dem Unterbewusstsein hervorgelockt, müssen Sie sie gegen positive Botschaften austauschen. Doch das ist gar nicht so schwer wie es zunächst klingen mag. Bei dem folgenden Fall aus meiner Beratungspraxis ist es auch gelungen.

»Nur adrett bist du nett . . .«

Beatrix, eine attraktive Frau Anfang vierzig, ist von Beruf Immobilienmaklerin. Sie ist Single, lebt in einer schönen Wohnung und führt eine Beziehung mit Frank, einem geschiedenen Mann. Der würde alles dafür tun, um mit ihr ein neues Leben anzufangen. Doch Beatrix blockt ab. Sie mag Frank, doch sie weist ihn immer wieder zurück.

Sie fährt mit Frank in Urlaub – allerdings nur, wenn dafür gesorgt ist, dass sie ein eigenes Hotelzimmer bekommt, in dem sie sich zurechtmachen und auch übernachten kann. Denn was sie vermeiden will, ist morgens neben Frank aufzuwachen, unfrisiert und ungeschminkt – für sie eine grauenhafte Vorstellung. Ebenso wie die, gemeinsam dasselbe Bad zu benutzen.

Frank ist das unverständlich, denn er sagt: »So wie du gerade bist, bist du. Ich liebe dich auch ohne Make-up.« Beatrix aber sträubt sich. Sie mag ihren Schutzraum für den Rückzug nicht aufgeben, scheint ihn sogar manchmal noch über die Beziehung zu stellen. Irgendwann hat Frank dieses Spiel satt, ruft nicht mehr so häufig an und sie sehen sich seltener als früher. Nun bekommt Beatrix Angst, Frank zu verlieren, kann sich aber auch nicht vorstellen, ihm alles von sich zu zeigen.

Eine ausweglose Situation. Denn nicht nur privat, auch im Beruf wurde das Verhalten von Beatrix immer wieder zum Problem. Es gab Tage, da hatte sie derart schlechte Laune, bloß weil sie sich nicht gefiel, dass sämtliche Kauf- und Mietinteressenten vor ihr die Flucht ergriffen.

Wir haben gemeinsam überlegt, welche Lebensbotschaften von früher bei Beatrix mit im Spiel sein könnten; was der Grund dafür sein mochte, dass sie sich die Menschen auf Distanz hielt. Beatrix erzählte, dass sie als Kind von ihren Eltern immer nur Lob bekam, wenn sie adrett herausgeputzt war. Kam sie mal schmutzig nach Hause oder war sie in den Augen der Eltern schlampig gekleidet, gab es Ärger. »Immer war es das Gleiche: Erst schimpfte meine Mutter und später noch mein Vater. Dann sprachen beide tagelang nicht richtig mit mir. So lernte ich: Nur wer perfekt und anständig aussieht, bringt es im Leben zu etwas.«

Was Beatrix mir berichtete, ließ den Schluss zu: Sie fühlte sich nur dann liebenswert, wenn sie einen gewissen Grad an äußerlicher Perfektion erreicht hatte. Sie dachte, dass sie nichts zu befürchten habe, wenn sie diesem Anspruch genügt. Andernfalls erwartet sie Ablehnung und Liebesentzug. Deshalb ging sie an manchen Tagen erst gar nicht aus ihrer Wohnung heraus. Und wenn doch, dann in der Schutzhaltung aggressiver Stimmung, weil sie kritische Blicke und Äußerungen erwartete. Und deshalb war sie auch unentwegt darauf bedacht, das Bild von der perfekt zurechtgemachten Frau zu erhalten, wenn Frank bei ihr war. Und setzte sich selbst sehr unter Druck, aus Angst, er würde ihr bei unzulänglichem Äußeren seine Liebe und Zuneigung entziehen.

Ein anstrengendes Leben. Denn wer dauernd daran arbeitet, einem Anspruch wie diesem gerecht zu werden, weil er die kritisch-abwertenden Blicke der anderen fürchtet, der kann sich nie entspannen. Wir brauchten keine vier Sitzungen, um einen besseren Umgang mit ihr selbst einzuüben. Als erstes galt es den Glaubenssatz: »Wer kein korrektes Äußeres hat, ist kein liebenswerter Mensch« zu entschärfen. Ich provozierte sie mit der Äußerung, dass sie immer noch brav die Erwartungen ihrer Eltern erfülle. Diese Einsicht machte Beatrix wütend, und diese Wut auf sich selbst half ihr, in die Offensive zu gehen. Und irgendwann sah sie ein: »Es kann doch nicht angehen, dass andere mich nur dann lieb haben, wenn ich gepflegt aussehe.« Und sie begriff, dass diese längst vergessene Botschaft von der »artigen und adretten« Tochter der Grund dafür war, dass sie so unter ihren Perfektionsansprüchen litt und dadurch den Menschen aus dem Weg ging, bis schließlich berufliche Probleme ihren Arbeitsplatz gefährdeten.

Als nächstes half ich Beatrix, die negativ wirkende Lebensbotschaft der Eltern positiv umzuformulieren. Dazu schrieb ich ihr einige Pappkarten mit positiven Botschaften wie etwa »Ich bin gut!«, »Ich bin ein wertvoller Mensch!«, »Ich mag mich so, wie ich bin!«. Ich riet ihr, diese Karten eine Zeit lang täglich laut zu lesen – am besten schon morgens vor dem Spiegel. Es half ihr auch, einige Karten bei sich zu tragen oder sie in Wohnung und Büro zu positionieren. Ziel war, die positiven Botschaften ständig zu Gesicht zu bekommen, damit sie ins Unterbewusstsein übergehen und dort mit der Zeit die negativen Glaubenssätze untergraben konnten.

Fünf Monate später kam Beatrix mit triumphierendem Lächeln zu mir und legte einen Grundstücksplan auf den Tisch. Sie hatte ihre alte Wohnung verkauft, mit Frank an der Hand ein Haus erstanden und sagte: »Die zwei Königskinder sind doch noch zueinander gekommen!«

Take-Care-Prinzip: So schaffen Sie sich ermutigende Lebensbotschaften

Im folgenden Abschnitt lernen Sie, die Aussagen, die Sie entmutigt, verletzt oder schwach gemacht haben, in starke Sprüche umzuwandeln! Die nachstehende Tabelle zeigt Ihnen die schon bekannten Negativbotschaften, aber diesmal mit einer ergänzten Umformulierung ins Positive. Nehmen Sie sich die zehn Beispiele zum Vorbild, und formulieren Sie diejenigen Sätze, die Sie immer noch beeinflussen, genauso um. Benutzen Sie dazu die freien Felder. Schreiben Sie auf die linke Seite die Negativaussage, und formulieren Sie auf der rechten Seite einen Satz, der geeignet wäre, Ihre Selbstachtung zu stärken. Zwei Punkte sind wichtig, damit Ihr Gehirn sich auf die positive Botschaft einlässt:

Erstens: Verfassen Sie Ihre neue Positivbotschaft in der Ist-Form. Formulieren Sie keine Sätze, die auf ein »ich möchte, würde, könnte, will, müsste oder sollte« hinauslaufen, denn damit kann Ihr Unterbewusstsein wenig anfangen. Es reagiert eher auf zielorientierte Botschaften. Nur damit kann es die festsitzenden negativen Glaubenssätze verdrängen – die lauten ja auch »du bist nicht« oder »du kannst nicht«. Formulieren Sie also Ihren negativen Spruch so um, als hätten Sie das positive Gegenteil bereits erreicht – zum Beispiel »Ich bin ...« und »Ich kann ...«. Wie in der rechten Spalte vorgezeichnet, sollten Sie ruhig noch eine Variante formulieren. So können Sie erspüren, welcher Satz Ihnen mehr zusagt und hilft.

Zweitens: Trainieren Sie mit Ihrer neuen Positivbotschaft. Schreiben Sie sich den Satz, von dem Sie meinen, dass er eine bessere Regieanweisung für Ihr Leben ist als jene Sprüche von früher, auf eine Karte oder einen Zettel. So können Sie ihn immer bei sich tragen. Vielleicht hängen Sie ihn auch an prominenter Stelle auf. Denn Sie müssen Ihre neue positive Botschaft immer wieder lesen – wenn auch nur im Vorbeigehen. Als Faustregel gilt: Je öfter Sie über Ihren starken Spruch stolpern und je weniger Sie den Wortlaut bezweifeln, desto eher wird er zu Ihrem Kapital für zukünftige Ziele und Pläne.

Negative Botschaft	Positive Botschaft
»Du störst!«	»Ich sorge dafür, dass es mir gut geht.« oder »Ich bin nicht allein – es gibt viele, die mich mögen.«
»Das schaffst du nicht!«	»Ich schaffe es!« oder »Ich traue mir das zu, weil ich schon viele Schwierigkeiten und Herausforderungen gemeistert habe.«
»Du machst immer alles falsch!«	»Ich bin ich – mit all meinen Stärken und Schwächen!« oder »Ich bin gut!«
»Du bist eine Enttäuschung!«	»Es ist mir egal, was andere über mich denken.« oder »Ich habe viele Fähigkeiten und Talente!«
»Das kann dein Bruder/deine Schwester besser!«	»Ich kann viele Dinge, die andere nicht können!« oder »Ich bin ein wertvoller Mensch!«
»Du bist genauso wie deine Mutter/dein Vater!«	»Ich bin eine starke Persönlichkeit!« oder »Ich bestimme mein Leben selbst!«
»Was soll nur aus dir werden?«	»Ich bin etwas Besonderes!« oder »Ich erreiche meine Ziele auf meine Art!«
»Das verstehst du sowieso nicht!«	»Ich bin klug!« oder »Ich weiß auf meinem Gebiet mehr als die anderen!«
»Das geht bestimmt schief!«	»Es wird mir gelingen!« oder »Ich riskiere es und gebe mein Bestes!«

»Dein Aussehen/deine Figur ist nicht okay.«	»Ich mag mich so, wie ich bin!« oder »Ich bin schön!«
. . . .	. . . .
. . . .	. . . .
. . . .	. . . .
. . . .	. . . .
. . . .	. . . .
. . . .	. . . .

Vom OJE- zum AHA-Denken

Nicht alles lässt sich mit der Bewusstmachung und Umformulierung von negativen Botschaften entschärfen. Jeder weiß: Es gibt Ereignisse, die so einschneidend sind, dass wir sie nie ganz verwinden – wie etwa der Tod eines geliebten Menschen, die Scheidung der Eltern oder vom Partner betrogen worden zu sein. Erfahrungen wie diese tragen wir meist für immer im seelischen Rucksack mit uns herum, denn wir können unsere Geschichte nicht völlig neu schreiben. Die Menschen, von denen wir uns etwas anderes gewünscht haben als das, was sie uns gaben, lassen sich nicht verwandeln. Vieles lässt sich also nicht auflösen, es bleibt uns nichts weiter übrig, als es so hinzunehmen wie es ist, auch wenn wir in manchen Momenten schwer daran zu tragen haben.

Dennoch müssen wir uns auch selbst Zuversicht geben. Wir dürfen nicht erwarten, dass andere das übernehmen – auch wenn wir die Erfahrungen nicht ändern können, so können wir doch uns selbst ändern. An den entstandenen Verlust-, Trennungs- oder Bindungsängsten oder einem negativen Selbstbild können wir arbeiten.

Ich behaupte sogar: Jeder Mensch kann sich – bis zu einem gewissen Grad – selbst neu in die Welt setzen. Das ist zwar ein lebenslanger Prozess – eine Arbeit an sich selbst, die täglich geleistet werden muss. Aber sie lohnt sich. Denn auf diese Weise tun wir etwas für ein besseres Lebensgefühl im Heute und damit für einen besseren Umgang mit uns selbst.

Wesentlich dafür ist, dass wir nicht im *OJE*-Denken verhaftet bleiben:

O   =   *Ohne*
J   =   *Jede*
E   =   *Erneuerungsmöglichkeit*

Denn klagen wir nur und halten an Schuldzuweisungen und Rechtfertigungen fest, bleibt auch der Inhalt des Erfahrungsrucksacks so schwerwiegend, dass ein Durchstarten unmöglich wird. Wir bremsen uns selbst aus. Also gilt: Egal wie Ihre Vergangenheit auch aussehen mag, am besten treffen Sie heute noch die Entscheidung, sich nicht mehr so intensiv damit zu beschäftigen. Denn je öfter Sie zurückschauen, je mehr lassen Sie sich selbst leiden. Und das zehrt an Ihrer Kraft, macht mutlos und hält Sie vom Erreichen Ihrer Ziele ab. Gehen Sie daher überlegter mit sich um, und setzen Sie Ihre Energien besser ein. Denn wollen Sie privat oder beruflich Vollgas geben, wollen Sie Ihr Leben neu gestalten, brauchen Sie die Kraft Ihrer Persönlichkeit. Die Positivformel dafür, sie nicht länger an die Vergangenheit zu vergeuden, sondern die alten Geschichten loszulassen, lautet »*AHA*«:

A   =   *Altlasten*
H   =   *Herausfinden und*
A   =   *Abschließen*

Jeder von Ihnen, der sich überhaupt nicht vorstellen kann, die Verletzungen von früher abzuschließen und loszulassen, wer sich ohnmächtig fühlt, sich selbst zu erneuern, der sollte nicht zögern, sich helfen zu lassen. Eine Psychotherapie oder ein Coaching können sehr viel bewirken und Gutes auf den Weg bringen. Sie können es aber auch *aus sich heraus* schaffen, wenn Sie die Bereitschaft mitbringen, besser mit sich selbst umzugehen, jeden Tag zu üben, das eigene Denken und Handeln zu verändern und einfache und praktische Selbsthilfemaßnahmen auszuprobieren.

Ein erster wichtiger Schritt praktischer Selbsthilfe bildet die folgende Übung. Neben dem Bewusstmachen von Zusammenhängen, womit wir uns weiter unten noch beschäftigen werden, kann sie der selbstinitiierte Anfang sein, um sich vom OJE zum AHA zu befördern.

Take-Care-Übung: »Tschüss Vergangenheit«

Greifen Sie sich einen Tag heraus, an dem Sie ungestört sind. Konfrontieren Sie sich an diesem Tag ganz bewusst mit schmerzlichen Erfahrungen und Ereignissen, die Sie mit sich herumtragen. Nehmen Sie sich dazu alte Fotos oder Briefe vor, die Sie deutlich daran erinnern, was war.

Nehmen Sie den Erinnerungsgegenständen ihren unterschwelligen Einfluss, indem Sie sie an diesem Tag zusammenpacken. Schnüren Sie ein Bündel aus Briefen, Fotos und anderen Dingen, wie zum Beispiel dem Küchengerät Ihrer Mutter, das Sie statt Liebe von ihr geschenkt bekamen, der nie getragenen Armbanduhr Ihres Vaters, die Sie nur aufbewahrt haben, weil sie für Sie ein winziges Stück Zuneigung verkörpert, an dem Sie sich immer noch festhalten, oder den schon verblichenen Eintrittskarten vom ersten gemeinsamen Kinobesuch mit Ihrem Ex-Partner, der längst eine neue Familie gegründet hat. Beschließen Sie, sich nicht mehr an diese Dinge zu klammern.

Machen Sie sich mit Ihrem Bündel oder Päckchen auf den Weg in den Wald oder zu einem brachliegenden Feld. Graben Sie ein Loch, um die negativ wirkenden Altlasten zu begraben. Schaufeln Sie anschließend die Stelle wieder zu und sagen Sie »Tschüss« und »Auf Nimmerwiedersehen«. Halten Sie innerlich eine kurze Grabrede, geben Sie den Erinnerungen ein letztes Geleit, und verabschieden Sie sich von ihnen. So schaffen Sie diesem Stück Vergangenheit, das Sie gerne hinter sich lassen wollen, eine letzte Ruhestätte. Sie können sich jetzt vorstellen, wie es sich in der Erde auflöst und bald nichts mehr davon existiert.

Beschließen Sie Ihr Abschiedsritual damit, dass Sie diesen Befreiungsschlag feiern – verwöhnen Sie sich, gönnen Sie sich eine Belohnung! Treffen Sie sich mit Ihrer besten Freundin beziehungsweise einem guten Freund, oder unternehmen Sie alleine etwas, was Sie vielleicht schon immer mal gerne machen wollten, aber verschoben haben. Sagen Sie sich: »Was jetzt zählt, ist das Heute und vielleicht noch das Morgen. Aber auf keinen Fall mehr das Gestern!« Und? Spüren Sie schon dieses gewisse Kribbeln, den Durst nach neuen Taten?

Werden Sie zum Rosinenpicker – sammeln Sie positive Ereignisse

Jetzt, da Sie von bedrückenden Erfahrungen Ihrer Vergangenheit symbolisch Abschied genommen haben, sollten Sie sich gezielter um das Heute kümmern. Beginnen Sie damit, Ihre Gegenwart aktiver mit erfreulichen Erlebnissen anzureichern, auf diese Weise sorgen Sie für Ihre positive Zukunft. Denn um einer unguten Vergangenheit die Macht über uns zu entziehen, ist es vonnöten, den Erfahrungsrucksack auf unseren Schultern mit positiven Eindrücken und Gefühlen zu bepacken. Der Hauch unguter Vergangenheit verliert zunehmend an Wirkungskraft, je mehr wir uns täglich bewusst dafür einsetzen, etwas zu erleben, das uns glücklich macht.

Probieren Sie es doch gleich aus. Starten Sie mit einer Pause vom Alltag – vielleicht einer Kurzreise nach Venedig, London oder Prag. Geht nicht? Dann machen Sie zumindest einen Wochenend-Ausflug zu einem unbekannten Ziel in Ihrer Umgebung. Entdecken Sie ein neues Romantikhotel, bummeln Sie durch kleine Einkaufsstraßen, besichtigen Sie alte Burgen oder wandern Sie ein bisschen. Hauptsache ist: Leiten Sie das neue Leben und Erleben ein. Setzen Sie pointiert einen Anfang, und legen Sie für sich fest, dass Sie von nun an munterer ins Leben einsteigen wollen. Außerdem werden Sie feststellen: Einmal raus aus dem Alltag, fällt es leichter, positive Eindrücke zu sammeln.

Jeder gewöhnliche Tag verfügt über Momente, die schön sind, Spaß machen und zum Genuss verführen. Um besser mit sich umzugehen, sollten Sie es sich zur Aufgabe machen, für diese Momente ein Auge, ein Ohr und ein Gefühl zu bekommen: Finden und sammeln Sie sie. Vielleicht sogar so, wie in der folgenden Geschichte – sie enthält ein sehr einfaches, aber wirkungsvolles Rezept, das auch ich für den Alltag übernommen habe.

Der italienische Conte

In Italien kursiert die Geschichte von einem Grafen, der sehr alt wurde, weil er ein Lebensgenießer par excellence war. Niemals verließ er das Haus, ohne sich zuvor eine Handvoll Bohnen einzustecken. Er tat dies nicht etwa, um die Bohnen zu kauen. Er nahm sie mit, um so die schönen Momente des Tages bewusster wahrnehmen und um sie besser zählen zu können. Für jede positive Kleinigkeit, die er tagsüber erlebte – zum Beispiel eine nette Konversation auf der Straße, das Lächeln seiner Frau und Lachen seiner Kinder, ein köstliches Mahl, eine feine Zigarre, einen schattigen Platz in der Mittagshitze, ein Glas guten Weines – kurz: für alles, was die Sinne erfreute, ließ er eine Bohne von der rechten in die linke Jackentasche wandern. Manche Begebenheit war ihm gleich zwei oder drei Bohnen wert. Abends saß er dann zu Hause und zählte die Bohnen aus der linken Tasche. Er zelebrierte diese Minuten. So führte er sich vor Augen, wie viel Schönes ihm an diesem Tag widerfahren war und freute sich des Lebens. Und sogar an einem Abend, an dem er bloß eine Bohne zählte, war der Tag gelungen, hatte es sich zu leben gelohnt. (aus: Horst Conen, *Optimisten brauchen keinen Regenschirm*, Ariston Verlag, Kreuzlingen 1996)

Tragen Sie immer ein paar Bohnen in der Tasche!

Das Rezept des Conte ist eine unkonventionelle Art, sich selbst dazu anzuhalten, den erfreulichen Dingen des Tages mehr Beachtung zu schenken. Nicht jeder mag sich gleich dazu animiert fühlen, es ihm gleichzutun, vielleicht auch, weil die Taktzahl unseres Alltags meist höher ist. Es existiert keine mehrstündige Siesta, dafür aber ein enger Terminplan, der unser Leben stark von außen bestimmt, Hektik und Verpflichtungen diktieren oft unseren Tag. Doch gerade deswegen ist es wichtig, die Eindrücke eines Tages zu selektieren und den guten mehr Gewicht beizumessen. Wenn wir uns selbst verordnen, die angenehmen Kleinigkeiten des Tages häufiger zu würdigen und seltener als selbstverständlich oder unwichtig einzustufen – so kann schon aus einem leckeren Sandwich, der guten Idee für ein Geburtstagsgeschenk oder dem wohligen Körpergefühl nach dem Duschen etwas werden, was uns eine Bohne wert ist. Nicht achtlos vorbeiziehen zu lassen, was eigentlich ganz schön und erfreulich ist – das ist das ganze Geheimnis.

Deshalb probieren Sie die Methode des Conte: Stecken Sie sich jeden Morgen ein paar Bohnen ein (es können auch Erbsen oder Murmeln sein). Diese einfache Strategie hat die Kraft, den Vorhang eines vermeintlich nur grauen Alltags beiseite zu schieben und die

Wahrnehmung zu verändern. Vielen, denen ich in meinen Vorträgen davon berichtete, hat sie schon geholfen, sie wurden selbst zu überzeugten »Bohnenzählern«. Falls es Ihnen lieber ist, können Sie natürlich auch ohne diese Hilfsmittel – also nur im Geiste – festhalten und zählen, was Ihnen an schönen Momenten widerfährt. Ob mit oder ohne Bohnen, treten Sie jeden neuen Tag mit dem Vorsatz an, nicht nur Negatives zu erwarten, sondern auch jede Menge Positives. Tun Sie es einfach – ganz egal was früher war – aus Liebe zu Ihrem Leben. Starten Sie jeden Morgen einen neuen Versuch, das Konto unschöner Erfahrungen auszugleichen, mit dem Ziel, sobald wie möglich auf der Guthaben-Seite ein Plus zu erwirtschaften, statt weiter das Minus zu beklagen.

Oft stellt man mir die Frage: »Gerate ich dann nicht in die Gefahr, die Welt durch eine rosarote Brille zu betrachten, sie verfälscht wahrzunehmen, besser als sie in Wahrheit ist?« Da brauchen Sie keine Sorgen zu haben. Denn im Laufe der Zeit stolpern Sie seltener als gewohnt in negative Gefühlsmuster hinein. Sie nehmen differenzierter wahr, lernen das, was Sie erleben, objektiver und damit positiver zu bewerten. Und sitzen am Abend weniger häufig da und sagen: »War das heute wieder ein furchtbarer Tag.« Und das wiederum hat zur Folge, dass Sie die vorhandenen Konditionierungen, wie zum Beispiel »Ich habe ein schweres Leben« oder »Ich erlebe nur Schlechtes«, leichter überwinden. Es ist also eine Möglichkeit, sich selbst dazu zu erziehen, zufriedener zu sein und sich mit dem, was Sie umgibt, in Harmonie zu fühlen. Sie unterstützt uns darin, nicht immer nur das »große Glück« zu erwarten, sondern all das zu sehen, was wir bereits haben und dieses »kleine Glück« intensiver wertzuschätzen. Je konsequenter Sie diesen Ansatz in Ihr tägliches Leben und Erleben integrieren, desto rascher entsteht ein Gleichgewicht im Erfahrungsrucksack. Negatives steht Positivem nicht mehr so machtvoll gegenüber, denn Sie sehen, dass noch etwas anderes existiert. Allein dadurch, dass Sie die Dinge positiver bewerten als gewohnt, werden wieder Kräfte frei, die Sie beflügeln.

Vielleicht sagen Sie an dieser Stelle: »Auch wenn ich mehr auf schöne Momente achte und mich dazu anhalte, die kleinen Freuden des Tages zu genießen – da ist aber trotzdem diese Stimme in meinem Ohr, die mir keine Ruhe lässt. Ohne dass ich es hören will, zählt sie mir auf, was alles schiefgelaufen ist: Wie meine Ehe zu Bruch ging, weil ich zu viel gearbeitet habe. Dass man mir nach 30 Jahren einfach so gekündigt hat, weil das Unternehmen die Belegschaft verkleinerte. Was ich an der Börse alles verloren habe, obwohl ich immer dachte, der Aktienweltmeister zu sein. Die Vorwürfe an mich selbst, die Selbstzweifel, die Angst, die Wut, die Trauer – alles das ist nicht weg!«

In diesem Fall rate ich, in einen intensiven Dialog mit sich selbst einzutreten: Überlegen Sie einmal, wie oft Sie mit sich selbst reden. Sie sitzen am Schreibtisch, sehen Ihre Projekte und fragen sich, wie Sie das alles hinkriegen sollen. Sie fahren mit dem Auto und sind in Gedanken bei einem Streit, der gestern plötzlich ausbrach. Sie bereiten einen Termin vor oder machen sich Sorgen um Ihre Teenager-Tochter, die mal wieder zu spät nach Hause kam. Sie stehen unter der Dusche und zerbrechen sich den Kopf, wie Sie an diesem Tag einen drohenden Konflikt mit Ihrem Chef oder einem schwierigen Kunden vermeiden, der sich angekündigt hat.

Selbstgespräche dieser Art führt jeder. Und indem wir im Kopf diskutieren, verarbeiten wir unser Tun und das, was wir erleben. Werden die inneren Dialoge jedoch stark von jenem inneren Nörgler dominiert, der immer wieder die alten Geschichten aufwärmt, sollten wir eingreifen. Denn er will, dass wir an der Vergangenheit festhalten. Setzen wir ihm nichts entgegen, so wird es für uns sehr schwer, das Gestern endlich hinter uns zu lassen.

Das Kardinalproblem ist: Diese Stimme in unserem Kopf kann sehr hartnäckig sein und uns in einem schwachen Moment kalt erwischen. Ein Beispiel: Ist unsere Vergangenheit davon geprägt, dass wir in zerrütteten Familienverhältnissen aufwuchsen oder wir einen Vater hatten, der nie für uns da war, so reicht als Auslöser, dass wir einer Familie begegnen, die Geborgenheit und Liebe vermittelt, oder wir einen Spielfilm sehen, in dem sich Vater und Sohn beim Happy End in die Arme fallen. Und schon macht die Stimme sich über uns her und spricht: »Du bist ein armes Schwein. Diese heile Welt hat man dir vorenthalten. Du musstest dich allein durchkämpfen. Du bist im Nachteil. Du wirst immer ein seelisch Misshandelter bleiben …« Wir zerfleischen uns wieder mit der Frage nach dem »Warum« und werden von Wut und Traurigkeit erfasst statt von der vollen Lust am Leben.

Das Fatale daran: Diese negative Stimme hat einen direkten Draht zu unseren Gefühlen. Kaum haben wir uns vorgenommen, das Alte hinter uns zu lassen, flüstert sie uns entmutigende Sprüche ins Ohr, und wir fühlen uns wieder schlecht und lassen davon ab. Doch um unsere Stimmung vollends zu drücken, muss sich die negative Stimme zuerst überall im Kopf ausbreiten können. Und genau hier liegt unsere Chance: Indem wir jedes Mal direkt mit einer positiven Botschaft reagieren, hindern wir den Störenfried daran, ungute Gefühle in uns auszulösen. Die Angst, die Wut, die Trauer – all das wird abgefangen, gemildert und schneller überwunden.

Üben Sie diese Kopfarbeit. Lassen Sie nicht zu, dass Sie sich selbst davon abhalten, für Ihre Vorhaben und Ziele richtig durchzustarten – denn dieser nörgelnde Quälgeist ist ein Teil von Ihnen. Lernen Sie mit diesem Teil Ihrer Persönlichkeit besser umzugehen, damit Sie den Tiger im Tank spüren statt zu viel Lastgepäck.

Take-Care-Übung: »Halt mein Freund …!«

Gehen Sie gleich bei der nächsten Attacke des inneren Nörglers wie folgt vor:

1. Sagen Sie »Hallo...« Begrüßen Sie ihn, sobald Sie merken, dass es wieder losgeht. Sagen Sie sich in Gedanken: »Na, da bist du ja wieder, du Selbstzweifel, du Selbstvorwurf oder du Schuldgefühl! Und? Was hast du dir denn heute ausgedacht, um mich von meinem Vorhaben abzuhalten oder mich in schlechte Stimmung zu versetzen?«

2. Geben Sie ihm ein Gesicht Geben Sie ihm einen Namen, wie etwa »das kleine Monster«, »meine kleine Nervensäge« oder »mein Freund«. Stellen Sie sich vor, wie er aussieht. Ist er eher frech? Stampft er trotzig mit dem Fuß auf, wenn er Sie dazu bewegen will, Ihr Dasein im düsteren Licht zu betrachten? Oder schaut er eher unsicher und unbeholfen aus und ist eigentlich zu bemitleiden?

3. Rufen Sie »Halt ...!« Unterbrechen Sie ihn sofort, wenn Sie merken, dass er Sie wieder mit der Nase darauf stoßen will, was alles nicht geklappt hat, wo Sie einen Fehler begangen haben oder Defizite haben, die Sie angeblich davon abhalten, sich in eine neue Richtung zu bewegen. Sagen Sie: »Stopp!« Am besten laut – wann immer es Ihnen möglich ist. Reden Sie ihn mit Namen an und sagen Sie: »Halt mein Freund, mein kleines Monster, du Nervensäge...« Oder: »Nein! Du bringst mich nicht wieder dazu, mich schlecht zu fühlen oder aufzugeben.«

4. Zeigen Sie sich entschieden Drehen Sie das Ruder jedes Mal herum, und übernehmen Sie die Gesprächsführung. Sagen Sie: »Ich weiß, ich kann das, also versuche nicht, mich davon abzubringen.« Oder: »Du kannst dich ruhig wieder zurückziehen, denn ich brauche dich nicht mehr.« Oder: »Geh mir nicht auf die Nerven mit deiner Nörgelei! Was gestern war, ist aus und vorbei! Ich lebe heute. Deshalb: Hör auf, zieh dich zurück! Du bringst mich nicht von meinem Weg ab!«

5. Überzeugen Sie ihn   Sprechen Sie sich Mut zu, und ziehen Sie ihn mit. Haben Sie zum Beispiel einen Fehler gemacht, den Sie sich immer wieder vorhalten, so sagen Sie: »Komm, hör jetzt auf, dir Vorwürfe zu machen. Wie lange willst du dich noch quälen? Fehler gehören nun mal zum Leben dazu. Nobody is perfect. Du hast nur das Beste gewollt. Also, mach endlich einen Strich unter die Sache und verzeihe dir selbst. Beim nächsten Mal machst du wieder alles richtig!«

Haben Sie zum Beispiel Ihren Arbeitsplatz und damit auch Ihr Selbstwertgefühl verloren, so sagen Sie sich: »Komm, steh wieder auf. Du gehörst noch lange nicht aufs Abstellgleis. Wirf heute deine Selbstzweifel über Bord. Sieh deine Stärken und deine Erfahrung. Fass dir ein Herz und teste deine Chancen. Brich heute auf zu neuen Ufern!« Wenn Ihnen immer noch eine gescheiterte Ehe nachhängt, so sagen Sie sich: »Jetzt ist Schluss mit dem Alleinsein. Du warst jetzt lange genug Single. Jetzt ist es Zeit, einem Menschen wieder zu vertrauen. Komm, zieh heute los und zeige der Welt wieder, dass es dich gibt. Sei offen und charmant, flirte ein bisschen und lass dich ein. Dann findest du neues Glück.« Was Sie auch sagen, um sich selbst zu ermutigen – sagen Sie es nicht nur einmal, sondern immer wieder!

Führen Sie den inneren Dialog stets positiv. Reagieren Sie mit Ruhe und Geduld, wenn Sie merken, dass Ihre Selbstgespräche nicht sofort fruchten. Vergessen Sie nicht: Das »kleine Monster« ist ein Teil von Ihnen, der erst überzeugt werden muss – und das braucht eben Zeit. Deshalb gehen Sie nie hart gegen sich selbst vor, Sie sollten die Stimme der Vergangenheit nicht bekämpfen. Und werten Sie Rückschläge nicht als Rückschritte – sondern als Schritte, die Sie weiter bringen. Bleiben Sie also stets nett zu sich und zugleich beharrlich. So sind Sie und Ihr innerer Nörgler bald Partner, die ein und dasselbe wollen.

»Glücklich ist, wer vergisst, was nicht mehr zu ändern ist!«, spricht der Volksmund. Und tatsächlich: Manchmal fällt es uns ganz leicht, unter bittere Erfahrungen einen Schlussstrich zu ziehen und nach vorn zu schauen. Dann aber folgen Phasen, wo wir uns mit Abschluss und Neubeginn besonders schwer tun, denn wir sind Stimmungsschwankungen unterworfen – und manche Altlast kann äußerst hartnäckig und vertrackt und schwer abzuschließen sein. Wenn Sie trotz aller Arbeit an sich selbst vom Gestern immer wieder eingeholt werden, sollten Sie versuchen, Klarheit über die Zusammenhänge zu gewinnen.

Der folgende Selbsttest möchte Ihnen dabei behilflich sein. Er ist darauf ausgerichtet, Ihnen für das Durchstarten in eine unbeschwerte Zukunft Starthilfe zu leisten. Im ersten Teil gehen Sie eine Checkliste durch, die Ihnen eine Auswahl typischer Symptome für Altlasten aufzeigt. Sie alle deuten auf Angelegenheiten hin, die verzweigt und ungelöst scheinen. Man nennt diese auch »unfinished business«.

Lesen Sie bitte die genannten Beispiele, und kreuzen Sie diejenigen Punkte an, die auch auf Sie zutreffen. Trifft keines der Beispiele auf Sie zu, kreuzen Sie demgemäß nichts an. Bitte schreiben Sie jedes Mal anschließend auch auf, was Sie an sich selbst wahrnehmen. Das können Verhaltensweisen und Handlungen sein, mit denen Sie sich selbst sabotieren. Oder es sind vielleicht Gedanken und Gefühle, die Sie immer wieder heimsuchen. Wichtig: Seien Sie beim Ausfüllen des Selbsttests sehr selbstkritisch. Denn wenn Sie die Dinge verharmlosen oder beschönigen, kann kein positives lebensveränderndes Potenzial freigesetzt werden. Deshalb gilt: Sich selbst nicht erkennen zu wollen, ist Dummheit. Sich selbst zu erkennen, ist Intelligenz.

Persönlichkeit und Charakter

○ »Ich überfordere mich oft, will es allen beweisen und gönne mir keine Ruhe.«

○ »Ich denke sehr rasch, einen Fehler gemacht zu haben und fühle mich schuldig.«

○ »Ich bin nie mit meiner Leistung zufrieden und kann mich nicht loben oder belohnen.«

○ »Ich bin sehr stark um Ordnung bemüht und kann mich nur schwer entspannen.«

○ »Ich bin oft nervös und rege mich über Sachen auf, die es eigentlich nicht wert sind.«

○ »Ich glaube, offen gestanden, nicht daran, dass ich mal Erfolg haben könnte.«

○ »Ich denke oft, ich darf mir keine Schwäche erlauben, muss immer Stärke zeigen.«

○ »Ich mache mir häufig Sorgen und kann mich nur über wenig freuen.«

○ »Ich kümmere mich um alles selbst, kann Aufgaben nur schlecht delegieren.«

○ »Ich zweifle häufig an mir selbst und denke, dass ich immer alles falsch mache.«

○ Das fällt mir selbst auf:

. . . .

. . . .

. . . .

. . . .

○ »Ich mag mein Aussehen nicht und denke oft über Schönheitsoperationen nach.«

○ »Ich habe immer wieder denselben Traum – zum Beispiel immer noch dort zu wohnen, wo ich früher wohnte oder noch etwas regeln zu müssen, was ich längst geregelt habe.«

○ »Ich nehme häufig Tabletten, um weniger panisch oder ängstlich zu sein.«

○ »Ich gehe beim Sport meist bis an meine Leistungsgrenze und habe nach dem Training oft Schmerzen.«

○ »Ich bin sehr verbissen und kann bei Spiel und Sport nur schlecht verlieren.«

○ »Ich denke oft, dass ich mich unbeholfen bewege, und alle über mich lachen.«

○ »Ich rieche manchmal einen Duft, höre eine Musik oder sehe eine Szene auf der Straße und könnte sofort losheulen.«

○ »Ich benötige, um sexuell befriedigt zu sein, ständig einen neuen und anderen Kick.«

○ »Ich hätte gern eine andere Figur und gebe mein ganzes Geld für Diäten aus.«

○ »Ich erlaube mir oft nicht, müde oder erschöpft zu sein und gehe hart mit mir selbst um.«

○ Das fällt mir selbst auf:

. . . .

. . . .

. . . .

Partnerschaft und Beziehung

○ »Mir fehlt oft der Mut, mich gegenüber meinem Partner durchzusetzen, und ich schlucke alles, um Streit zu vermeiden.«

○ »Ich bin ständig auf der Suche nach der perfekten Frau/ dem perfekten Mann und habe Probleme, treu zu sein.«

○ »Ich muss immer genau wissen, was mein Partner gerade macht und wo er/sie ist.«

○ »Ich hätte am liebsten, dass mein Partner sich genauso verhält wie meine Mutter/mein Vater.«

○ »Ich bin ziemlich besitzergreifend, zum Beispiel mag ich es nicht, wenn mein Partner mit Freunden ausgeht oder meine Kinder bei anderen Eltern sind.«

○ »Ich habe oft Angstattacken und fürchte mich davor, meinen Partner/meine Familie zu verlieren.«

○ »Ich mache im letzten Moment immer wieder einen Rückzieher, wenn es darauf hinausläuft, eine feste Bindung einzugehen.«

○ »Ich spiele oft den harten Mann/die starke Frau, um meinem Partner ein bestimmtes Bild von mir zu liefern.«

○ »Ich kann oft meine Gefühle nicht zeigen.«

○ »Ich kann meinen Partner nur lieben, wenn er/sie mich schlecht behandelt.«

○ Das fällt mir selbst auf:

. . . .
. . . .
. . . .
. . . .

Umgang mit Menschen und Kommunikation

○ »Ich denke oft, dass mich keiner mag und wirklich ernst nimmt.«

○ »Ich fühle mich rasch angegriffen und meine, dass die anderen mich kritisieren wollen.«

○ »Ich habe Angst, Menschen entgegenzutreten, die eine Autorität darstellen.«

○ »Ich kann andere nur schlecht um Verzeihung oder Hilfe bitten.«

○ »Ich erwarte, dass die anderen sofort springen, wenn ich etwas will.«

○ »Ich gehe Menschen am liebsten aus dem Weg und telefoniere auch nicht gern.«

○ »Ich richte mich sehr nach den anderen und stelle die eigenen Bedürfnisse zurück.«

○ »Ich lasse mich von anderen Menschen sehr leicht ausnutzen und zu Taten verleiten, die mir schaden.«

○ »Ich möchte immer Recht haben und mag nicht, wenn andere anderer Meinung sind.«

○ »Ich beschäftige mich viel damit, was andere Menschen falsch machen.«

○ Das fällt mir selbst auf:

. . . .
. . . .
. . . .
. . . .
. . . .
. . . .

Soweit der erste Teil des Tests. Haben Sie Beispiele angekreuzt oder ergänzt? Gut! Denn nun folgt der zweite Teil. Suchen Sie jetzt Ihr früheres Leben nach Erfahrungen ab, die möglicherweise die Ursache dafür sind, dass Sie manchmal heute noch von bedrückenden Gedanken- und Gefühlsattacken überfallen werden oder Sie sich zu einem Verhalten gedrängt fühlen, mit dem Sie sich selbst nicht gut behandeln.

Die folgende Tabelle liefert Ihnen Anstöße, Zusammenhänge zwischen dem Früher und Heute aufzudecken. Zunächst finden Sie Beispiele für Symptome und deren direkte Ursachen. Verfahren Sie anschließend genauso wie in diesen Beispielen vorgezeichnet: Greifen Sie ein Symptom heraus, das Sie im Selbsttest angekreuzt oder notiert haben. Versuchen Sie, ob es sich einer der aufgeführten Ursachen zuordnen lässt. Oder tragen Sie dieses Symptom direkt in die Leerspalten auf der linken Seite ein, und fügen Sie rechts Ihren eigenen Verdacht hinzu.

Ich sage bewusst »Verdacht«. Denn letztlich ist nicht gesichert, dass Sie richtig liegen. Sich selbst zu analysieren, ist eine Aufgabe, die nur subjektiv erfüllbar ist. Dennoch macht es durchaus Sinn, auf diese Weise Ursachenforschung zu betreiben. Denn die Erfahrung zeigt: In den meisten Fällen landet man intuitiv im richtigen Ursachenfeld. Es funktioniert ähnlich, wie wenn Sie am eigenen Auto unbekannte Geräusche vernehmen. Sind Sie kein Kfz-Mechaniker, so steht zu vermuten, dass Sie nicht wissen, ob der definitive Grund ein defektes Differential ist oder die Auspuffaufhängung, die sich gelockert hat und nun klappert. Aber Sie können ungefähr orten, aus welcher Richtung das Klappern stammt. Und das ist schon viel wert.

Fragen Sie sich, woher die Störgeräusche rühren könnten, die Sie zuweilen bemerken. Sie haben sie im Selbsttest bereits geortet. Überlegen Sie nun, aus welchem Lebensbereich sie kommen könnten. Sind Sie damit fertig, sollten Sie sich eine gedankliche Atempause gönnen. Legen Sie also im Anschluss das Buch aus der Hand, machen Sie einen Gang um den Block, oder widmen Sie sich Tätigkeiten, bei denen Sie Ihren Geist spazieren führen können, wie zum Beispiel Gartenarbeit, Risotto kochen oder Klavier spielen. Es ist möglich, dass es Ihnen dann so ergeht, wie dem Kommissar, der in einem Kriminalfall ermittelt: Plötzlich erkennen Sie die Zusammenhänge, schlagen sich vor die Stirn und rufen aus: »Dass ich darauf nicht schon längst gekommen bin?«

Denn auf einmal erkennen Sie zwischen Symptom und Ursache die Verbindung, und vieles erklärt sich von allein. Vielleicht begreifen Sie mit einem Mal, dass Sie sich beruflich nur deshalb nichts zutrauen, weil schon das erzieherische Motto Ihrer ängstlichen Mutter stets lautete: »Lieber den Spatz in der Hand als die Taube auf dem Dach.« Und das, obwohl Sie durchaus das Zeug dazu hätten, Karriere zu machen. Oder Sie erkennen, dass Ihr Partner Ihnen wohl nur deshalb den Vorwurf macht, nicht an Sie heranzukommen, weil Sie noch nicht damit abgeschlossen haben, dass Ihre große Liebe Sie vor Jahren verlassen hat. Und Sie sich aus Angst vor neuer Enttäuschung nicht so richtig auf die Beziehung einlassen. Was auch immer – allein dadurch, dass Sie über die Zusammenhänge nachdenken, erkennen Sie sich selbst und können ganz neue Wege beschreiten.

So können Sie die Ursachen für »unfinished business« klären

Symptome	Mögliche Ursachen
○ »Ich überfordere mich ständig, will es allen beweisen und gönne mir keine Ruhe.«	»…weil ich aus relativ ärmlichen Verhältnisse stamme, und in der Schule viele auf mich herabgeschaut haben.«
○ »Ich mag mein Aussehen nicht und denke oft über Schönheitsoperationen nach.«	»…weil meine erste große Liebe mir ständig das Gefühl gab, ich hätte keinen schönen Körper, und mich mehrmals betrog.«

○ »Mir fehlt oft der Mut, mich gegenüber meinem Partner durchzusetzen, und ich schlucke alles, um Streit zu vermeiden.«	»... weil ich einen dominanten Vater/eine dominante Mutter hatte, der/die auch keine eigene Meinung duldete.«
○ »Ich denke oft, dass mich keiner mag und wirklich ernst nimmt.«	»... weil sich früher zu Hause immer nur alles um meinen Bruder/ meine Schwester drehte und nicht zählte, was ich sagte oder leistete.«
○ ...	»...weil ich eine Trennung noch nicht überwunden habe.
○ ...	»...weil ich zu Hause immer die Hauptperson war.«
○ ...	»...weil mein Vater/meine Mutter nie Gefühle gezeigt haben.«
○ ...	»...weil die Stimmung zu Hause immer vom Denken geprägt war: ›Das wird sowieso nichts!‹«
○ ...	»...weil mein geschiedener Mann/ meine geschiedene Frau immer meinte, ich sei dafür zu dumm.«
○ ...	»...weil mein Lieblingslehrer auf Menschen hinuntergeschaut hat, die keine Leistung bringen.«
○ ...	»...weil ich als Kind viel zu dick war, und mich alle gehänselt haben.«
○ ...	»...weil ich mich dafür schäme, das Abitur nicht geschafft und nicht studiert zu haben.«
○ ...	»...weil ich von Freunden schon mehrmals bitter enttäuscht worden bin.«
○ ...	»...weil ich immer so wie mein Idol sein wollte.«

Jetzt ist es Zeit für den Neustart. Falls Sie eine Lebensänderung anstreben – nun haben Sie fast freie Bahn. Der letzte Teil der mentalen Starthilfe lädt Sie dazu ein, Ihre menschliche Größe dazu einzusetzen, ungute Botschaften und Erfahrungen an dieser Stelle zurückzulassen.

Und so geht's: Wählen Sie eine ungelöste Situation aus der Vergangenheit, die allein schon beim Gedanken daran immer noch Ärger oder Wut, Trauer oder Hassgefühle erzeugt. Ob die entmutigenden Worte, die Menschen Ihnen eintrichterten ohne sich im Klaren zu sein, was sie damit anrichten, oder schicksalhafte Ereignisse, die sich schmerzhaft einprägten – setzen Sie Persönlichkeitskraft, Seelengröße oder Hochherzigkeit dagegen. Unterschätzen Sie dieses Potenzial nicht. Denn zum Glück verfügen Sie außer dem Groll oder dem Schmerz auch über Liebe und Hoffnung in sich, die Fähigkeit zu verzeihen und die innere Stärke zur Versöhnung – ohne den weiteren Blick zurück im Zorn. Sie brauchen diese positive Kraft in sich selbst nur zu bejahen, statt darauf zu beharren, dass das, was einmal war, Ihnen für immer nachhängen wird. Schon fällt es Ihnen viel leichter, Begebenheiten aufzugeben, die Schnee von Gestern sind.

Wer sich als Opfer von gestörten Familienverhältnissen erkannt oder ein privates oder berufliches Desaster hinter sich hat, das noch frisch ist, für den mag dieser letzte Teil und Schritt der Schwerste sein. Denn neben der Bereitschaft zum Neubeginn setzt er auch die Kraft voraus, den Kurswechsel allein aus sich selbst heraus vollziehen zu können. Deshalb möchte ich nochmals wiederholen: Wer spürt, dies nicht allein bewältigen zu können, sollte sich mit einem Termin bei einem Lebensberater selbst einen Gefallen tun. Denn dieses Buch, so sehr es auch darauf ausgerichtet ist, praktische Hilfen zur Selbsthilfe zu vermitteln, kann ein persönliches Gespräch natürlich nicht ersetzen.

Vor allem sollte niemand meinen, krank zu sein, wenn er einen

Therapeuten oder Coach anruft. Ich erwähne das, weil ich ständig erlebe, wie sonst kluge Menschen in dieser Beziehung rückständig denken. Viele meinen, wer derlei Hilfe in Anspruch nimmt, hat einen »Knacks«. Sie sehen nicht, welch großen Nutzen sie aus einer seriösen Beratung ziehen können. Denn ohne in den Verdacht kommen zu wollen, Werbung in eigener Sache zu machen, so kann ich doch aus Erfahrung sagen: Gerade das Aufräumen in Sachen Altlasten bringt eine Menge.

Das Abschließen von Vergangenem ergibt einen spürbaren Schub: Vieles, was vorher mühevoll war, stellt sich plötzlich als einfach dar. Erinnerungen und Bilder, die uns immer wieder bitter in den Sinn kamen, verflüchtigen sich. Das Gefühl, nicht richtig von der Stelle zu kommen, verschwindet. Man gewinnt neue Einsichten über sich selbst, entwickelt seine Persönlichkeit und wächst als Mensch. Kurz: Viele starten anschließend durch wie eine Rakete.

Also: Denken Sie fortan positiv über ein Coaching oder eine Therapie. Denken Sie daran, was Sie weiterbringt und nicht daran, was andere sagen könnten. Denn mit der Last der Vergangenheit lässt sich zwar durchs Leben reisen, aber die Gefahr schleichender Schäden fährt mit. Wer Glück hat, kommt an. Wer Pech hat, erlebt, wie sein Innenleben den totalen Systemausfall meldet. Wenn Sie ein Ziel vor Augen haben, wenn Sie ein Zeitfenster für private Veränderungen offen lassen möchten und im beruflichen Fortkommen die maximale Durchzugskraft erreichen wollen, sollten Sie erhellen, ob und wo Ihre Vergangenheit noch in Ihrem jetzigen Leben herumspukt und endlich Ihren Frieden damit machen.

Um diesen Frieden finden zu können, können Sie im Folgenden lernen, sich nicht länger mit der Realität anzulegen. Der Weg dorthin gelingt mit den folgenden drei Prinzipien: »Love it, change it or leave it«, was frei übersetzt bedeutet: »Nehme es an, ändere es oder lass es los.«

Nehmen Sie es an!

Fragen Sie sich: »Welche Erfahrung oder Situation beschwert mein Lebensgefühl heute noch und hindert mich oft daran durchzustarten?«

Beschreiben Sie: »Das, was mich immer noch sehr belastet, ist...«

Sagen und ergänzen Sie folgende Sätze:
   »Ich nehme diese Erfahrung oder Situation an. Ich bewerte sie nicht länger negativ. Ich stufe sie als sinnvoll ein,

- weil ich etwas dabei gelernt habe,
- weil ich daran gewachsen bin,
- weil sie mich zu einem besonderen Menschen gemacht hat,
- weil ich dadurch die Fähigkeit bekommen habe, mich in andere Menschen einzufühlen,
- weil ich...«

Beachten Sie: Können Sie die Erfahrung nicht annehmen (fühlen Sie dabei einen unüberwindbaren Widerstand) – so gehen Sie zum nächsten Schritt über.

Ändern Sie es!

Fragen Sie sich: »Kann ich an der Erfahrung/Situation etwas ändern?«

Beschreiben Sie: »Das sind meine Möglichkeiten, die Last von mir zu nehmen und besser damit zu leben...«

Sagen und ergänzen Sie folgende Sätze:
   »Ich werde aktiv. Ich nutze die Möglichkeiten zur Veränderung meiner Gefühle,

- indem ich mir sage, es ist noch nicht zu spät, es zum Guten zu wenden,
- indem ich das klärende Gespräch suche,
- indem ich zur Klärung einen Brief oder eine E-Mail schreibe,
- indem ich mir einen Coach oder Therapeuten suche,
- indem ich in der Religion Antworten finde,
- indem ich …«

Beachten Sie: Können Sie Ihre Gefühle nicht ändern – (ist die Erfahrung/Situation nicht mehr zu klären oder zu nivellieren) – so gehen Sie zum nächsten Schritt.

Lassen Sie es los!

Fragen Sie sich: »Gibt es einen vernünftigen Grund, mich über eine Erfahrung oder Situation zu ärgern, traurig oder wütend zu sein, die nicht mehr zu ändern ist?«

Beschreiben Sie: »So würde ich mich fühlen, wenn ich den ständigen Gedanken daran einfach fallen lassen könnte …«

Sagen und ergänzen Sie folgende Sätze:
»Ich lasse los. Ich beschäftige mich ab sofort nicht mehr damit, weil ich mich nicht länger quälen möchte. Ich nehme mir selbst die Last von den Schultern, indem ich sage: Für irgendetwas ist das alles gut gewesen. Oder: Das war der Preis, den ich zahlen musste, damit ich auf meinen persönlichen Weg gelangt bin. Doch nun will ich gut zu mir sein. Ich beachte die Kosten-Nutzen-Relation: Weiter daran festzuhalten, bedeutet, meine Energie an etwas zu verpulvern, was nicht mehr zu ändern ist, keinen Frieden zu finden, meine Lebenszeit mit Ärger, Wut oder Trauer im Bauch zu vergeuden. Dagegen bedeutet Loslassen für mich:

- endlich durchatmen zu können,
- privat und beruflich ein neuer Mensch zu werden,
- eine positivere Ausstrahlung zu bekommen,
- erfolgreicher zu sein,
- …«

Beachten Sie: Können Sie nicht loslassen (sind die belastenden Gedanken und Gefühle immer noch genauso vorhanden) – so gehen Sie die Schritte noch einmal durch. Wiederholen Sie das, was gefragt, beschrieben und gesagt wurde, immer wieder. Lassen Sie es eine Zeit lang auf sich wirken. Und warten Sie ab, was geschieht.

Sie sind nicht allein!

Wenn Sie sich vorstellen, Sie könnten die Gedanken der Frauen und Männer hören, die Ihnen täglich auf der Straße, in der U-Bahn oder im Café begegnen, so entstünde wohl ein ziemliches Stimmengewirr. Vor allem vernähmen Sie, dass all jene, von denen Sie auf den ersten Blick meinen könnten, dass es ihnen gut geht, weil sie vielleicht gut gekleidet sind oder gesund aussehen, auch ihre Nöte haben. Sie hörten, wie einer sich Vorwürfe macht: »Hätte ich doch damals nicht mein ganzes Geld in die Firma gesteckt, dann besäßen wir heute wenigstens noch das Haus und müssten nicht in einer Siedlung auf 75 qm leben.« Oder wie eine Frau sich sorgt und denkt: »Hoffentlich wird mein krankes Kind wieder gesund und kann endlich so leben wie die anderen Kinder.« Sie vernähmen vielleicht wie ein Mann klagt: »Wäre ich doch früher nicht so riskant Motorrad gefahren, dann hätte ich heute keine kranken Beine und immer wieder diese Schmerzen«. Oder wie eine Frau betet: »Bitte lieber Gott, lass mich diese Stelle bekommen, damit ich endlich wieder Arbeit habe und zeigen kann, was ich wert bin.« Was Sie auch hörten, eins ist sicher: Sie würden mitbekommen, dass es unzählig viele sind, die außer Ihnen auch noch mit einer Last herumlaufen.

Dieser Gedanke hat mir selbst auch schon oft geholfen. In Augenblicken, in denen ich dachte, ich allein müsste Lebenskomplikationen in Kauf nehmen, und die Frage gestellt habe: »Warum ich?«, verhalf er mir zu einem anderen Blickwinkel. Denn die Gewissheit, dass jeder ein Päckchen voller Sorgen, Ängste oder einer Vergangenheit zu tragen hat, die an ihm nagt, mildert das Gefühl, vom Leben ungerecht behandelt zu werden. Und das ganz ohne Schadenfreude oder Häme. Denn dadurch weiß man: Niemand bleibt verschont. Früher oder später hat auch der Glücklichste eine schwierige Phase.

Natürlich ist man in schweren Zeiten geneigt zu denken: »Was haben denn die anderen schon groß zu ertragen?« Und es klingt auch immer Bitterkeit und Missgunst mit, wenn man dann sagt: »Der hat immerhin seinen Job noch.« Oder: »Die hat immerhin noch ihren Mann.« Oder: »Ich kenne niemanden, der so gebeutelt ist wie ich.« Doch schauen Sie einmal wirklich dahinter, und sprechen Sie die Menschen darauf an, so werden Sie erfahren, dass auch andere vom Leben hart angefasst werden. Oft ist es sogar so, dass gerade dort, wo alles nach heiler Welt aussieht, die schlimmsten Nöte vorliegen. Und Sie hören Lebensgeschichten, die manchmal noch bedrückender sind als das, was man vielleicht selbst auf sich nehmen muss.

Deshalb trösten Sie sich mit der Vorstellung: Wenn jeder von uns eine Last mit sich herumschleppt, so trägt auch jeder einen Teil von der Last des anderen mit. So gesehen tragen wir also alle gemeinsam eine Last – verteilt auf die Schultern von Abermillionen Menschen. Nehmen Sie sich diesen Gedanken einmal zu Herzen – dann wird Ihre eigene Geschichte um vieles leichter.

Setzen Sie sich selbst unter Druck?

»Sie hatten den Hang, nach Perfektion zu streben. Sie beobachteten ihre Sprache, ihr Verhalten und ihr Benehmen. Sie gammelten nie. Aber keiner von ihnen schien glücklich zu sein. Stattdessen waren sie oft ängstlich, zwanghaft oder einfach unglücklich.« Diese Sätze stammen von Arnold A. Lazarus, einem der einflussreichsten Psychologen in Amerika und sind das Ergebnis von Studien über Menschen in der Leistungsgesellschaft, die einige Jahrzehnte zurückliegen. Nach Lazarus folgt daraus nur eines: Um ein zufriedenes, erfülltes Leben führen zu können, müssen wir unsere Perfektionsansprüche zurückschrauben. Seither ruft der mit vielen Preisen und Ehrungen bedachte Lazarus dazu auf, dass wir unsere Zwanghaftigkeit ablegen sollen.

Allerdings scheinen seine Appelle bisher wenig genutzt zu haben. Aktuelle Untersuchungen lassen sogar darauf schließen, dass wir noch viel mehr Getriebene wurden. Denn einerseits sind die Anforderungen komplexer geworden, in Beruf, Familie, und Gesellschaft seine Frau oder seinen Mann zu stehen und erfolgreich zu sein. Und andererseits sind in der Folge die Erwartungen gestiegen, die jeder an sich selbst stellt – weil er glaubt, dass seine Umwelt sie an ihn stellt, um angenommen und respektiert zu werden. Dem eigenen Paket an Ansprüchen ausgeliefert, lassen wir uns hetzen und jagen und laden uns immer wieder Neues auf, oft ohne zu reflektieren, wozu und wofür. Das Resultat davon: Ob Frauen oder Männer, Angestellte oder Selbständige, Manager oder Freelancer, Studenten oder – ja sogar – Schüler, ob Leistungen, Planungen oder materielle Dinge – fast jeder setzt sich heute unter Druck. Aller Wahrscheinlichkeit nach gilt das auch für Sie. Deshalb sollten Sie sich zu Beginn selbst fragen:

- Wo setze ich mich unter Druck?
  (zum Beispiel Aussehen, Beruf, Statussymbole)

- Wie setze ich mich unter Druck?
  (zum Beispiel Diät, Überstunden, Schulden)

- Warum setze ich mich unter Druck?
  (zum Beispiel den Freundinnen imponieren, sich selbst etwas beweisen, die Nachbarn beeindrucken)

Vielleicht beschleicht Sie manchmal aber auch die Angst, den Anforderungen und Erwartungen der anderen – der Firma, der Familie, des Freundeskreises – irgendwann nicht mehr zu genügen. Zugleich bürden Sie sich neue Arbeiten und Aufgaben auf, nicht weil es wirklich sein müsste, sondern weil Sie denken »Ich muss das tun«. Vielleicht setzen Sie sich selbst unter Stress, unbedingt etwas bis zu einem bestimmten Termin geschafft zu haben oder den gleichen Status zu erreichen wie die Damen und Herren aus der Vorstandsetage oder dem angesehenen Golfclub. Vielleicht haben Sie sich auch schon öfter gesagt: »Jetzt ist Schluss. Ich mache mich nicht mehr verrückt, um den Erwartungen meiner betuchten Freunde zu entsprechen, um meinem Chef zu zeigen, dass ich arbeiten kann wie ein Pferd oder meiner Familie zu beweisen, dass ich alles schaffen kann. Vielleicht haben Sie sich gesagt: Von heute an gehe ich lockerer damit um, höre auf, mir selbst Druck zu machen und lasse mich auch von den anderen nicht mehr jagen.« Aber dann haben Sie sich tags darauf wieder in der Druckfalle verfangen.

Ich kenne die guten Vorsätze und das Rückfälligwerden gut. Und ich kann auch sehr gut nachempfinden, dass man den Bedürfnissen und Wünschen der Menschen um sich herum gerne entsprechen möchte, sich selbst dabei nicht schont und Pläne macht, die manchmal etwas zu ehrgeizig sind.

Doch eben deshalb müssen Sie auf sich selbst aufpassen. Denn wer sich permanent unter Druck setzt, läuft Gefahr, sich von den eigenen Bedürfnissen und Wünschen immer weiter zu entfernen. Das hat zur Folge, dass die Akkus irgendwann leer sind, die Substanz angegriffen wird, Erschöpfungszustände folgen und Frustration sowie Depression droht.

Take-Care-Prinzip: So nehmen Sie den Druck heraus

Fragen wir uns also auch hier, wie wir uns liebevoller behandeln können. Welche Präventivmaßnahmen gibt es, Druck abzubauen oder ihn gar nicht erst aufkommen zu lassen. Wir sollten zu probaten Pflegemitteln für einen wohlwollenden Umgang mit uns selbst finden. Vieles, was wir vorher als Zwang wahrnahmen, erweist sich dann als hausgemacht, und die Lebenslustkurve schnellt wieder nach oben. Die folgenden Maßnahmen helfen Ihnen dabei.

Schrauben Sie Ihre Ansprüche herunter

»Schützt mich vor dem, was ich begehre.«

Jenny Holzer, Künstlerin

Wissen Sie noch, wie Sie sich fühlten, als Ihr Einkommen noch mager war und Sie mehr Zeit hatten? Lebten Sie damals ohne Zwänge, weil Sie sich weniger Gedanken machten? Oder hatten Sie oft schlaflose Nächte, weil Sie nicht wussten, wie Sie die Miete zahlen sollten? Falls Sie sich früher trotz weniger Geld freier fühlten, sollten Sie einschreiten und überlegen, wie Sie die Spirale der Ansprüche herunterschrauben können. Aber auch die immateriellen Ansprüche können belastend sein. Überprüfen Sie, ob Ihre Erwartungen an Ihr Leben und Ihren Besitzstand sich etwas reduzieren lassen.

Nicht alles haben wollen, was andere haben

Überlegen Sie einmal: Was möchten Sie gerne alles haben, nur um mithalten zu können? Ohne es zu merken, richten wir alle unser Leben auch danach aus, was andere besitzen. Der Nachbar kauft sich ein neues Auto mit modernster Interieur- und Technikausstattung, und schon sehen wir das eigene Gefährt abgewertet und denken, dass wir beim nächsten Autokauf diese Neuerungen unbedingt auch bestellen müssen. Die Freunde bauen ein extravagantes Haus im Künstlerviertel mit japanischem Garten und riesiger »Chill-out-Terasse«, und schon erscheint uns die eigene Etagenwohnung piefig, und der Gedanke wurmt uns, dass wir am liebsten auch gerne so wohnen würden, es uns aber nicht leisten können. Beim Elterntreff im Kindergarten erfahren wir, dass einige Sprösslinge schon Chinesisch oder Golf spielen lernen und eine der angesehenen Privatschulen besuchen sollen, und schon überlegen wir, wie wir es schaffen können, dem eigenen Kind dieselbe Förderung zu bieten, damit es nicht hinten ansteht.

Sind Ihnen solche Gedanken vertraut, so überlegen Sie bitte einmal selbstkritisch: Was von alledem brauche ich oder meine Familie wirklich, und was will ich nur besitzen und erreichen, um meine Eitelkeit zu befriedigen oder meinen Status zu erhöhen? Denn falls Sie zu dem Schluss kommen, dass Sie sich dabei an Vorbildern orientieren, die mit Ihren persönlichen Lebenszielen eigentlich gar nicht kompatibel sind, sollten Sie Ihre Ansprüche neu definieren, sonst stellen Sie sich unsinnigerweise unter Zwang.

Natürlich können Sie die Orientierung an anderen Menschen

nicht ausblenden. Das wäre auch nicht sinnvoll. Denn die Lebensweise anderer kann uns auch dazu inspirieren, die eigene Lebensführung zu zentrieren. Wichtig ist nur, dass Sie die Orientierung am materiellen Besitz der anderen hinterfragen. Vor allem dann, wenn Sie spüren, dass statt positivem Ansporn eher Frustration über das eigene Ergebnis herauskommt. Deshalb schreiben Sie am besten einmal eine Liste der Dinge, die Sie sich gerne kaufen oder erreichen möchten. Überlegen Sie nun, welche davon eigentlich nur deshalb so wichtig erscheinen, weil Sie Bekannte oder Freunde besitzen. Streichen Sie anschließend radikal sämtliche Gegenstände, die auf dem Weg zu Ihren Lebenszielen keinen Meilenstein darstellen. Und Sie werden sofort merken, wie etwas vom vorhandenen Druck weicht.

Betrachten Sie jeden materiellen Wunsch und jeden geplanten Kauf einmal unter diesem Aspekt, und lassen Sie ihn nur dann auf der Liste, wenn das, was Sie anschaffen wollen, Ihre Lebensqualität fördert, wenn es hilft, Ihre Persönlichkeit zu entfalten, etwas Neues zu lernen und sich zu entwickeln. Denn ein neues Off-Road-Gefährt allein hat noch keinen glücklicher gemacht: Ein neues Auto ist ein neues Auto, sonst nichts. Wir gewinnen dadurch keinen Deut mehr Gelassenheit oder echte Lebensfreude. Es bringt vielleicht kurzfristig Spaß, nach einem harten Arbeitstag damit nach Hause zu fahren, und eventuell können Sie damit kurzfristig Eindruck schinden. Doch bedenken Sie, was Sie dafür alles in Kauf nehmen müssen. Außerdem folgen rasch weitere Wünsche: Das Gute will durch etwas noch Besseres getoppt werden, und die Spirale dreht sich weiter.

Deshalb überlegen Sie doch einmal, um wie viel freier Sie sich fühlen würden und wie viel weniger Stress Sie hätten, wenn Sie sich selbst oder Ihre Familie dahingehend disziplinieren, jeden materiellen Wunsch auf das darin befindliche Lebenspotenzial hin zu untersuchen. Wenn Sie sich vor jeder Kaufabsicht die Frage stellen: »Spielt es für mein Lebensglück wirklich eine Rolle?«, werden Sie feststellen, dass eine ganze Menge durchs Raster fällt und unwichtig wird. Resultat: Sie setzen sich weniger unter Druck und sind weniger gestresst und deprimiert, weil Sie das hoch gesteckte Ziel vielleicht nicht erreichen.

Nicht alles sein wollen, was andere sind

Dasselbe gilt für die Orientierung an den Fähigkeiten und Leistungen der im Blick stehenden Vorbilder. Auch hier ist zu sagen, dass Menschen, die Großes leisten oder geleistet haben, uns ermuntern und ermutigen können, seien es Sportler oder Unternehmer, Wissenschaftler oder Politiker, die eigene Mutter oder der eigene Vater, die beste Freundin und der beste Freund. Wer hat nicht schon beim Betrachten der Erfolgsgeschichten anderer wieder neue Kraft bekommen und Mut gefasst? Schon allein zu erfahren, wie der andere es geschafft hat, eröffnet uns meist Perspektiven. Mit anderen Worten: Das Beispiel anderer kann uns motivieren und bestätigen, den eigenen Stärken zu vertrauen.

Aber wer sich zwanghaft auferlegt, das gleiche zu schaffen wie sein Vater, der die Firma aus dem Nichts aufgebaut hat, wie seine Mutter, die Beruf, Haushalt und Kinder gemanagt hat und außerdem noch aktive Sportlerin war, oder wie die beste Freundin, die sich ständig einen neuen Millionär angelt, der setzt sich freiwillig einem äußerst ungesunden Druck aus und erzielt Frustration – weil das Angestrebte nicht realistisch ist. Darum prüfen Sie, inwieweit auch Ihr Denken von dem ständigen Messen und Vergleichen mit anderen regiert wird. Falls Sie sich dabei ertappen, dass Sie sich häufiger deswegen schelten, nicht so zu sein wie dieser und jener und sich Druck machen, um dorthin zu gelangen, so lassen Sie davon ab. Denn niemand kann genauso sein wie ein anderer. Sie sind einzigartig. Verdeutlichen Sie sich das immer wieder. Sie sind etwas Besonderes.

Machen Sie sich ebenfalls klar: Sie können auch nicht das gleiche sein wie die Stars und Sternchen in den Hochglanzmagazinen. Die durchgestylten Karrierefrauen oder auch die lässigen Supermänner, auf die man manchmal neidisch ist, doch die – einmal hinter die Fassade geblickt – auch nicht perfekt sind. Hören Sie auf, von sich zu erwarten, das gleiche zu erreichen wie die, die Sie so toll finden. Drehen Sie den Spieß lieber um: Stellen Sie einmal Ihre Mittel und Möglichkeiten, Fähigkeiten und Leistungen in den Vordergrund. Und lernen Sie zu relativieren.

Take-Care-Übung: Relativieren

Vervollständigen Sie die folgenden Sätze in den Beispielen. Bestimmt fallen Ihnen Namen, Fähigkeiten und Errungenschaften ein, die Sie einsetzen können. Schreiben Sie die Liste auch weiter. So nehmen Sie eine neue Wertbestimmung Ihrer Person und Ihres Seins vor und sehen, was Sie alles sind, haben und können. Das stärkt Ihr Selbstbild. So gestärkt fällt es Ihnen leichter zu sagen: »Ich muss nicht so sein wie die anderen.« Und das wirkt befreiend und motivierend zugleich.

- Im Gegensatz zu . . . . bin ich ganz schön aktiv.
- Im Vergleich zu . . . . bin ich ziemlich weit gekommen.
- Im Gegensatz zu . . . . bin ich recht attraktiv und gut gebaut.
- Im Vergleich zu . . . . sind meine Kinder . . . .
- Im Gegensatz zu . . . . ist mein Haushalt oder Zuhause . . . .
- Im Vergleich zu . . . . bringt mir mein Beruf . . . .
- Im Gegensatz zu . . . . geht es mir gesundheitlich . . . . .
- Im Vergleich zu . . . . kann ich in meiner Freizeit . . . .
- Im Gegensatz zu . . . . mache ich in meinem Leben . . . .

Bitte ergänzen Sie:

- Im Gegensatz zu . . . .
- Im Vergleich zu . . . .
- Im Gegensatz zu . . . .
- Im Vergleich zu . . . .
- Im Gegensatz zu . . . .
- Im Vergleich zu . . . .

Nicht alles behalten wollen, was man hat

Wissen Sie, was ein »Dagobert-Duck-Syndrom« ist? Sie kennen doch sicher jenen geizigen Onkel aus Entenhausen, der täglich in seinem Geld badet, sich von keinem Taler trennen kann und stets in der Anspannung lebt, sein Vermögen zu sichern. Das kommt nicht nur bei Walt Disney vor. Ich bin schon vielen begegnet, die an diesem Syndrom litten. Die Symptome sind: Der dauernde Drang, alles zusammenhalten zu müssen. Die permanente Angst, irgendwann mit weniger auskommen zu müssen. Das ständige Kopfzerbrechen, wie man beispielsweise die chinesischen Vasen, die vier Autos in der Garage, die Finca auf Mallorca, die 14 Koi-Karpfen oder die Sonnenterrasse noch besser schützen und abschirmen kann. Das erzeugt Stress. Menschen, die am Dagobert-Duck-Syndrom leiden, setzen sich enorm unter Druck. Sie finden niemals Ruhe, haben keine Muße und verhalten sich trotz Vermögen und bester finanzieller Absicherung häufig zwanghaft.

Sicher sagen Sie nun: Davon bin ich weiß Gott weit entfernt. Doch vielleicht verfügen ja auch Sie über einige kleine oder große Besitztümer, um die Sie sich kümmern müssen und die Ihnen einen gewissen Zeitaufwand abverlangen. Die Sammlung alter Uhren zum Beispiel, die stets poliert und repariert werden wollen. Die wachsende Zahl der Bücher, die nach immer neuen Regalen verlangen und bald einen Anbau erforderlich machen. Das Ersatzteillager im Keller – man weiß nie, wofür man die Sachen noch brauchen kann. Vielleicht verfügen Sie über Aktien-Pakete, die Sie selbst verwalten oder eine Eigentumswohnung, die Sie zwar gut vermietet haben, wo aber ständig etwas zu richten ist. Was es auch sei – machen Sie sich einmal die Mühe, zu prüfen, was von alledem inzwischen mehr Belastung als Spaß für Sie bedeutet.

Sicher werden Sie sich der meisten Habseligkeiten erfreuen und sich nicht davon trennen wollen. Sie zu besitzen ist gewinnbringend und daher sinnvoll für Sie. Garantiert nennen Sie aber auch einige Wohlstandsgüter Ihr Eigen, die nur noch Ballast sind. Denn ob der überquellende Kleiderschrank mit Sachen, die Sie längst nicht mehr anziehen oder die Berge von Spielzeug, das Ihre Kinder nicht mehr »cool« finden und nur noch herumliegen lassen, damit Sie sie wegräumen können – gewiss gibt es Bereiche im Haus und Leben, die Sie ausdünnen können. Tun Sie es!

Take-Care-Übung: Aussortieren, abtreten, abspecken

Stufe 1: »Aussortieren«   Gehen Sie einmal durch Ihre Zimmer, und trennen Sie sich von Dingen, die Sie nicht mehr brauchen. Sie werden sofort sehen, das befreit enorm. Fangen Sie bei den Schränken an. Gerade hier zeigt sich, dass wir einst Jäger und Sammler waren. Der supergünstige Mantel, den wir im Schlussverkauf »erjagt«, doch nie getragen haben, die vielen Krawatten, die wir alle nicht mehr umbinden mögen, das Sammelsurium an Schuhen, die zwar noch gut, aber auch nicht mehr angezogen werden. Misten Sie radikal aus, und packen Sie alles in Säcke. Lassen Sie es den Hilfsorganisationen wie Malteser oder Rotes Kreuz zukommen.

Stufe 2: »Abtreten«   Gehen Sie weiter. Denken Sie nun über Besitztümer nach, die man nicht so einfach ausrangieren kann, weil sie viel zu wertvoll sind oder Ihr Herz daran hängt. Trotzdem verursachen sie Arbeit und oft mehr Stress als Vergnügen. Daher machen Sie sich auch einmal mit dem Gedanken vertraut, wie es wohl wäre, wenn Sie das eine oder andere Hab und Gut an Menschen weitergäben, die mehr Gelegenheit haben, es zu nutzen. Gute Freunde, die eigenen Kinder, Leute, die wenig haben und sich riesig freuen würden. Denn einer der Faktoren für den Druck, den wir uns selbst machen – vor allem der selbst geschaffene Zeitdruck –, ist unsere Neigung, nichts abgeben zu können, alles behalten und selbst verwalten zu wollen. Entschließen Sie sich, einen Teil dieser Dinge abzugeben, gewinnen Sie dadurch drei wesentliche Lebensqualitäten:

- Sie haben mehr Zeit. Denn die Sachen, um die Sie sich kümmern müssen, werden überschaubarer – Sie dezimieren den vermeidbaren Zeitdruck.
- Sie haben kein schlechtes Gewissen mehr. Denn Sie schaffen es wieder, sich um die Dinge zu kümmern, die Ihnen wirklich wichtig sind und müssen sich nicht vorwerfen, keine Zeit zu haben.
- Sie erfahren die Dankbarkeit anderer. Denn wenn Sie wertvolle Besitztümer abschaffen und anderen weitergeben, machen Sie Menschen glücklicher.

Stufe 3: »Abspecken« Gehen Sie noch weiter, und überprüfen Sie Ihren Lebensstandard. Dadurch, dass man den geschaffenen Wohlstand erhalten will, kann sehr viel Druck entstehen – gerade in wirtschaftlichen Krisenzeiten. Deshalb überlegen Sie auch, ob es Sie schmerzen würde, wenn Sie diesen Wohlstand verschlanken und bescheidener leben würden. Das heißt: Am Wettbewerb um das größte Haus, das schnellste Auto, den luxuriösesten Urlaub nicht mehr teilzunehmen, kürzer zu treten, sich bewusst zu beschränken.

Ich weiß, das ist leichter gesagt als getan. Niemand legt gern freiwillig den Rückwärtsgang ein. Doch überlegen Sie, wie Sie durch etwas weniger auf der einen Seite auf der anderen Seite mehr bekommen. Denn wenn Sie Ihren Lebensstil abspecken, gewinnen Sie:

- mehr Zeit für sich selbst,
- mehr Zeit für Familie und Freunde,
- mehr Zeit, um den Horizont zu erweitern (zum Beispiel Bücher zu lesen, Sprachen zu lernen),
- mehr Zeit für Vorhaben, die Sie immer schon realisieren wollten (und das muss nicht immer etwas mit viel Geld zu tun haben!),
- mehr Ruhe,
- mehr Freiheit,
- mehr Spaß an einfachen Dingen,
- mehr Lebensfreude.

Vielleicht fällt Ihnen der Umstieg auf ein bescheideneres Leben ganz leicht, weil Sie ohnehin schon eine Menge erreicht und ausgekostet haben. Vielleicht können Sie es nicht als Rückschritt sehen, zum Beispiel vom größeren Haus in ein kleineres umzuziehen, die teure Armbanduhr durch eine Swatch zu ersetzen und statt nach Sardinien zum erholsamen Nordseeurlaub aufzubrechen, wenn Sie dafür auf der anderen Seite an Freiheit gewinnen. Aber auch wenn Ihnen die Vorstellung vom Abspecken Angst macht und Sie sich das gar nicht vorstellen können – machen Sie trotzdem einmal den Versuch und kultivieren Sie das »Weniger«. Setzen Sie bei allem auf Bescheidenheit. So stellen Sie statt des äußeren Erfolgs Ihren Lebenserfolg in den Mittelpunkt. Und der misst sich allein daran, wie Sie sich fühlen, ob Sie das Schönste aus Ihrem Leben machen und so leben, wie es Ihrem Naturell entspricht.

Sorgen Sie regelmäßig für Druckausgleich

Wann haben Sie zuletzt Körper und Seele baumeln lassen? Im Urlaub? Erinnern Sie sich auch noch, wie Sie sich fühlten? Entspannt, genüsslich faul und Sie haben sich überhaupt keinen Druck gemacht, oder? Sie konnten endlich einmal alles loslassen, haben nichts mehr forciert, ließen sich treiben und den Dingen ihren Lauf.

So ein Urlaub ist leider selten. Zudem kann ein Urlaub die vielen Wochen kaum ausgleichen, in denen man unter Druck unterwegs war. Das spüren wir oft daran, dass wir fast eine Woche brauchen, um das Abschalten wieder zu erlernen. Und häufig haben wir schon 14 Tage nach dem Urlaub wieder das Gefühl, erneut in der Tretmühle zu sein.

Stressforscher raten daher dazu, sich auch im Alltag kleine Inseln zu schaffen, um Urlaubsenergie zu laden. Im Folgenden möchte ich Ihnen einige Tipps geben, wie man solche Inseln gestalten kann. Sie folgen alle dem Prinzip »Druckausgleich«. Das heißt: Bauen Sie tagsüber Druck auf, so sollten Sie abends dafür sorgen, dass er abgeleitet wird.

Verwöhnen Sie sich ab und zu

Behandeln Sie sich hin und wieder wie ein rohes Ei. Legen Sie gezielt Tage ein, an denen Sie den Feierabend dazu nutzen, sehr behutsam mit sich umzugehen. Nehmen Sie sich für diese Zeiten bewusst nichts vor, und haben Sie keine Angst, etwas zu verpassen. Lassen Sie zu, dass Zeit vergeht, in der nichts geschieht. Ziehen Sie sich in diesen Stunden an Ihren Lieblingsplatz zurück – sei es die gemütliche Kuschelecke auf dem Sofa oder das lauschige Plätzchen am Seeufer. Werden Sie den Hochdruck des Tages los, indem Sie sich wie ein Baby behandeln. Umhegen Sie sich. Hören Sie Musik, die Sie davon trägt, oder lauschen Sie einfach dem Vogelgezwitscher, dem Rascheln der Blätter im Wind, dem Plätschern des Wassers. Essen Sie, was schon als Kind Ihre Wohlfühlspeisen waren (zum Beispiel Spaghetti mit Tomatensauce oder Kartoffelschnee mit Butter). Spielen Sie mit den Steinen am Seeufer oder den Fransen an Ihrer Schmusedecke. Kurz: Lassen Sie sich treiben – so wie im Urlaub. Und Sie können fühlen, wie der Druck nachlässt.

Seufzen, Schlurfen, Schluchzen

Um gelassener zu werden, müssen wir innerlich loslassen. Um dies zu unterstützen, können Sie auch bewusst mehrfach am Tag genussvoll seufzen. Ganz ähnlich funktioniert das Stöhnen. So wie man stöhnt und gähnt, wenn man sich morgens im Bett streckt oder nach längerem Sitzen aus dem Sessel erhebt. Dieses kleine Ächzen und Jammern hilft ebenfalls, Drucklast abzuladen und erlaubt, sich für Momente aus der Rolle des Sich-selbst-Fordernden zu entlassen.

Genauso wie das Schlurfen. In Asien erfährt man, wie viel alltäglicher Ballast sofort von einem abfällt, wenn man die Straßenschuhe aus- und Schlappen anzieht, bevor man ein Wohnhaus betritt. Und wir alle kennen das Gefühl ja auch aus dem Urlaub. Dieses Herumschlappen in Flip-Flops ist – so albern es vielleicht klingen mag – ein hochwirksames Mittel, um Schwere abzubauen. Denn beim Schlurfen durch die Gegend wird das Körper-Geist-System gelockert. Wir spüren, wie wir lockerer werden und lässiger mit den Dingen umgehen.

Ähnlich verhält es sich mit dem Weinen. »Ich weine regelmäßig, um mich zu regenerieren«, erzählte mir einmal ein befreundeter Künstler. »Weinen ist für mich das beste Mittel, um mich innerlich zu reinigen, also weine ich ein- bis zweimal pro Woche so wie andere zum Sportplatz gehen.« Haben Sie schon mal Dreijährige beobachtet, wenn ihnen etwas nicht passt? Sie brüllen sofort los und heulen, was das Zeug hält. Doch so plötzlich wie er begann, ist der Spuk wieder vorbei. Denn fährt ein Feuerwehrauto vorbei oder kommt eine Entenfamilie dahergewatschelt, so wird aus Trauer sofort Freude, und ein befreites Strahlen huscht über das Kindergesicht. Auch wenn Sie der Trotzphase längst entwachsen sind – nehmen Sie das Weinen in Ihr Verwöhnprogramm ruhig mit auf. Denn es baut bekanntermaßen Stress- und Druckgefühle ab. Meine weiblichen Leser wissen, was ich meine, wenn ich sage: Man kann das Weinen sogar richtiggehend zelebrieren. Daher sollten auch Sie, liebe Männer, es mal probieren. Wer nicht mehr zu weinen vermag, kann es wieder lernen. Es gibt zum Heulen schöne Filme im Kino anzuschauen. Wer lieber nicht in der Öffentlichkeit Tränen zeigt, kann sich diese Filme natürlich auch ausleihen und das Weinen zu Hause probieren.

Einen Spleen pflegen

Die nächste Anti-Druck-Maßnahme, die ich Ihnen empfehlen möchte, basiert auf den Erkenntnissen eines englischen Arztes: Es ist gesund, exzentrisch zu sein. Lassen Sie daher Ihren Marotten freien Lauf – pflegen Sie einen Spleen. Und falls Sie noch keinen haben, schaffen Sie sich rasch einen an. Dr. David Weeks hat in einer Langzeitstudie herausgefunden: Wer spleenig ist, wird alt. Exzentriker leben länger. Sie haben ein besseres Immunsystem und sind lebenslustiger, weil sie der Druckfalle entkommen. Denn durch das Kultivieren eines Spleens können Sie sich ein Stück weit von der Realität distanzieren und so dem Alltagsdruck entkommen. Sie nehmen sozusagen eine ironische Distanz zu Ihrem Leben ein.

Nutzen Sie diese Möglichkeit, und fügen Sie Ihrem Alltagsleben einen Schuss Exzentrik hinzu. Lösen Sie den Status des vernünftigen Erwachsenen zwischenzeitlich auf und polieren Sie Ihre Ticks. Dabei ist es egal, wie diese aussehen – die Hauptsache ist, es hilft, sich zu lockern. Ich kenne Menschen, deren Spleen darin besteht, allabendlich Schlagerschnulzen zu schmettern, andere, die am liebsten in der Nacht spazieren gehen, nur in der Badewanne gut schlafen oder mit ihren Stofftieren sprechen. Ich hörte von einem Juristen, der ein Riesenareal mit Sonnenblumen bepflanzen ließ, um sich täglich dort aufzuhalten und auf »freundlichere Gedanken« zu kommen. Und meine eigenen Spleens sind die, an manchen Tagen nur schöne Straßen zu durchfahren, obwohl es jedes Mal ein Umweg ist, oder vor bestimmten beruflichen Terminen die Rolling Stones zu hören.

Ganz gleich, was Sie als Ihre Lieblingsmacke bezeichnen würden – pflegen Sie sie und scheren Sie sich dabei nicht um Konventionen. Verlieren Sie keine Zeit damit, danach zu fragen, ob es Sie vor den anderen gut aussehen lässt oder nicht, ob man Sie dafür bewundert oder belacht. Gestatten Sie sich in Ihrem Alltag immer Zeiten, in denen Sie sich vom Druck mithilfe eines gepflegten Spleens entlasten.

Finden Sie ein gesundes Maß

Zugegeben, Maßhalten klingt zunächst etwas altmodisch und nach Verzicht. Dabei geht es genau um das Gegenteil – um den Gewinn von Gesundheit und Lebenskraft. Unsere Zeit hat nämlich die Maßlosigkeit zur Maxime erhoben. Und wir unterwerfen uns diesem Gebot, indem wir unser körperliches Kräftevolumen oft überschätzen und Alarmsignale überhören. Wir verlangen uns zuweilen Sprints ab, die wir, realistisch betrachtet, nicht schaffen können. Machen Sie Schluss mit diesem Automatismus, der an den Kräften zehrt, er ist schädlich für Körper und Seele. Stellen Sie auf ein verträgliches Maß um.

Maßhalten beim Sport

Fit sein schützt vor Krankheiten, gibt uns ein gutes Körpergefühl und macht attraktiv. Das Problem ist nur: Die meisten tun des Guten zu viel. Vor allem Männer gehen bei sportlichen Aktivitäten nach dem gleichen Leistungsprinzip vor wie im Job. Und das hat nicht selten böse Folgen – Orthopäden wissen ein Lied davon zu singen. Viele haben gar kein Gefühl dafür, wann es genug ist. Frei nach dem Nietzsche-Spruch »Was mich nicht umbringt, macht mich nur noch härter« neigen sie dazu, sich zu überfordern. Denn immer noch glauben viele an das Märchen »Es muss wehtun, damit es was bringt«. Dabei kann man heute in allen Fitness-Ratgebern nachlesen, dass regelmäßige sportliche Belastung effektiver ist als seltene Gewaltakte. Lernen Sie mehr auf den inneren Sensor zu hören. Üben Sie beim Sport, mit Ihren Energien hauszuhalten, und gehen Sie es weniger aggressiv an. Verfahren Sie nach dem Prinzip: Ich muss nicht gewinnen und niemandem etwas beweisen. Sie sollten Ihre Aktivitäten Ihrer körperlichen Konstitution anpassen. Als Faustregel gilt: Zwei- bis dreimal in der Woche eine halbe Stunde langsam joggen bringt mehr, als sich am Wochenende bei einem Marathonlauf zu überanstrengen. Schaffen Sie sich den aufgestauten Druck auf sanfte Art vom Hals. Ausdauersportarten wie Radfahren, Schwimmen und Wandern bieten sich genauso an wie häufiges Spazieren gehen, Gartenarbeit oder Thai Chi, um Dampf abzulassen und mentale Gelassen- und Gelöstheit zu erreichen.

Maßhalten bei der Ernährung

Nicht nur bei sportlichen Aktivitäten, auch beim Essen und Trinken tun wir gut daran, Druck herauszunehmen. Denn so seltsam es klingen mag, auch hier folgen wir oft dem gedanklichen »ich muss« statt auf den eigenen Körper zu hören.

Ich denke, beim Essen schießen wir alle schon mal gern übers Ziel hinaus. Essen gehört zu den schönsten Ritualen des Tages und hat etwas mit Lust zu tun. Trotzdem ist auch hier Maßhalten angezeigt. Denn auch wenn wir als Kind nie gezwungen wurden, die Portion wegzuputzen – oft essen wir schon deshalb zu viel, zu fett, zu ungesund, weil wir nicht daran denken, wann es genug ist und was uns gut bekommt. Oder weil wir uns wiederum irgendeinem anerzogenen Glaubenssatz unterwerfen – wie etwa »In der dritten Welt herrscht Hungersnot, also darf ich nichts umkommen lassen« oder »Es ist ja bezahlt«. Ein Beispiel: Beobachten Sie beim nächsten Hotelaufenthalt einmal das Verhalten der Gäste am Frühstücksbüfett oder beim Abendessen. Sie werden feststellen: Es gibt Leute, die Berge vertilgen. Und manchmal ist man geneigt, es ihnen gleichzutun. Schließlich ist ja alles nett angerichtet, man hat Zeit, die anderen langen ja auch kräftig zu, und es ist bereits bezahlt. Doch lässt man sich verleiten, deshalb eine übergroße Portion zu nehmen, geht es einem schlecht und der Tag ist gelaufen.

Deshalb tun Sie sich das nicht an – nicht auf Partys, Familienfeiern und auch nicht auf Kosten der Firma. Lassen Sie Ihre inneren Sensoren beim Essen angeschaltet, und unterbrechen Sie auch hier wieder den sich selbst steuernden unbewussten Ablauf. Sagen Sie innerlich »Stopp!«. Gewöhnen Sie sich an, aufzuhören, wenn Sie satt sind, und lassen Sie den Rest auf dem Teller. Das gilt natürlich auch für das Trinken oder andere Genussmittel. Achten Sie darauf, das zweite Glas zu verweigern, wenn Sie wissen, dass es Ihnen nicht bekommt oder Sie dann Gefahr laufen, Unsinn zu reden. Und lassen Sie sich nicht von anderen unter Druck setzen. Nehmen Sie es hin, dass Sie dafür von eingefleischten »Kampftrinkern« schräg angesehen werden. Denn was zählt ist, dass Sie nicht über Ihr persönliches Maß hinausgehen. Nur das hält Sie gesund und fit und beschert Ihnen zugleich ein gutes Lebensgefühl.

Natürlich gilt das auch umgekehrt für das übertriebene Befolgen immer neuer Diät- und Fitnesstrends und ständigem Hungern, um sein Traumgewicht zu erreichen. Auch hier ist maßvoller Umgang mit dem Thema Ernährung und Diät angesagt – sich in diesem Bereich übermäßig unter Druck zu setzen, ist häufig kontraproduktiv.

Auch im Job sollten Sie es nicht zu sehr »voll stopfen«. Denn ein besserer Umgang mit sich selbst darf beim Betreten des Büros nicht aufhören. Fragen Sie sich daher auch bei jeder Verpflichtung, die Sie sich auflasten, bei Planungen und Versprechungen, die Sie machen, wie viel Sie realistisch bewältigen können. Seien Sie kein stiller Dulder, der den anderen stets alles zusichert, nur um ihnen einen Gefallen zu tun. Lernen Sie »nein« zu sagen, auch wenn es manchmal schwierig ist.

Ich weiß wohl, wie schwer das fällt. Gerade, wenn Ihnen Ihr Beruf viel Spaß macht, und Sie mit Enthusiasmus dabei sind. Oft kommt noch hinzu, dass wir es uns nicht immer aussuchen können. Da gibt es Phasen, in denen man nur Däumchen dreht und kein Auftrag in Sicht ist. Und plötzlich kommt es von allen Seiten. Von einem Tag auf den anderen flattern gleich so viele Jobs ins Haus, dass man zehn Arme bräuchte, um sie zu bewältigen. Wie soll man dann ablehnen, werden Sie denken. Als Selbstständiger kenne ich diese abrupten Gezeitenwechsel allzu gut. Und ich weiß auch, wie leicht man dann geneigt ist, mit der Haltung »Geht nicht, gibt's nicht« ans Werk zu gehen.

Allerdings habe ich auch schon erlebt, was alles passiert, wenn man bis zur Erschöpfung arbeitet. Wie rasch der Punkt erreicht sein kann, wo Menschen sich tagtäglich nur noch mit Spannungskopfschmerz und Herzrasen an den Schreibtisch zwingen, kaum mehr schlafen können, depressiv und unzufrieden mit ihrem Leben sind – und das alles nur, weil sie sich beruflich zuviel zumuten.

Lassen Sie es nicht so weit kommen. Ob selbstständig oder angestellt, ob Sie als Führungskraft oder Teammitarbeiter tätig sind – achten Sie auf einen klugen Umgang mit den persönlichen Ressourcen. Denn am Ende hat niemand etwas davon, wenn Sie von Stresssymptomen und Erschöpfungszuständen geplagt werden. Und am wenigsten haben Sie selbst etwas davon. Haben Sie sich erstmal verhoben, sind Sie eine Zeit lang blockiert, angeschlagen, für andere nicht ansprechbar und für vielleicht viel interessantere und lukrati-vere Projekte in naher Zukunft nicht einsetzbar. Denn um das nagende Gefühl, versagt zu haben, wieder umzukehren, braucht es eine ganze Weile. Und oft muss der Psychotherapeut helfen.

Daher fragen Sie sich jedes Mal, ob Sie dieses Risiko eingehen wollen und können. Nehmen Sie nicht jeden Auftrag an. Stellen Sie nach eingehender Prüfung fest, dass Sie sich mit einer Arbeit über-nehmen würden, sollten Sie sie ablehnen – auch wenn Sie dafür auf Geld verzichten müssen. Doch nur so handeln Sie verantwortungs-voll für sich selbst und andere.

Möchten Sie auf Dauer besser für sich sorgen, müssen Sie jeden schlechten Umgang mit sich selbst entlarven. Nehmen Sie diesen Druck von sich, alles können, alles machen, alles packen zu müssen. Fangen Sie noch heute damit an, Ihr persönliches Fassungsvermö-gen herauszufinden – körperlich, seelisch und geistig. Kriegen Sie heraus, welche »Füllmenge« Ihnen noch gut tut und welche nicht mehr. Sie werden merken, es gibt für alles die für Sie richtige Dosis. Sie merken es daran, dass es Ihnen damit am besten geht. Achten Sie darauf, dieses Maß nicht zu überschreiten. Sagen Sie sich: »Ich lasse mich nicht mehr dazu hinreißen, Maßstäbe zu verfolgen, die für mich nicht gesund sind.« Sie werden sehen: Mehr Konsequenz in punkto Maßhalten hebt enorm das Selbstwertgefühl und macht viel mehr Spaß als Sie glauben.

Sagen Sie auch mal Nein

Möchten Sie das Folgende alles gerne sein: eine Frau, die eine Super-karriere macht und trotzdem eine Supermutter ist, mit einer Superfi-gur und super im Bett ist? Oder ein Mann der einen Top-Job macht, der top aussieht, ein Top-Papa und ein Top-Liebhaber ist? Falls dem so sein sollte – lösen Sie sich von dem Anspruch, ein Superweib oder

Supermann zu sein. Vor allem: Lassen Sie sich nicht dazu hinreißen, stets den Erwartungen anderer entsprechen zu müssen, sonst machen Sie sich selbst verrückt.

Nicht an eigener Identität verlieren

Was Sie für Ihren Partner oder Ihre Familie sein und ihnen geben möchten, ist nicht per se falsch. Die Frage ist nur, wie Sie sich selbst dafür unter Druck setzen. Denn Sie müssen täglich das eigene Pensum schaffen, wollen aber auch für die anderen da sein, wenn sie Sie brauchen. Sie haben eigene Bedürfnisse, Interessen und Vorhaben – stecken aber nicht selten zurück, um die Wünsche Ihrer Lieben zu befriedigen. Sie sind manchmal müde, ausgelaugt und unzufrieden, zeigen es aber nicht, weil Sie glauben, stark sein zu müssen und sich das nicht erlauben zu können.

Ich fürchte, es sind nach wie vor mehr Frauen als Männer, die gewohnt sind, ihre eigenen Bedürfnisse zurückzustellen. Naheliegenderweise als Ehefrau und Mutter, aber auch als Mitarbeiterin, Führungskraft oder Mädchen für alles. Doch richtet sich mein Appell auch an Männer, die sich für ihre nächste Umgebung aufopfern – auch davon gibt es viele: Geben Sie sich selbst die Möglichkeit, diesen selbst gewählten Anspruch einmal in Frage zu stellen, ohne gleich zu meinen, das sei egoistisch. Denn so meisterhaft und voller Elan Sie Ihren Job als weiblicher oder männlicher Lebenspartner, Alleswisser und Alleskönner, Seelentröster und Sparringspartner, Mülleimer und Madonna auch bewältigen mögen, garantiert fragen Sie sich zuweilen danach, warum Sie eigentlich ständig für alle da sein sollen? Und Sie fragen sich vielleicht auch, was Ihnen für sich selbst übrig bleibt – vor allem, wenn Ihr Leben zunehmend dem Bereitschaftsdienst eines Feuerwehrmannes ähnelt.

Auch auf die Gefahr hin, dass Sie möglicherweise den Bezug dazu verloren haben, sich selbst in den Mittelpunkt zu stellen – lernen Sie,

Ihrem wahren Wollen ins Auge zu schauen. Denn das ist Ihr gutes Recht und keine Egozentrik. Dabei wird Ihnen auffallen, dass es gar nicht mal so sehr die anderen sind, die Sie in die Schufterei und Fremdbestimmung zwingen. Sie selbst bestehen darauf und zwingen sich dazu, alles in einer Person zu sein. Gönnen Sie sich daher eine Selbstkorrektur. Lernen Sie, Ihre Rolle neu zu definieren, damit Sie sich Ihre eigene Identität bewahren – indem Sie

- sich einmal losgelöst von den anderen betrachten,
- sich fragen, was will ich gerne für den anderen sein und was nicht,
- sich trauen, öfter den Weg zu gehen, den Sie für richtig halten, auch wenn Sie dafür streiten müssen.

Üben Sie, Ihr Selbstwertgefühl nicht davon abhängig zu machen, dass Ihre nächste Umgebung sich für Ihren Einsatz mit einem Lächeln, Kuss oder Schokoladenpralinen bedankt. Danken Sie sich einmal selbst, indem Sie sich etwas gönnen und sich ein gutes Gefühl verschaffen, wie etwa ein Nachmittag mit Freunden, ein Ausstellungs- oder Theaterbesuch, ein Kurzurlaub. So schwächen Sie den Druck ab, es allen recht zu machen. Und bleiben sich selbst treu.

Lassen Sie sich nicht von Ihren Kindern vereinnahmen

Es ist ein Geschenk, Kinder zu haben und ihnen so viel von sich selbst zu geben wie man geben kann. Trotzdem sollten Sie sich nicht zum Dienstboten Ihrer Sprösslinge machen. Denn erstens leidet die eigene Wertschätzung darunter, und zweitens beanspruchen Sie sich selbst dabei über die Maßen. Und das wird sich an irgendeinem Punkt auch im Umgang mit Ihren Lieben niederschlagen.

Lernen Sie darum, sich auch von Ihren Kindern nicht vereinnahmen zu lassen. Werden Sie nicht zu jemandem, der sich selbst zwingt und zugleich von seinen Lieben dazu genötigt wird, immer neue Bedürfnisse zu befriedigen und größere Wünsche zu erfüllen. Zeigen

Sie stattdessen Grenzen auf, indem Sie deutlich machen: Bis hierhin und nicht weiter. Sagen Sie: »Ja, ich liebe dich und bin immer für dich da, wenn du mich brauchst.« Aber lassen Sie sich nicht von den lieben Kleinen erpressen.

Nicht zu nett sein

Es ist wichtig, auch am Arbeitsplatz hin und wieder Nein zu sagen. Denn auch wenn es hier darum geht, täglich miteinander gut auskommen zu müssen, so sollte doch vermieden werden, dass Kollegen, Kunden oder Vorgesetzte sich auf Ihre Kosten ausleben und Ihre Arbeitskraft dabei abzapfen. Was vorübergehend in Ordnung ist (denn irgendwann nehmen Sie ja auch die Hilfe anderer für sich in Anspruch), sollte nicht ins Unendliche oder gar Permanente gesteigert werden. Denn es führt nicht zwangsläufig dazu, vom anderen respektiert oder gemocht zu werden. Obwohl Sie sich selbst abverlangt haben, zu allen lieb und freundlich zu sein, werden Sie nicht selten sogar verhöhnt. Geben Sie darum diesen Absolutheitsanspruch auf. Auch ich habe diesen Anspruch an mich selbst eines Tages fallen gelassen, weil er nicht mehr haltbar war. Vorher dachte ich: Als kultivierter Mensch verfüge ich über den besten Hintergrund, zu allen nett zu sein, doch das funktionierte nicht. Denn wie sich zeigte, wussten diese Nettigkeit im Job zu wenige zu schätzen. Seither lebe ich im Arbeitszusammenhang eine Nettigkeit, die zugleich bestimmt ist und empfehle sie auch Ihnen. Das bedeutet: Wer Ihnen Arbeit aufhalsen will, sollte sogleich signalisieren, was er im Gegenzug für Sie tun will. Wer Ihre Kenntnisse braucht, um einen Erfolg zu verbuchen, soll Ihnen etwas davon abgeben. Wer an Ihre Hilfsbereitschaft appelliert, der soll zeigen, dass er nicht nur von Ihnen profitieren, sondern auch etwas zurückgeben will. Denn Sie können ruhig Helfer sein, Unterstützer, Impulsgeber, Mentor und ein Mensch, mit dem die Zusammenarbeit fast so viel Spaß macht wie mit der allerbesten Freundin oder dem besten Kumpel. Doch müssen Sie sich nicht zwangsweise daran halten und können auch Nein sagen, wenn andere Sie be- oder ausnutzen möchten.

Bewahren Sie sich ein Stück Lockerheit

»Ich versuche immer, mein Bestes zu geben,
und wenn mir das gelingt, bin ich auch zufrieden mit mir.
Egal, ob ich gewinne oder verliere.«
Haile Gebrselassie, Olympiasieger und mehrfacher Weltrekordler

Hohe Ansprüche an sich selbst zu stellen, ist kein Fehler. Der Wunsch und der Wille, das Optimale aus sich herauszuholen, ist die Voraussetzung für große Erfolge und Höchstleistungen. Sportstars wie der junge Formel-Eins-Rennfahrer Sebastian Vettel, die Ski-Alpinistin Maria Riesch oder ein Fussball-Team wie das um den Bundestrainer Joachim Löw wären ohne Kampfgeist und Willens-stärke niemals bei den Weltbesten angelangt. Und ich denke: Jeder sollte versuchen, sein Bestes zu geben, seine Arbeit professionell und sorgfältig erledigen und sein Know-how und seine Erfahrung stets im besten Sinne einbringen. Schließlich erwarten wir das ja auch von den anderen. Oder würden Sie sich etwa gerne von einem Chirurgen operieren lassen, der es an diesem Tag nicht so ganz genau nimmt?

Problematisch wird es nur, wenn wir zu viel von uns fordern. Denn: Wem sein Bestes zu geben nicht genug ist, der erfährt, dass statt Erfolgen und Höchstleistungen nur noch schlechte Ergebnisse erreicht werden. Die Energie, die sonst vorhanden ist, fließt nur noch wie ein dünnes Rinnsal. Also blockieren Sie nicht, sondern aktivieren Sie Ihre Energie!

Auch wenn die Dinge bei jedem Menschen anders liegen – bestimmt ist auch Ihnen die Stimme jenes inneren Sklaventreibers vertraut, der Sie manchmal zur Perfektion peitschen will. Sie hören sein Gebrüll, wenn Sie mal eine Stunde auf der Couch liegen und in Ruhe ein Buch lesen möchten. Denn dann weist er Sie plötzlich auf die Wollmäuse in der Zimmerecke hin, auf die Unordnung im Bad, dass die Fenster noch nicht geputzt sind und auch die Küche noch nicht sauber ist. Und schon springen Sie wieder auf, werden zum Putzteufel und gönnen sich nicht, in einem schönen Buch zu schmökern. Denn Sie wollen, dass zu Hause alles perfekt ist.

Sie verspüren seine Peitsche, wenn Sie im Büro sitzen und mit Ihrer Arbeit fertig sind. Eigentlich wollen Sie nur noch kurz über den Text lesen und heute mal pünktlich nach Hause gehen. Doch dann krittelt er wieder an allem herum und ist mit nichts zufrieden. Und Sie fühlen sich gezwungen, den Text Zeile für Zeile zu überarbeiten und schaffen es wieder nicht, zum Sport zu gehen oder die Kinder mit ins Bett zu bringen. Im Gegenteil, es wird mal wieder sehr spät. Und Sie kommen schlecht gelaunt zu Hause an, weil das Gefühl bleibt, dass der Text nicht so geworden ist, wie er eigentlich sein müsste. Denn Sie wollen eine perfekte Arbeit abliefern.

Sie vernehmen Gemecker Ihres inneren Antreibers, wenn Sie mit einem sympathischen Menschen essen gehen, von dem Sie sich vorstellen könnten, dass Sie ihn näher kennen lernen möchten? Aber dann bedrängt Sie jener innere Sklaventreiber mit einer grausamen Mängelliste, und der nette Mensch Ihnen gegenüber hat plötzlich keine Chance mehr. Denn Sie erwarten von sich selbst, mit einen perfekten Partner zusammen zu sein.

Ob das Zuhause, die Arbeit oder Menschen – wer sich unrealistische Ziele setzt und zu viel von sich erwartet, knechtet sich selbst und ist nie wirklich zufrieden. Deshalb greifen Sie ein, wenn Sie zu Perfektionismus neigen. Lernen Sie die Ansprüche an sich selbst wieder in ein bescheideneres Maß zu bringen. Denn oftmals steht hinter dem Hang zum Perfektionismus nichts weiter als Selbstablehnung. Lernen Sie sich anzunehmen, wie Sie sind, mit allen Fehlern und Schwächen – »nobody is perfect«.

Steigen Sie aus der Tretmühle des Perfektionismus aus. Haben Sie keine Angst, ins Mittelmaß abzurutschen, wenn Sie sich einmal nicht hart antreiben. Seien Sie nicht länger Ihr eigener Sklave. Wer zu genau und überkorrekt ist, macht sich selbst fertig. Er hindert sich am Vorwärtskommen, hält sich am Detail fest, blockiert den freien Fluss seiner eigentlichen Lebens- und Arbeitskraft. Kurz: Wer alles perfekt haben oder sein will, setzt sich auf Dauer selbst außer Betrieb. Denn Perfektion bedeutet Stagnation. »Perfekt« – das ist glatt, unnatürlich, nicht lebendig, komplett, ohne weiteren Spielraum, bewegungslos, Stillstand, Ende, Exitus. Warum wollen Sie sich abmühen, den strengen Plan im Kopf abzuarbeiten, um am Ende etwas zu erreichen, was wie tot ist? Mein Rat: Lernen Sie, die Unperfektion zu akzeptieren und damit die Lebendigkeit zu lieben.

Take-Care-Übung: Ein bisschen (nach)lässig sein

Üben Sie einmal, mindestens 14 Tage lang unperfekt zu sein:

Hausarbeit Beginnen Sie zu Hause. Lassen Sie bewusst etwas Chaos zu, und versuchen Sie, es auszuhalten. Wenn Sie sonst relativ viel Zeit investieren, um alles in Ordnung zu halten, so reduzieren Sie Ihren Einsatz. Das heißt: Kümmern Sie sich nur um unverzichtbare Dinge der Hygiene, wie etwa Müll raustragen. Lassen Sie den Rest liegen: Die Zeitungen sollen sich stapeln, die Fenster bleiben ungeputzt, die Sitzkissen für die Terrasse dürfen über Nacht draußen bleiben, wenn Sie mal keine Lust haben, sie abends noch reinzuräumen, und auch die Spülmaschine wird, falls sonst so üblich, ausnahmsweise mal nicht umsortiert, wenn jemand anders sie mal wieder so eingeräumt hat, wie es Ihrer Meinung nach falsch ist.

Ja, gerade, wenn es Sie stört, dass Dinge nicht genau so gemacht werden, wie Sie das wollen oder nicht genau an dem Platz liegen, wo sie liegen sollen, müssen Sie das trainieren: Greifen Sie nicht ein, kümmern Sie sich nicht darum, lassen Sie alles so, wie es ist, volle 14 Tage lang. Keine Sorge: Sie laufen nicht Gefahr, total zu verschlampen. Es befreit Sie nur von dem Kontrollzwang, dass zu Hause alles ganz richtig zu sein hat, und Sie können sich so auch mal ein Mußestündchen gönnen.

Alltagsleben Weiten Sie Ihre Lässigkeit auf den Umgang mit Alltagskram aus. Ich kenne niemanden, der zuweilen nicht völlig genervt ist, weil außer dem Joballtag und dem, was zu Hause so anfällt, noch so viele andere Dinge zu regeln sind: Der Brief vom streitsüchtigen Nachbarn muss beantwortet werden, der alte Kirschbaum muss gefällt werden, das Auto hat Kratzer und muss zum Lackieren. Und so weiter. Gewiss ist manches davon unabdingbar zu erledigen – ich denke dabei an Rohrbrüche, Reklamationen oder Reifenpannen.

Doch garantiert sind da auch einige Punkte dabei, mit denen Sie sich selbst unnötig unter Druck setzen. Klären Sie daher für sich: Welche Dinge sind wirklich dringend, und welche kann ich erst mal zurückstellen? Welche Dinge mache ich nur, weil ich das schon immer so gemacht habe? Welche Dinge machen mir nur deshalb Druck, weil sie meinen Ordnungssinn stören? Notieren Sie Ihre Antworten. Doch belassen Sie es nicht dabei. Entscheiden Sie noch an diesem Tag, es nicht so genau zu nehmen – die Briefe des streitsüchtigen Nachbarn nicht mehr zu beantworten, den Kratzer am Auto erst später zu behandeln und sich am altersschwachen Kirschbaum noch eine Weile zu erfreuen. Überwinden Sie sich, die Dinge an manchen Stellen laufen zu lassen. Und Sie schaffen sich mehr zeitlichen Spielraum, mehr Luft, mehr Gelöstheit.

Berufsleben Das gleiche gilt für Ihre Arbeit. Üben Sie auch hier, einen etwas lässigeren Weg zu beschreiten. Und lösen Sie sich von Perfektionsansprüchen, die Druck erzeugen. Zum Beispiel: »Nur wenn ich alles selbst mache, ist es wirklich gut.« Oder: »Erst wenn ich noch mal alles überarbeitet habe, habe ich Ruhe.« Oder: »Nur wenn ich viel Zeit investiere, wird es so, wie es sein muss.« Denn der Preis, den Sie für das Beibehalten dieser Ansprüche zahlen, ist hoch. Sie bezahlen mit Mehrarbeit (die Ihnen meist keiner dankt), mit Frustration (weil Sie mehr auf die Fehler blicken, als darauf, was gut ist), mit Zeit (weil Sie stets noch etwas finden, was zu verbessern ist) und mit Ihrer Gesundheit (denn wer sich ständig aufreibt und chronisch frustriert ist, wird auf Dauer krank). Versuchen Sie, Ihren Einsatz etwas lockerer zu gestalten und trotzdem Ihr Bestes zu geben. Und das geht so:

- Erhöhen Sie den Spaßfaktor. Lenken Sie Ihre Konzentration mehr auf Arbeiten, die Ihnen Spaß machen. Und legen Sie mehr Wert darauf, sich ungeliebte Tätigkeiten zu versüßen (detaillierte Anregungen dazu finden Sie im nächsten Kapitel).
- Lernen Sie zu delegieren. Geben Sie Arbeiten ab, die Sie nicht unbedingt selbst erledigen müssen oder wollen – auch wenn Sie meinen, dass Sie es besser können. Trauen Sie den anderen auch etwas zu.
- Akzeptieren Sie Unperfektion. Bessern Sie nicht zwanghaft nach, wenn Sie Unkorrektheiten entdecken. Versuchen Sie einmal dort, wo es nicht schlimm ist, Fehler stehen zu lassen.
- Investieren Sie weniger Zeit. Teilen Sie Ihren Tag so ein, dass außer Arbeit noch Zeit für Ihr Privatleben übrig bleibt. Machen Sie an diesen Tagen keine Überstunden – und setzen Sie Sport und Hobby, Freunde und Familie auf dieselbe Wichtigkeitsstufe wie Ihren Job.
- Üben Sie Nachsicht. Werden Sie großzügiger und gnädiger zu sich und anderen, wenn etwas schief läuft. Sprechen Sie laut die Worte: »Macht nichts, das kann ja jedem mal passieren«.

- Improvisieren Sie. Trauen Sie sich getreu der Devise »Perfektionisten sterben früher« auch mal planlos durchzuwursteln, gewisse Arbeiten nur grob zu erledigen oder unfertig zu lassen – wenn es sein muss sogar mitten im Satz zu unterbrech …

Versuchen Sie nicht, etwas zu erzwingen

Ob im Beruf oder in der Liebe – nichts lässt sich mit Zwang erreichen. Wir können unser Bestes geben. Doch sind wir zu verbissen, bekommen wir am Ende nur den Trostpreis. Denn wer den chronischen Drang hat, das Beste zu toppen, verliert bald den Überblick für das, was wirklich gefordert ist, schießt übers Ziel hinaus, tut sich selbst und den anderen keinen Gefallen. Wer mehr als hundertprozentig sein will, wird intolerant und unerträglich. Er neigt dazu, den Druck, den er sich selbst macht, auf die Menschen in seiner Umgebung zu übertragen.

Ein Beispiel: Einer meiner Klienten versuchte jahrelang, seinem Gefühl von Minderwertigkeit entgegenzuwirken, indem er stets alles gab. Ob im Beruf, im Sport oder als Familienvater: In jedem Lebensbereich versuchte er, der Beste zu sein und jede Aufgabe mit äußerster Gewissenhaftigkeit zu erfüllen. Dabei verlor er bald die Verhältnismäßigkeit aus den Augen. Denn hatte er einmal das Gefühl, sich nicht bis zum Rand des Möglichen eingesetzt zu haben, fühlte er sich schlecht und ließ das an anderen aus.

Bald galt er bei seinen Kollegen als Pedant, und es fiel ihm schwer, Prioritäten zu setzen. Stattdessen widmete er sich mit gewohnter Aufopferung und Überkorrektheit den Details. Aber auch privat häuften sich die Probleme. Denn die Frau meines Klienten wollte, dass ihr Mann am Wochenende einfach mal entspannt zu Hause auf dem Sofa sitzen kann, ohne diesen Drang, den höchsten Berg zu erklimmen oder sich per Paraglider in die tiefste Schlucht zu stürzen.

Sie wünschte sich mehr Sonntage und Urlaube, in denen die Familie nicht schon um sechs Uhr morgens von einer sportlichen Aktivität zur nächsten gehetzt würde, nur damit er am Abend sicher war, alles gegeben zu haben.

Nachdem ich mit ihm gearbeitet hatte, erkannte er, dass er sich nur deshalb so unter Druck gesetzt hatte, weil er sich dafür die Bewunderung der anderen wünschte. Und er sah ein, dass er das ohne diesen Druck viel besser erreichen konnte.

Achten Sie daher immer auf die richtige Dosierung. Sind Ihre Ansprüche an sich selbst zu hoch, ist das ebenso nachteilig, wie sie an der falschen Stelle anzusetzen. In beiden Fällen geht der Schuss nach hinten los, und die berufliche Karriere sowie die privaten Beziehungen erleiden Schaden. Deshalb denken Sie mehr über eine angemessene Gewichtung nach. Mein Vorschlag: Mischen Sie Ihren täglichen Bemühungen um ein Top-Ergebnis eine Portion Gelassenheit bei. Nehmen Sie etwas Zwanghaftigkeit heraus, und fügen Sie etwas Zufälligkeit hinzu. Denn das Leben ist etwas Organisches.

Es ist falsch zu glauben, dass alles nur entsteht, weil wir kräftig daraufhin arbeiten. Vieles entwickelt sich nur aus einer Eigendynamik heraus. Achten Sie also darauf, nicht nur von einem Leistungsanspruch getrieben zu werden, sondern sich zwischendurch auch treiben zu lassen. Machen Sie sich täglich bewusst, dass man die Dinge auch in Ruhe lassen, sich von ihnen entfernen und sie loslassen muss, um sie zu gewinnen. Was haben Sie schon groß zu verlieren – doch höchstens, sich weniger unter Druck zu setzen. Geben Sie immer Ihr Bestes, aber versuchen Sie, nicht zu viel zu wollen. Das wirklich Gewollte kommt oft von ganz allein.

Wie gehen Sie mit Stress und Ärger um?

Kennen Sie das? Sie stehen morgens auf und sind eigentlich gut gelaunt. Sie planen, was Sie an diesem Tag tun wollen und machen sich ans Werk. Doch kaum haben Sie begonnen, kommt auch schon eine E-Mail, die Sie drängt, eine andere Arbeit zu erledigen. Also lassen Sie die eine Sache liegen, um die eiligere dazwischenzuschieben. Da klopft es an Ihrer Tür und der Kollege, mit dem Sie zusammenarbeiten, bittet Sie um Hilfe. Sie müssen schnell reagieren, denn in einer halben Stunde kommt der Kunde und will seine Unterlagen holen. Sie sind gerade auf dem Sprung, da geht das Telefon und ein säuerlicher Vorgesetzter bittet Sie in sein Büro, um etwas zu besprechen. Den Hörer noch am Ohr schauen Sie aus dem Fenster und sehen, wie Ihr Auto gerade abgeschleppt wird, weil ein überbreiter Schwerlasttransporter unbedingt durch die enge Straße will. Sofort rasen Sie los, um das zu verhindern, da kommt Ihnen auf der Treppe der Kunde entgegen. Sie bitten ihn um Verständnis und schon mal Platz zu nehmen, merken aber seinen Unmut. Außer Atem kommen Sie wieder hoch, das Auto ist inzwischen weg, und setzen sich mit dem Kunden hin, da geht wieder das Telefon und Ihr Vorgesetzter fragt, wo Sie denn bleiben. Da wird Ihr Kunde ärgerlich. Und schon wieder guckt jemand zur Tür rein, der dringend nach Ihnen verlangt. Zugleich vibriert das Handy in Ihrer Jacke. Und so geht das den ganzen Tag weiter: Ständig schreit einer, alle wollen etwas von Ihnen. Und Sie kommen zu nichts!

Das »Figarogefühl«

Zum Glück sind nicht alle Tage so. Das wäre auch nicht auszuhalten. Trotzdem kommen diese Situationen zu oft vor. In einigen Branchen geht es von Januar bis Dezember so zu. Wer dort arbeitet, weiß, was auch jede Mutter von Kleinkindern kennt, die ihren Tag managen muss: Entweder man hält den Stress aus, oder man muss sich einen anderen Job suchen. Deshalb soll hier nicht die Frage sein, wie wir Stress vermeiden können, denn er lässt sich nicht immer vermeiden! Aber es gibt Möglichkeiten, damit umzugehen, ohne in einen Zustand der Raserei zu verfallen wie jener Friseur in der Oper *Der Barbier von Sevilla* von Rossini. Hektisch rennt er von einem zum anderen, schneidet hier Haare und da. Und weil alle gleichzeitig nach ihm schreien, er jedoch nicht alle auf einmal bedienen kann, beschwert er sich entnervt: »Figaro hier, Figaro da, Figaro hier, Figaro da....., Figaro, Figaro, Figaro, Figaro....., Fiiiiiiigaaaaarrroooooooo....!«

Wenn Sie diese Oper kennen, so wissen Sie auch, dass nach dem letzten Hilfeschrei eine kurze musikalische Unterbrechung eintritt – ein Moment inneren Zusammensinkens. Ähnlich dem Gefühl, das wir alle gelegentlich haben, wenn wir am liebsten den ganzen Kram hinschmeißen würden, weil wir uns wie ein Butler fühlen, der erst hierhin gerufen wird und dann dahin, und von dem man stets Höchstleistung erwartet und zugleich ein freundliches Lächeln. Diesem Zusammensinken gilt es vorzubeugen. Denn das lässt uns um Jahre altern und zehrt an unserer Substanz. Und mit der Zeit entwickeln wir die Einstellung: »Mein Job, mein Familienalltag, meine Aufgaben – all das ist nur noch anstrengend. Ich kämpfe an mehreren Fronten gleichzeitig und kriege doch nichts wirklich geschafft. Doch damit nicht genug, denn hinzu kommt noch: Die Leute sind schlecht gelaunt und unverschämt. Irgendeiner macht immer Ärger. Wo bitte ist denn hier der Notausgang?«

Bevor Sie jetzt denken, dagegen lässt sich wohl kaum etwas unternehmen, denn dann müsste sich alles ändern, die Menschen um Sie herum, Ihre Aufgaben, Ihr Beruf und damit die Planung von oben, die ewigen Streitpunkte mit den Kollegen, die typischen Reaktionsmuster der Kunden – die Welt überhaupt, möchte ich, dass Sie bitte Folgendes tun: Blicken Sie einmal über Ihr Tagesgeschäft hinaus und erkennen Sie: Niemand muss sich als Gefangener in einer ausweglosen Situation betrachten. Es gibt immer Auswege, auch wenn wir in Zeiten starker Belastung oftmals blind dafür sind. Eine Reihe probater Mittel können helfen, uns wieder freier zu fühlen. Manche bestehen darin, Lücken im Getriebe zu finden, die wir mit kleinen Freuden füllen können. Manche bedeuten eine Veränderung der inneren Einstellung. Denn wenn ich die Umstände nicht ändern kann, kann ich nur mich selbst ändern – meine Sicht auf die Dinge. Gönnen Sie sich also eine Auszeit von der Hast, entspannen und prüfen Sie sich. Und dann: Lassen Sie einmal jede vorgestellte Anti-Stress-Maßnahme auf sich wirken und finden Sie Ihre persönlichen Lieblinge heraus.

Ermitteln Sie Ihre Stressoren

Überlegen Sie als erstes, was Sie wiederkehrend belastet, erschöpft oder Ihnen das Gefühl gibt, ausgeliefert zu sein? Nutzen Sie das folgende »Stressprotokoll« um einmal alle erkennbaren Stressfaktoren aufzuspüren – Sie finden sich natürlich vorrangig in der Arbeitswelt, aber auch im Ehe- und Beziehungsalltag oder Familienleben – manchmal verstecken sich auch innerhalb bestimmter Angewohnheiten, Denk- und Verhaltensmuster.

○ Das Gefühl, jeden Tag alles zu geben, aber der Berg an Arbeit wird trotzdem nicht kleiner

○ Die permanente Erreichbarkeit und störenden Unterbrechungen durch Handyanrufe, Emails etc.

○ Die nörgelnde Art meines Vorgesetzten, dem man nichts recht machen kann.

○ Das ungute Betriebsklima im Unternehmen und wie dort mit Mitarbeitern umgegangen wird.

○ Der Mangel an Wertschätzung in meinem Job, dass man nie gelobt wird – nur getadelt.

○ Dass mein Chef seinen eigenen Druck ungefiltert an uns weitergibt.

○ Dass ich ständig mehrere Sachen gleichzeitig machen muss.

○ Dass ich den ganzen Tag in Besprechungen bin und meine eigentliche Arbeit dann liegen bleibt.

○ Die unfreundlichen Kunden, die ihren Frust und Ärger immer bei mir abladen.

○ Die Kollegen/Freunde, die mir immer nur die Ohren voll jammern und Zeit stehlen.

○ Dass ständig Leute in mein Büro kommen und ich nicht in Ruhe arbeiten kann.

○ Die Arbeit selbst, das lange Sitzen oder Stehen, die Arbeit am Computer oder mit Menschen.

○ Dass ich überhaupt keine Zeit mehr für mich selbst habe und von der Arbeit /der Familie aufgesogen werde.

○ Die Auseinandersetzungen mit meinem Partner/meiner Partnerin zuhause.

○ Dass ich immer alles allein machen muss und mir keiner hilft.

○ Dass ich nie ein anerkennendes Wort oder ein »Danke« erhalte.

○ Die heutigen Umweltfaktoren wie der Lärm, die Reizüberflutung, ständig schlechte Nachrichten etc.

○ Dass immer alles schnell gehen muss und ich nichts mehr in Ruhe erledigen kann.

○ Dass ich den ganzen Tag für die Familie/die Kinder da sein muss und ich keine ruhige Minute habe.

○ Die Eltern/Schwiegereltern und deren Einmischung in unser Leben.

○ Die Giftigkeiten und Streitigkeiten in unserer Familie.

○ Dass ich nebenher noch ein Elternteil/einen Verwandten betreue und dass dieser manchmal schwierig ist.

○ Die ständigen Treffen mit Menschen, die ich nicht mag / die mich nicht mögen.

○ Der anhaltende Rechtskonflikt mit einem Nachbarn, Arbeitgeber, Kunden etc.

○ Immer wieder von anderen oder der Situation ausgebremst zu werden.

○ Die Doppelbelastung aus Kinder, Haushalt und Familie und meinen beruflichen Aufgaben.

○ Dass ich nur noch fremdbestimmt werde und meine Bedürfnisse ständig zurückstellen muss.

○ Dass ich oft maßlos bin – tagsüber zuviel Kaffee trinke und abends zuviel esse, trinke oder zu lange vor dem Fernseher/Internet sitze und zuwenig Schlaf bekomme.

○ Meine körperlichen Probleme – z.B. die ständigen Magen-, Rücken- oder Kopfschmerzen etc.

○ Meine finanziellen Verpflichtungen/Schulden/Geldsorgen etc.

○ Meine Ängste und Sorgen – z.B. es nicht mehr zu schaffen, meinen Job zu verlieren, zu versagen.

○ Dass ich innerlich nicht mehr zur Ruhe komme und mir keine Pause gönne.

○ Dass ich überhaupt keine Zeit mehr für Hobbys habe oder meine Freunde zu treffen.

○ Dass ich nur noch funktionieren muss.

○ Dass ich denke, ich müsse es allen recht machen.

○ Dass ich immer meine, ich bin nur etwas wert, wenn ich keine Fehler mache.

○ Dass ich denke, ich darf mir keine Zeit nehmen.

○ Dass ich eine aufgestaute Wut in mir habe.

Andere Stressfaktoren:

. . . .

. . . .

. . . .

. . . .

Sie sehen nun Ihre Stressoren vor sich. Jetzt geht es darum, eine Rangfolge zu erstellen. Unterscheiden Sie einmal zwischen denen, die mehr oder minder hinnehmbar sind und denen, die Ihnen besonders viel Energie rauben. Sie kennen diese Faktoren genau. Vielleicht sind Sie daran gewöhnt, sie innerlich »wegzudrücken« – sie mit einem »geht halt nicht anders« zu dulden, obwohl Sie wissen, dass Ihnen das nicht gut tut. Diese Taktik ist zwar menschlich und für eine Zeitlang auch unbedenklich – wenn wir nach einer stressigen Phase auch wieder innerlich zur Ruhe kommen. Wird aber ein Dauerzustand daraus, wird es kritisch. Denn die Ausschüttung des Stresshormons Kortisol über längere Zeiträume hat zur Folge, dass sowohl unsere körperlichen als auch unsere geistig-seelischen Energiereserven aufgebraucht werden. Psychosomatische Symptome wie Schlafstörungen, Magen-, Rücken- oder Muskelschmerzen, Allergien und Hautprobleme, Gewichtszu- oder abnahme, Antriebslosigkeit, Depressionen und vieles mehr können die Folge sein. In meiner Coachingpraxis habe ich unter anderem erlebt, wie ein leitender Angestellter eines Tages mitten in einer Besprechung von einer »Schlucklähmung« befallen wurde. Er konnte über Wochen nicht mehr richtig essen oder trinken und auch seinen Speichel kaum mehr im Mund behalten, weil er die diversen Stressoren in seinem Leben ad infinitum »hinuntergewürgt« hatte und nun nur noch »ausspucken« konnte. Überlegen Sie daher, was Sie besonders belastet und jedes Mal an die Substanz geht. Markieren Sie diese Punkte im Stressprotokoll noch einmal oder notieren Sie diese separat auf einem Blatt Papier. Genau hier gilt es, die eigene Stressbewältigung anzusetzen und Schritte zu unternehmen, um wieder auf positiven Umgang mit sich selbst umstellen zu können.

Betrachten Sie Ihre Gesundheit als wichtigste Ressource

Vielleicht haben Sie soeben festgestellt, dass das, was Sie am ärgsten unter Stress setzt, mit so vielen Dingen zusammenhängt, dass es Ihnen schwer fällt, mit den Problemen allein fertig zu werden. In diesem Fall rate ich, Hilfe in Anspruch zu nehmen – je nach Stressfaktor in Form eines Coachings, einer Psychotherapie oder durch das Erlernen ganzheitlicher Entspannungstechniken. In jedem Falle möchte ich Ihnen ans Herz legen: Betrachten Sie Ihre Gesundheit als Ihr Kapital. »Mit« ist im Leben vieles möglich. »Ohne« und »angeschlagen« kann ein Tunnel daraus werden, der nach hinten immer enger wird. Lernen Sie daher bei allem, was Sie leisten, Ihre Gesundheit nicht überzustrapazieren. Ob bei dem Streben nach Erfolg und steiler Karriere oder einem erfüllten Familienleben – denken Sie immer daran: Die Grundlage für Ihre Leistungsfähigkeit ist Ihre körperliche und seelische Verfassung. Sie ist Ihre wesentliche Ressource. Und niemandem ist damit geholfen, wenn Sie sie für etwas anderes opfern, Ihnen am allerwenigsten.

Denken Sie vor allem nicht: »Burnout? Das kann mir nicht passieren.« In diesem Glauben leben oft Frauen und Männer, die von Kindheit an gewohnt sind, streng gegen sich selbst zu sein, ständig neue Leistungen von sich zu erwarten und sich als Mensch stark darüber zu definieren. Aber nicht nur die. Neueste Untersuchungen belegen: Jeder dritte Berufstätige fühlt sich erschöpft. Die Zahl derer, die dann von einem Burn-out-Syndrom erfasst werden, wird immer höher, diese Menschen werden immer jünger und es werden mehr jährlich mehr. Vor allem steigt die Zahl jener, deren Erschöpfungszustand sich nur versteckt darstellt. Diese vermeiden es oft über Jahre, sich die eigene Erschöpfung einzugestehen oder zum Arzt zu gehen. Bis es nicht mehr geht und das Ausgebranntsein sehr tief sitzt. Kennzeichen dafür sind zum Beispiel jahrelanger Medikamenten- oder Alkoholkonsum, starke körperliche Reaktionen wie Autoimmunerkrankungen (zum Beispiel: Rheuma) und psychische

Auffälligkeiten. Besonders wenn zum vorhandenen Dauerstress über größere Phasen zu wenig unternommen wird, den Stress zu kanalisieren und dabei die Stresshormone abzubauen (z.B. durch Bewegung, Sport). Und zugleich zu wenig positive Beziehungen zu anderen Menschen (z.B. Partner, Freunde) gepflegt wurden – die ein Gegenmittel zu Stress und Burnout sein können – fallen die körperlichen und/oder seelischen Stesssymptomatiken zumeist äußerst heftig aus.

Ich plädiere daher dafür, achtsamer mit sich selbst umzugehen. Und nicht so lange den Kopf in den Sand zu stecken, bis man total verausgabt ist. Denn hat man diesen Zustand einmal erreicht, klagt man sich selbst dafür an, Raubbau an seiner Gesundheit getrieben zu haben. Aus einem solchen Tief wieder auf die Beine zu kommen, kann dauern und erfordert viel Geduld. Die Gefahren und Folgen eines Burnout sollten Sie daher niemals unterschätzen. Vor allem, wenn Sie es gewöhnt sind, auf Hochtouren zu laufen, sollten Sie ständig ein Auge darauf haben, dass Sie es nicht übertreiben. Verdeutlichen Sie sich auch, dass es selten singuläre Ereignisse sind wie z.B. der plötzliche Druck im Unternehmen, das »einer« auf einmal die Arbeit von »zweien« erledigen soll oder der neue Boss, der allen das Leben schwer macht. Das, was zu einem Burnout führt, wird viel häufiger durch eine Mehrzahl von Faktoren ausgelöst. Alle zusammen genommen, erzeugen sie die innere Zermürbung. Hiergegen ist ein fortwährender Selbstreflexionsprozess die beste Präventivmaßnahme – ein ehrlicher und freundlicher Umgang mit sich selbst.

Anhand der folgenden drei kurzen Checklisten können Sie sich täglich daran erinnern und dafür präparieren, nicht grob fahrlässig mit sich umzugehen, sondern sich zu schützen. Ziehen Sie daher heute einmal Bilanz und kreuzen Sie an, was Sie »Gutes« für sich unternommen haben – natürlich können Sie sich diese Maßnahmen auch noch für den Rest des Tages vornehmen.

Was haben Sie heute für Ihre Gesundheit getan?

- ○ mal Pause gemacht
- ○ einen kleinen Spaziergang gemacht
- ○ ein bisschen Sport getrieben
- ○ weniger geraucht
- ○ genug geschlafen
- ○ gesund gegessen
- ○ mal gelächelt oder gelacht (Die Endorphine und Dopamine, die Ihr Körper beim Lachen produziert, sind äußerst gesund und heilsam.)

Was haben Sie heute für Ihre Seele getan?

- ○ alles etwas leichter genommen
- ○ ein Liedchen geträllert
- ○ den aufkommenden Frust durch ein Bewegungsprogramm aufgelöst
- ○ ein wenig gekuschelt
- ○ ein Tänzchen gewagt
- ○ den Tomaten beim Wachsen zugesehen
- ○ sich neben allem anderen auch den schönen Dingen gewidmet (Nutzen Sie jede Chance, um gut zu sich zu sein – so verscheuchen Sie die schlechte Laune und aktivieren Ihr Immunsystem.)

Was haben Sie heute für Ihre Lebenseinstellung getan?

- ○ die Qualität der Begegnungen und Vorfälle an diesem Tag durch eine positive Haltung verbessert
- ○ sich vor Augen geführt, dass Sie eine Verantwortung für Ihr Leben haben, die Sie niemandem übertragen können
- ○ sich keine Vorhaltungen gemacht
- ○ einen guten Vorsatz verwirklicht
- ○ Ihren Lebenstraum ein wenig vorangetrieben
- ○ sich für das bisher Erreichte mal selbst gelobt (Eigenlob stinkt nicht sondern »stimmt« und hilft gegen Unzufriedenheit mit sich selbst sowie ein angekratztes Selbstbewusstsein.)

Sie sollten sich angewöhnen, diese kleinen Checklisten regelmäßig abzufragen und die vorgeschlagenen Dinge in Ihren Tagesablauf zu integrieren. Denn wenn Ihnen bewusst ist, dass Sie trotz Zeitnot und Stress gut auf sich aufpassen sollten, erzeugt das sogleich größere Wachsamkeit für die eigenen Energiereserven und ein sensibleres Gespür dafür, wann hoher Einsatz zu destruktivem Umgang mit sich selbst wird.

So gewinnen Sie neue Energie

Wie gesagt: Gestresst sind wir alle mal. Das stellt zunächst keine Gefahr dar, solange wir aufpassen, dass es keine unendliche Geschichte wird und wir in anstrengenden Phasen klug mit uns umgehen. Mein Vorschlag für alle, die sich langsam Richtung Lebensmitte bewegen: Leben und arbeiten Sie mit Elan, aber auch mit mehr Bewusstsein dafür, dass Sie damit anfangen sollten, Ihre Kräfte einzuteilen. Lernen Sie, anstelle von Krafteinsatz vermehrt Ihre Erfahrung einzusetzen, um die gewünschten oder sogar bessere Ergebnisse zu erzielen. Denn das Mehr an Wissen erlaubt Ihnen, Ihre Fähigkeiten konzentrierter einzusetzen und dabei Ihre Energien zu schonen.

Mir selbst hilft dabei immer das Bild eines 1-Liter-Tetra Paks Milch. Nach einer ausgeschlafenen Nacht ist es bis zum Rand gefüllt. Das ist das, was mir für den Tag zur Verfügung steht – mehr nicht. Doch richtig dosiert lässt sich mit diesem Liter ganz viel erreichen. Alles an der falschen Stelle aufgebraucht bedeutet, für den Rest nichts mehr zu haben und ans Eingemachte gehen zu müssen. Nun, kann ich mich fragen: für wen, was und wie möchte ich diese begrenzte Menge Energie im Laufe des Tages vergießen. Denn das allein bestimmen wir und kein anderer. Wagen Sie deshalb einmal Fragen wie diese: Warum erlege ich mir auf, für alles zuständig sein?

Warum delegiere ich nicht auch mal Aufgaben oder Problemlösungen an andere? Warum verpflichte ich mich selbst dazu, jede E-Mail sofort zu lesen und zu beantworten – wo ein- oder zweimal am Tag auch genügte? Warum meine ich, immer alles gleichzeitig machen zu müssen – wo eins nach dem anderen bessere Ergebnisse bringt und oft sogar schneller geht als Multitasking? Warum komme ich jeden Tag so in Hetze – würde ich mich besser organisieren oder ein gezieltes Zeitmanagement nutzen, hätte ich dann nicht weniger Druck? Und so, wie Sie sich das für Ihr Berufsleben fragen, sollten Sie sich auch privat fragen: Muss ich die Familie denn unbedingt allein managen? Können nicht auch mal meine Lieben Teile des Einkaufs erledigen, ihre Sachen wegräumen oder bügeln? Können wir es uns wirklich finanziell nicht leisten, Entlastung zu schaffen (zum Beispiel durch externe Dienstleister), damit ich mehr Zeit habe, mal etwas für mich zu tun? Dasselbe gilt für die »Stressoren in den Ohren«: Warum denke ich immer, ich müsse es allen recht machen – wird es nicht Zeit, meine Einstellung dazu zu ändern und zu lernen, einfach mal »nein« zu sagen? Weshalb habe ich mir angewöhnt zu denken, mir für nichts Zeit nehmen zu dürfen – will ich nicht genau das lernen: auch mal wieder entspannen und genießen zu können? Weswegen lasse ich es zu, dass mich immer wieder Schuldgefühle, eine innere Wut über Verletzungen oder Sorgen stressen – möchte ich nicht lieber, anstatt immer nur weiter zu powern und in die Arbeit zu flüchten, endlich etwas dagegen unternehmen, z. B. mir professionellen Beistand suchen, um an mir selbst arbeiten, gelöster und gelassener sein zu können?

Gedanken wie diese helfen, die eigenen Energieverluste einmal zu hinterfragen und anzufangen, den täglichen Energieeinsatz bewusster zu steuern. Mithilfe des folgenden Antistressplans können Sie sich zusätzlich selbst verpflichten, mit allem was Sie als an Stressoren und »Energieraubbau« diagnostiziert haben, weitestgehend Schluss zu machen. Ergänzen Sie die vorgegebenen Punkte mit Ihren eigenen Gedanken und Ideen. Heraus kommt ein selbsterstelltes

Konzept, wie Sie zukünftig beim Arbeiten und Leben Ihr Energielevel unter Kontrolle halten und mit Ihren Kräften haushalten können.

Take-Care-Antistressplan

In diesen Dingen werde ich mich zukünftig neu organisieren:

. . . .

. . . .

Dieses Denken oder Verhalten werde ich optimieren:

. . . .

. . . .

Das werde ich deutlicher ignorieren:

. . . .

. . . .

Dieses Verhalten/diese Einstellung werde ich mir antrainieren:

. . . .

. . . .

So werde ich meinen Tag/meine Arbeit disponieren:

. . . .

. . . .

Hier werde ich öfter improvisieren anstatt es zu perfektionieren:

. . . .

. . . .

Das werde ich umstrukturieren:

. . . .

. . . .

Diese Aufgaben/Belastungen/Einflüsse werde ich auf diese Weise minimieren:

. . . .

. . . .

Diese Tätigkeiten/Aktionen/Begegnungen werde ich reduzieren:

. . . .

. . . .

Diese Arbeiten werde ich häufiger delegieren:

. . . .

. . . .

Hier werde ich mehr kooperieren:

. . . .

. . . .

In diese Leute/diese Arbeiten werde ich keine Zeit mehr investieren:

. . . .

. . . .

Das werde ich völlig eliminieren:

. . . .

. . . .

Meinen Stress werde ich auf diese Weise besser kanalisieren:

. . . .

. . . .

Darauf werde ich mich deutlicher fokussieren:

. . . .

. . . .

Positive Selbstbeeinflussung gegen Stress

Es wurde lange unterschätzt, doch vor kurzem durch Studien erneut erwiesen: Wer im Berufsalltag einer hohen psychischen Belastung ausgesetzt ist, ist deutlich besser gelaunt und leistungsfähiger, wenn er sich täglich etwas Zeit nimmt, um sich selbst positiv zu stimmen. Positive Selbstbeeinflussung erzeugt einen Schutzwall gegen Stress und ist eine vielseitige Methode, den Körper vor Verspannung zu schützen und die Stimmung zu heben. So wird das Tohuwabohu am Arbeitsplatz nicht mehr als belastend und bedrohlich empfunden. Man geht mit sich selbst ganz anders um, lässt sich nicht mehr so leicht aus der Ruhe bringen, verschleißt sich weniger an den typischen Stressfaktoren, ist seltener krank und mit mehr Freude bei der Sache als ohne den Einsatz positiver Selbstbeeinflussung. Denn wer sich bei der Arbeit wohl fühlt, leidet dreimal weniger unter den Auswirkungen von Stress. Das zeigen zahlreiche Untersuchungen von vielen hundert Führungskräften und Mitarbeitern in deutschen Unternehmen, die den Zusammenhang zwischen innerer Kündigung, Leistungsabfall und körperlichen Beschwerden, wie Rückenschmerzen und Stress, belegen.

Durch die folgenden Tipps zur positiven Selbstbeeinflussung können Sie lernen,

- wie Sie mit sich selbst so umgehen können, dass Ihnen Hektik und Stress am Arbeitsplatz weniger ausmachen;
- wie Sie so mit anderen Menschen umgehen können, dass sich daraus positive Beziehungen entwickeln;
- wie Sie eine positive Qualität von Einstellung und Bewusstsein erreichen, um Herausforderungen anzunehmen, Schwierigkeiten zu meistern und erfolgreich zu sein.

Denn die richtige Einstellung entscheidet in hohem Maße über das Wohlfühlen im Job, über eine gute Team- und Kommunikationsfähigkeit und über Erfolg.

Positive Selbstbeeinflussung als Anti-Stress-Mittel ist ideal für jeden, der hart arbeitet und gleichzeitig liebenswürdig zu sich sein möchte – sie ist also positiver Umgang mit sich selbst in Reinform. Vor allem lässt sie sich leicht in den Alltag integrieren.

Take-Care-Prinzip: So sind Sie weniger gestresst

Im Kampf gegen den Stress haben sich vor allem positive Gegengewichte bewährt. Das sind kleine Besinnungspausen, die Sie vor, während oder nach einem Tag auf dem Schlachtfeld von Büro und Arbeitsplatz einlegen können und mit denen Sie Stress- und Ärgergefühle sofort reduzieren. Denn oft bedarf es nicht mehr als einer winzigen Pause, einem bewussten inneren Zurücktreten, um den von Stresshormonen heimgesuchten Körperalarm abzuschütteln und anstrengende Arbeitstage leichter zu überstehen.

Positive Selbstgespräche

Achte auf deine Gedanken, sie werden zu Worten,
achte auf deine Worte, sie werden zu Taten,
achte auf deine Taten, sie werden zu deinem Charakter.

Volksweisheit

Stimmen Sie sich jeden Tag aufs Neue positiv ein. Am besten, indem Sie sich schon morgens fragen: »Was möchtest du heute erleben – Lust oder Frust?« Sagen Sie sich: »Dies ist ein Tag in meinem Leben – er kommt nie wieder zurück. Deshalb will ich ihn nicht unüberlegt verschenken, sondern ihn trotz Arbeit und Anstrengung so gut es geht genießen. Ich mache das, indem ich heute besonders darauf achte, mich nicht an Kleinigkeiten aufzureiben. Ich nehme mir fest vor, mich nicht aus der Ruhe bringen zu lassen.« Erneuern Sie auch tagsüber diese positive Grundstimmung, indem Sie sich zwischendurch auf gedankliche Formeln konzentrieren wie zum Beispiel: »Ich habe diesen Job gewählt, weil er mir von allen anderen immer noch am meisten entspricht. Ich arbeite gerne. Ich bin gut auf meinem Gebiet.« Oder: »Ich will ein positives Vorbild sein.«

Führen Sie also wiederholt positive Selbstgespräche. So nähren Sie Ihr Selbstbild und geben an sich selbst die Parole aus, eine starke und positive Persönlichkeit zu sein. Sie stellen sich ganz und gar auf Selbstbestimmung statt auf Fremdbestimmung durch Stress und andere Menschen ein. *Sie* formulieren, wie Sie Ihren Arbeitstag erleben wollen. Sie gehen dadurch nicht nur besser vorbereitet in den Tag hinein – bei dauerhafter Kultivierung der eigenen Einstellung durch das bewusste positive Selbstgespräch finden Sie in sich selbst auch mehr Rückhalt, wenn Probleme und Schwierigkeiten auftauchen und Kunden oder Kollegen Sie anfeinden. Sie können sich selbst besser steuern und lassen Ihre Stimmung nicht so leicht von äußeren Ereignissen beeinflussen.

Geben Sie Ihr Mitbestimmungsrecht in diesem Punkt nicht auf. Tun Sie etwas für ein positives Selbstmanagement, indem Sie sich schon morgens und in jeder kleinen Pause sagen, wie Sie heute leben und fühlen möchten. Damit schaffen Sie sich einen emotionalen Pfad, auf dem Sie durch den Alltag wandeln und auf den Sie immer wieder zurückkehren können, wenn Sie in stressige Situationen geraten. Sie merken, dass Sie mit viel mehr Freude als sonst gearbeitet haben und die nervliche Belastung viel geringer ist.

Tägliche Rituale

Ein klassisches Anti-Stressmittel ist das Ritual. Früher war das Gebet für viele ein Ritual, das Kraft spendete und Halt gab. Heute, da Religion bei uns keinen so hohen Stellenwert mehr hat, schöpfen nur noch wenige Menschen aus Gebeten Kraft. Aber das Bedürfnis nach einer

Instanz, die uns als Kraftquelle dient, ist nach wie vor vorhanden. Und da auch der Partner uns diese Kraft nicht immer geben kann (denn der kommt nicht selten auch gestresst nach Hause), empfehle ich Ihnen: Schaffen Sie sich täglich ein eigenes Ritual, einen Freiraum, der nur Ihnen gehört. Benutzen Sie diese halbe Stunde, um sich vom Alltäglichen zu lösen, sich innerlich zu klären, vorzubereiten oder abzuschalten. Treffen Sie mit den Menschen, mit denen Sie zusammenleben, die Verabredung, in dieser Zeit nicht mit Alltagsproblemen belangt zu werden und ungestört zu bleiben, das lässt Sie in Ruhe Kraft schöpfen. Am besten, Sie planen gleich zweimal am Tag diese halbe Stunde für sich ein – morgens, bevor Sie sich den Anforderungen Ihres Jobs stellen und abends nach Büroschluss.

Hier folgt eine kleine Auswahl authentischer Beispiele aus meinen Seminaren. Lassen Sie sich davon anregen, eigene Rituale zu erschaffen oder bereits vorhandene wieder zu intensivieren. Dann reduziert sich Ihr täglicher Stress, weil Sie ihn anders bewerten.

- *Badewannenrand*
  »Mein täglicher Ritus ist, mich morgens im Bad einzuschließen, eine gute Viertelstunde auf dem Badewannenrand zu sitzen und mich zu sammeln. Ich mache das nicht, um wach zu werden, ich bin immer schon früh wach. Ich genieße diesen Moment vollkommenen Friedens – tauche richtiggehend hinein und bereite mich vor, bevor ich mich dem Tag stelle. Wenn ich aus dem Bad herauskomme, weiß meine Familie: Papa ist jetzt ansprechbar. Seit ich mir diese Viertelstunde stibitze, macht mir der Stress in der Firma viel weniger aus.«

- *Besinnungsort*
  »Wir haben uns im Haus einen Meditationsraum eingerichtet. Früher war da eine Dunkelkammer, heute ist es ein Platz der Besinnung – spartanisch, nur mit Blumen und Kerzen. Auslöser war eine Asienreise. Wir drehten eine Reportage über Klöster und haben ständig davon gesprochen, wie es wäre, zu Hause auch so

eine Stelle zu haben, wo klösterliche Stille herrscht. Wann immer wir Zeit haben, meditiert einer von uns beiden in diesem Zimmer. Das ist ein richtiges Ritual geworden. Dort sitzt man eine Viertel- oder halbe Stunde, hält einfach inne und wird ruhiger. Danach gehst du wie ein dicker Buddha in den Tag zurück und machst nicht aus jeder Mücke einen Elefanten.«

- *Herumstromern*
  »Ich radle jeden Morgen los, um Brötchen zu kaufen. Nachdem ich beim Bäcker war, fahre ich jedes Mal noch zum Hafen hinunter. Dort stelle ich dann kurz mein Rad ab, greife mir ein warmes Brötchen aus der Tüte heraus und esse es im Gehen. Dabei schaue ich, welche Schiffe aus- und welche inzwischen eingelaufen sind. Dieses frühmorgendliche Stromern, während die Luft noch klar und kaum ein Mensch unterwegs ist – das ist mein Ritual. Das ist Zeit, die nur mir gehört. Danach frühstücke ich mit meiner Frau, ziehe meinen Anzug an und der Tag kann kommen.«

- *Tanzen*
  »Ich tanze. Ich liebe meinen Beruf, doch wenn ich das Tanzen nicht hätte, könnte ich ihn wohl nicht mehr machen. Denn Altenpflege ist harte Arbeit. Viele bei uns sind bereits ausgebrannt. Man macht ständig Überstunden, arbeitet oft nachts, wird wie ein Dienstmädchen behandelt und erhält nur selten Dank. Doch was mich am meisten stresst, sind die Querelen unter Kollegen. Wenn ich dann nach Hause komme, kann ich oft nicht abschalten. Der Zank und das ewige Hickhack gehen mir nicht aus dem Kopf. Mein Ritual ist dann: Tasche in die Ecke feuern, CD einlegen und sich einfach danach bewegen und austoben. Dann geht's mir wieder gut.«

Mein persönliches Ritual ist das Visualisieren. Das bedeutet, dass ich mir etwas ausmale. Das habe ich schon als Jugendlicher gerne gemacht. Ich entwarf im Kopf die verrücktesten Bilder, wie ich als

Erwachsener wohl mal leben werde. Heute praktiziere ich das noch immer – nur ernsthafter und mit Vorliebe frühmorgens beim Jogging im Park. Dann entwerfe ich mir meinen Tag, indem ich mir vor Augen führe, was ich alles zu erledigen habe – vor allem aber wie ich es tun werde. Ich sehe mich beim Laufen dann von oben und stelle mir vor, wie ich schwierige Aufgaben mit Leichtigkeit und Gelassenheit erfülle und das Beste aus mir heraushole, ohne mich dabei völlig zu verausgaben. Ich sage mir dann immer: »Mit diesem Tag bist du wieder einen Tag älter. Ein Grund mehr, deine Erfahrung und dein Wissen dazu einzusetzen, mit deiner Energie hauszuhalten und dich dennoch voll und ganz zu engagieren.« Auffallend dabei ist: Das Bild, das ich dann zeichne, ist sehr konkret. Ich sehe zum Beispiel die Personen vor mir sitzen, die ich an diesem Tag beraten werde, wie ich auf sie eingehe, höre sie fragen und mich antworten. Natürlich kann ich nichts voraussehen denn hellseherische Fähigkeiten habe ich nicht. Also hält der kommende Tag dann so manche Überraschung bereit, die in meinem Bild nicht vorgesehen war. Aber mein geistiger Entwurf steigert jedes Mal meine Lust auf den Tag. Ich bin innerlich aufgeräumter und fasse alles ganz anders an als ohne meine morgendliche Stunde des Visualisierens. Was dann auch kommt – ich bin nicht so leicht aus dem Konzept zu bringen.

Also denken Sie daran: Rituale räumen die Seele auf.

Das 50:50-Prinzip

Im Berufsleben gibt es immer wieder Tätigkeiten, die wir nicht mögen oder die uns aufgrund des Termindrucks weniger Freude machen als sonst. Trotzdem haben wir keine Wahl: Wir müssen sie fertig stellen und auch gut machen, koste es, was es wolle. Das Ankämpfen gegen den eigenen Widerwillen ist jedoch häufig Stress pur. Deshalb sollten Sie verstärkt für positiven Input bei Arbeiten sorgen, die Sie nur ungern erledigen. Verfahren Sie dabei nach dem 50:50-Prinzip.

Und so geht es: Überlegen Sie vor Inangriffnahme ungeliebter Tätigkeiten zuerst, wie Sie jenen Anteil, der am meisten Unlust und damit negativen Stress erzeugt, zu 50 Prozent annehmbarer machen können. Versuchen Sie diesen Anteil mit Zusatzelementen anzureichern, die für positiven Stress sorgen – mit mentalen oder atmosphärischen Bonbons, die Ihnen diese Arbeit versüßen. Denn wenn Sie von vornherein daran denken, Ihren Aufgaben 50 Prozent Spaßanteile hinzuzufügen, ändert sich Ihre Einstellung. Sie können spüren, wie die Unlust gemindert wird. Das, was Sie vorher als harten Brocken vor sich sahen, erscheint auf einmal annehmbarer. Sie sehen keine Aufgabe mehr vor sich, die zu 100 Prozent freudlos ist, denn Ihr Blick richtet sich nun auch auf die Spaßfaktoren. Das erzeugt ein gewisses Maß an Vorfreude. Und diese Vorfreude wiederum kann zumindest auf die Hälfte der Tätigkeiten wirken, vor denen Sie sich sonst scheuen. Damit zeigt das 50:50-Prinzip Wirkung: Die Hälfte der Arbeit bereitet auf einmal Spaß – und nur die andere Hälfte ist noch mühevoll.

Probieren Sie die folgenden Anregungen aus, und Sie werden erleben, dass schon kleine Veränderungen große Wirkungen erzielen können.

Sammeln Sie Pro-Argumente

Wenn Sie zum Beispiel zu Hause arbeiten, so führen Sie sich vor Augen, dass Sie damit auch ein bisschen privilegiert sind. Sie können sich Ihre Zeit selbst einteilen. Niemand redet Ihnen hinein oder verfolgt Sie mit beaufsichtigender Miene. Machen Sie sich daher an Tagen, wo Sie Ihre Arbeit als Stress empfinden, klar, dass nicht jeder über diesen Luxus verfügt. Menschen, die den ganzen Tag in einem Laden stehen, am Schalter oder der Kasse sitzen müssen, sind wesentlich unfreier und träumen vielleicht davon, so wie Sie am heimischen Schreibtisch arbeiten zu können. Zählen Sie sich daher öfter die Vorteile Ihrer Heimtätigkeit auf, angefangen davon, dass Sie frühmorgens nicht im Stau stehen müssen, Fahrtkosten sparen, bis hin zur Tatsache, dass Sie jederzeit an Ihren eigenen Kühlschrank gehen oder sich mal ein kurzes Schläfchen gönnen können.

Sammeln Sie auch Pro-Argumente, wenn Sie tagsüber im Büro sein müssen. Denken Sie zum Beispiel an Zeiten zurück, in denen Sie sogar froh gewesen wären, diese Arbeit tun zu können. Vielleicht an eine längere Krankheitsphase – damals hätten Sie einiges dafür gegeben, endlich wieder Arme und Beine bewegen, normal leben und wieder arbeiten zu können. Oder vielleicht gab es Zeiten, in denen Sie sich fast nur von Marmeladenbroten ernährt haben, weil nicht genug Einkommen da war. Damals haben Sie sich gewünscht, so viel zu tun zu haben wie heute. Deswegen sagen Sie sich immer wieder: »Freu dich, dass du das überhaupt machen kannst.« Damit erschüttern Sie die ablehnende Haltung zu Ihrer Tätigkeit und sehen wieder das Positive daran.

Verwöhnen Sie sich bei der Arbeit

Wenn Sie im Büro arbeiten, zu Hause oder im Außendienst tätig sind, so vergolden Sie sich Ihre Tätigkeit mit kleinen sinnlichen Freuden. Zu Hause geht das am ehesten. Müssen Sie die Zeit am Schreibtisch oder vor dem Computer zubringen, so nehmen Sie sich dazu Ihren Lieblingsstuhl, tragen Sie den Lieblingskuschelpullover, hören Sie die Lieblingsmusik und machen Sie sich unter Einbeziehung diverser weiterer kleiner Genüsse das Arbeitspensum erträglicher.

Wenn nichts dagegen spricht, wie zum Beispiel ständiger Kundenkontakt, so können Sie ebenso im Büro den Genussanteil vergrößern. Denn auch dort können Sie beispielsweise Ihre Lieblingskekse knabbern, Lieblingstee trinken oder Kleidung tragen, in der Sie sich wohl fühlen und vieles mehr. Diese einfachen Dinge vergessen wir meist. Dasselbe gilt, wenn Sie im Außendienst tätig sind. Unterwegs im Auto lassen sich zum Beispiel Hörbücher genießen, ein Telefonat mit einem netten Menschen führen, genau dort eine Rast einlegen, wo es Ihnen gut gefällt und so den Spaßanteil etwas vergrößern. Bestimmt fallen Ihnen jetzt selbst eine Reihe kleiner Annehmlichkeiten ein, die Sie einsetzen können, um sich die Stunden am Schreibtisch, im Büro oder auf Reisen behaglicher und beschaulicher zu machen. Machen Sie davon Gebrauch – und nicht zu knapp. So überlisten Sie das Gefühl von Zwang und Routine.

Suchen Sie eine anregende Atmosphäre auf

Wenn Sie zum Beispiel nicht zwangsläufig oder nicht immer im Büro oder zu Hause arbeiten müssen, so arbeiten Sie doch gegebenenfalls auch an Orten, die Sie inspirieren und von denen eine Freizeitstimmung ausgeht. Das kann im Sommer der Garten sein oder eine schattige Parkbank mit Blick auf den See. Im Winter ein Café oder eine ansprechende Lounge. Denn mit dem Laptop auf den Knien oder einem Skizzenblock unter dem Arm fühlt sich das Ganze gleich mehr nach Spiel und Vergnügen an als nach mühseliger Fron.

Nehmen Sie Lästiges auf die Schippe

Wenn Sie zum Beispiel gerne blödeln, so geben Sie ungeliebten Tätigkeiten einmal witzige Namen. Das funktioniert im Gespräch mit anderen am besten. Nennen Sie es daher nicht »Hass-Job«, wenn Sie sich heute die Reklamationen von Kunden anhören, Mahnungen schreiben oder dringend Staub saugen müssen. Nennen Sie es lieber »Sorgentelefon mit Dr. Sommer einrichten«, »Terminator-Schreiben verfassen« oder mein »Bibi-Blocksberg-Stündchen auf dem Besen«. Denn so lösen Sie sich von dem Impuls, am liebsten weglaufen zu wollen. Gleiches gilt für eine Spur schrägen Optimismus. Vertreiben Sie bedrohliche Gedanken, dass Sie nicht rechtzeitig fertig werden oder nichts Vernünftiges zustande bringen könnten, mit Sätzen wie »Ich bin der Weltmeister im Auf-die-letzte-Minute-improvisieren-können« oder »Damit mache ich den ersten Platz bei *Deutschland sucht den Superstar*«. Denn dieser scherzhafte Umgang entstresst, verbessert die Gefühlslage und mobilisiert Reserven an Motivation, um lästige Aufgaben doch noch positiv gestimmt in Angriff zu nehmen.

Richten Sie sich freundlich ein

Wenn Sie zum Beispiel einen nüchternen Arbeitsplatz vorfinden, wo außer einer vertrockneten Zimmerpflanze nichts Ermunterndes zugegen ist, so verleihen Sie diesem Ort mehr Persönlichkeit – schließlich verbringen Sie dort die meisten Stunden des Tages.

Scharen Sie Dinge um sich, die Sie darin bestärken, bei allem auch noch Mensch zu bleiben und sich nicht deprimieren zu lassen. Ob schrille Smileys oder originelle Postkarten mit Lebensweisheiten, ob selbst gefundene Muscheln oder schöne Steine, ob frische Blumen oder schöne Bilder an den Wänden, ob die Fotos von Ihren Lieben oder ein geschenktes Kuscheltier– achten Sie darauf, dass Sie immer etwas im Blick oder in Reichweite haben, mit dem Sie positive Gedanken und Gefühle verbinden und das Ihnen signalisiert: »Das Leben ist schön, auch wenn ich hier sitze und arbeite.«

Was Sie auch tun, fügen Sie dem Alltagsgrau bunte Kontraste hinzu. Egal, ob Sie ein Unternehmen leiten, Teamarbeiter sind oder Einzelkämpfer in einem Dienstleistungsjob – es gibt immer Möglichkeiten dazu. Ich mache jedoch oft die Erfahrung, dass vielen als positiver Impuls außer der üblichen Tasse Kaffee und mal die Beine hochzulegen nichts einfällt. Dabei hat sich doch mittlerweile herumgesprochen, dass innovative Firmen längst darauf achten, ihren Mitarbeitern eine Atmosphäre zu bieten, die zu einer entspannten inneren Haltung beiträgt, weil das die Freude an der Arbeit fördert und die Leistung steigert. Das Spektrum reicht von Massagen über Spezialitäten in der Kantine bis hin zu Thai Chi am Morgen und Fitnesstrainings am Abend. Und das alles, weil man erkannt hat, dass Menschen nicht nur stressfreier, sondern auch effizienter arbeiten und erfolgreicher sind, wenn die Umgebung zu einer entspannten inneren Haltung beiträgt.

Auch wenn Sie wahrscheinlich zu den vielen gehören, die in ihrer Firma solche Wohlfühlverhältnisse nicht vorfinden – lassen Sie sich mehr dazu einfallen. Vor allem, wenn der Job Kärrnerarbeit bedeutet und der Termin drückt. Streben Sie insgesamt eine Osmose zwischen Arbeit und Leben an, indem Sie Ihrem täglichen Pensum gezielter angenehme Momente beimischen. Falls Sie das konsequent und häufiger tun, kann es passieren, dass sogar eine Tätigkeit, die früher 100 Prozent Stress für Sie bedeutete, zukünftig 100 Prozent Spaß macht.

Den Tunnelblick loswerden

Der Frosch, der im Brunnen sitzt, beurteilt das Ausmaß des Himmels nach dem Brunnenrand.

Chinesisches Sprichwort

Kennen Sie den Film *Der Club der toten Dichter* mit dem Schauspieler Robin Williams als unkonventionellem Lehrer an einer konservativen High School? Er riet seinen Schülern: »Carpe diem – nutze den Tag!« und forderte sie auf, auf den Tisch zu steigen, mal die Welt von oben zu betrachten, um so eine andere Sicht auf das eigene Leben zu erhalten. Ein guter Tipp, den Sie für sich selbst nutzen können.

Abstand gewinnen

Steigen Sie im übertragenen Sinn auch auf den Tisch, wenn Ihnen alles zu viel ist. Werfen Sie einmal einen anderen Blick auf Ihr Leben. Am besten geht das am Feierabend oder Wochenende. Dann heißt es: Raus aus den eigenen vier Wänden und ab in die freie Natur. Erklimmen Sie einen Berg, wandern Sie auf einen Hügel am Stadtrand oder steigen Sie auf einen Hochsitz im Wald. In der Stadt tut es auch ein Kirchturm oder die Dachterrasse eines Freundes. Hauptsache, Sie nehmen die Vogelperspektive ein. Denn vieles relativiert sich, wenn Sie die Perspektive wechseln und Abstand bekommen. Ein anderer Blick auf Ihr Leben verändert auch Ihre Einstellung. Waren Sie vorher noch ganz mit Stress und Hetze beschäftigt, so lösen Sie sich nun davon. Denn durch den optischen Abstand kehrt Klarheit zurück. So ebben die negativen Gedankenmuster ab, und positive Gedanken kehren zurück.

Zeichnen Sie Ihr Leben

Sie können diesen anderen Blickwinkel auch mit Papier und Stiften erzeugen. Begeben Sie sich dazu an ein ruhiges Plätzchen, und zeichnen Sie Ihren Arbeitsalltag, Ihre Aufgaben und Pflichten, was Sie belastet und stört – bekritzeln Sie das Papier mit Ihrer aktuellen Lebenssituation. Kritzeln Sie, weil es kein Kunstwerk werden soll und wenn doch, dann kein hyperrealistisches, sondern eher etwas abstrakter. Das heißt: Seien Sie expressiv. Malen Sie Männchen, die Ihre menschliche Umgebung darstellen, bunte Pfeile, die Beziehungsgeflechte markieren, Zahlen, um Rangfolgen darzustellen, Worte, um Lebenseckpunkte zu beschreiben wie etwa: »Das will meine Familie oder mein Chef von mir. Das sind die Dinge in der Firma, die mich belasten. Das macht mir am Wochenende Stress.« Und fügen Sie hinzu, welche Art von Stressfaktoren Ihnen noch einfallen, die Sie sich selbst geschaffen haben und damit auch wieder abschaffen, zumindest aber umorganisieren könnten. Warum muss der Hausputz immer am Samstag stattfinden, wenn Sie eigentlich mal Zeit für sich brauchen? Warum muss ständig die Verwandtschaft anrücken und Sie in die Pflicht nehmen, alle zu bewirten? Warum muss jeden Abend ein Programm absolviert werden – so ein Abend zu Hause ohne Großstadtdschungel brächte allein schon mehr Ruhe. Wenn Sie sich nun Ihr Bild betrachten, erkennen Sie die Verstrebungen Ihres Lebens. Sie sehen, an welchen Stellen Sie Verbindlichkeiten haben, die Sie beibehalten müssen oder wollen, aber auch, wo Sie sich freiwillig verbunden haben und Ihr Leben entzerren können. Oft sind nur kleine Änderungen vonnöten, wie etwa ein klärendes Gespräch mit dem Partner oder das Umorganisieren ungeliebter Alltagspflichten – und schon macht man sich weniger verrückt.

Gedanken niederschreiben

Wenn Sie weder auf Berge steigen noch zeichnen wollen, so können Sie auch schreiben. Viele Menschen nutzen das Tagebuch, um Abstand zu gewinnen. Versuchen Sie es daher auch einmal, und schreiben Sie sich alles von der Seele oder aus dem Kopf. Auch das hat eine befreiende, stressmindernde Wirkung und führt dazu, dass das innere Drehmoment wieder auf »normal« zurückgefahren wird.

Ob der Blick aus der Höhe, das Malen des eigenen Lebens oder das Tagebuch – wichtig ist: Befreien Sie sich regelmäßig von einem Tunnelblick, der nur den Stress in Ihrem Leben wahrnimmt. Denn dann haben negative gedankliche Annahmen über sich selbst keine Chance. Die Welle aus Anspannung und Frustration, die sich häufig im Alltag aufbaut, vermag Sie nicht einfach umzureißen.

Wichtig ist, dass Sie mit dieser Methode immer mal wieder zu allem Distanz bekommen.

Positive Selbstbeeinflussung gegen Ärger

Ärger ist wie Gift. Zuerst geht er ins Blut, dann wird uns heiß und schließlich legt er das Nervensystem lahm. Plötzlich durchdringt er jede Zelle und jeden Gedanken. Wir leiden, sehen bleich aus, werden von einem auf den anderen Moment zu einem freudlosen Menschen. Es ist, als habe man uns Sand ins Getriebe gestreut: Die Kräfte schwinden und der Motor verreckt.

Take-Care-Prinzip: So ärgern Sie sich weniger

Deshalb ist dieser Take-Care-Ansatz möglicherweise der Wichtigste in diesem Buch. Denn es ist allgemein bekannt, dass Ärger den Herz- und Schlaganfall fördert, Magengeschwüre und psychosomatische Beschwerden, Beziehungsprobleme und gescheiterte Ehen sowie eine ungute Ausstrahlung und Misserfolge verursachen kann.

Deshalb ist es wichtig, dass Sie mental eingreifen und sich nicht dem Ärger hingeben. Passen Sie in diesem Punkt besonders auf sich auf. Denn wie oft gerät man in Situationen – im Büro und anderswo im Alltag – in denen man sich dem Verdruss hingibt, an nichts anderes mehr denkt und über nichts anderes mehr redet. Lassen Sie es nicht so weit kommen. Das Leben ist zu kurz, um sich über jedes Missgeschick, jede Anfeindung, jede Nichtplanmäßigkeit, jede kleine Erschütterung zu ärgern. Ganz ehrlich: Nicht alles, was uns ärgern will, ist genauer betrachtet so verheerend, dass es sich überhaupt lohnt, sich damit zu beschäftigen. Wenn Sie diesen Grundsatz verinnerlichen, ist das bereits der erste Schritt, sich auch in diesem empfindlichen Punkt liebenswürdiger zu behandeln, statt sich unüberlegt vergiften zu lassen. Und vor allem sollten Sie immer ein Gegenmittel parat haben.

Drehen Sie am Ärgerknopf

Reagieren Sie schnell! Ob beim Zoff mit dem Kollegen oder Partner – wenn Sie erst einschreiten, wenn Ihnen bereits übel vor Zorn ist oder die Stimme zittert, ist es zu spät. Stellen Sie sich daher darauf ein, aufkommende Ärgergefühle klein zu halten. Am besten erspüren Sie sie schon im Vorfeld, so können Sie sie eher beherrschen. Dazu eine Gedankenbrücke: Stellen Sie sich vor, im Innern über einen Regler zu verfügen, ähnlich dem Lautstärkeregler bei einem Radio. Will sich Ihnen nun ein Ärgernis aufdrängen, drehen Sie die »Lautstärke« sofort herunter. Achten Sie darauf, dass Sie in diesem Moment innerlich laut »Stopp« sagen. Am besten entfernen Sie sich auch räumlich von der Ärgerattacke, indem Sie zum Beispiel in einen anderen Raum, an die frische Luft oder um den Block gehen. Mit der Vorstellung des Ärgerknopfes sind Sie besser gerüstet, die sich aufbauenden negativen Gedankenprogramme zu bändigen, denn Ihr Kopf braucht dazu ein Bild. So können Sie den Schaden der inneren Vergiftung durch Ärger gering halten.

Lassen Sie den Ärger nicht an sich heran

Gehen Sie auf Abstand: Ob es um die Beleidigung eines Kunden oder eines Bekannten geht – wenn Sie sich dabei ertappen, verletzt zu sein, sollten Sie Ihren Gefühlen positiv entgegenarbeiten. Allen Methoden gemein ist, dass die Umsetzung in der Praxis nicht immer einfach ist. Das gilt – wer wüsste das nicht – besonders für die Einflussnahme auf Emotionen. Trotzdem sollten Sie es versuchen, denn es trägt dazu bei, das Ausmaß der Kränkung zu minimieren. Die mentale Taktik führt über die Bestimmung des eigenen Selbstbilds. Fragen Sie sich einmal: Als was sehe ich mich selbst? Eher als zartes Wesen, das man rasch kränken kann? Oder mehr als Typ mit dickem Fell? Die Gedankenbrücke dazu: Sehen Sie sich als einen großen starken Baum, den nichts erschüttern kann, und denken Sie dabei an einen Baum, den Sie kennen, zum Beispiel eine riesige Buche im Garten oder eine alte Eiche im Park, die schon viel gesehen hat und die kein Sturm wirklich erschüttern konnte. Oder noch besser: Stellen Sie sich vor, Sie seien eine steinerne Statue und stünden auf einem Podest, so wie die berühmte Skulptur des »David« von Michelangelo.

Sehen Sie sich dort oben stehen – lässig, locker und unerreichbar. Schauen Sie von dort auf diejenigen, von denen Sie sich ungerecht behandelt und angegriffen fühlen. Sagen Sie sich: »Niemand kann mich verletzen, wenn ich es nicht will. Ohne meine Einwilligung kann mich hier oben niemand treffen. Ich entscheide, wem ich erlaube, mich zu ärgern und wem nicht.« So lassen Sie sich weniger leicht durch Ärger verletzen.

Fragen Sie nach dem Nutzen

Stellen Sie die Sinnfrage. Ob die boshafte Rhetorik eines Vorgesetzten oder die gewiefte Taktik eines Menschen, der Ihre empfindlichen Stellen genau kennt – überprüfen Sie jeden Ärger: Fragen Sie, was er Ihnen nutzt. Fragen Sie sich in jeder ärgerlichen Situation, ob es sich wirklich lohnt, sich darüber zu erregen. Kommen Sie zu dem Ergebnis, dass Sie das eigentlich gar nicht wollen, sollten Sie sich sagen: »Ich gehe nicht darauf ein, weil es keinen Sinn macht, Körper, Geist und Seele damit zu vergiften. Ich werfe nur Zeit weg und verschwende sinnlos Energie.« Stützen Sie die Frage nach dem Nutzen zusätzlich mit dieser Gedankenbrücke: Stellen Sie sich vor, Ärger sei wie ein bösartiger Zwerg. Verbildlichen Sie sich, dass das Ärgerliche, was andere geäußert oder Sie erlebt haben, der böse Zwerg ist, der Ihnen nun die Hand schütteln will, um Ihnen den Tag zu verderben. Sagen Sie sich: »Ich gebe ihm nicht die Hand. Ich lasse mir von ihm nicht den Tag verderben. Das ergibt keinen Sinn und bringt nichts.« So bleiben Sie dem Ärger fern!

Nehmen Sie es mit Humor

Setzen Sie Mutterwitz ein. Ob den Ärger über einen stornierten Auftrag oder die Impertinenz einer unfreundlichen Person an der Hotel-
rezeption – nehmen Sie es nicht ernst, lachen Sie darüber. Humor
entgiftet und entschärft Ärger am schnellsten. Wichtig ist dabei:
Nehmen Sie sich auch selbst nicht so ernst. Seien Sie kein Prinzipien-
reiter, sondern entdecken Sie an jedem Missgeschick und an jeder
Frechheit eine komische Seite. Eine nützliche Gedankenbrücke:
Denken Sie an die Worte von Joachim Ringelnatz: »Humor ist der
Knopf, der verhindert, dass uns der Kragen platzt.« Denn diese
Worte bringen es auf den Punkt: Ein Pech oder eine Unverschämt-
heit mit einem Witz zu beantworten, ist eine wohltuende Möglich-
keit, sich vor dem aufkommenden Ärgergefühl zu schützen. Der
eigene Hals schwillt erst gar nicht an, und Sie bleiben gelassener.
Darum fangen Sie bei patzigen Bemerkungen und allem, was an
Ärger auf Sie zukommt, an zu schmunzeln und zu witzeln. So tan-
giert es Sie weniger. In Kapitel 8 erfahren Sie noch mehr über die ent-
schärfende und heilende Wirkung von Lachen und Humor.

Gehen Sie dem Kleinkrieg aus dem Weg

Ob bei abfälligen Reden über die Produkte der Firma oder dem
Kleinkrieg in der Nachbarschaft – wenden Sie sich ab. Hüten Sie
sich vor Leuten, die Sie mit negativen Äußerungen über andere
belasten wollen. Denn sie sind meist mit Ärger verseucht und möchten Sie anstecken. Die Gedankenbrücke dazu ist: Solche giftigen
Leute haben Scherereien und Missstimmung an ihren Händen kle-
ben wie die Viren einer bösen Darmgrippe. Und weil Sie gerade in
der Nähe sind, trachten sie danach, ihre Seuche an Sie weiterreichen
zu können. Machen Sie von vornherein klar, dass Sie davon nichts
wissen wollen. Verabschieden Sie sich rasch, bevor man Sie infiziert.

Sollten Sie nicht ausweichen können und der Umgang unvermeidlich sein, vielleicht weil Sie gemeinsam mit ihnen in einem Raum arbeiten oder im Auto sitzen, so schalten Sie Ihre Ohren auf Durchzug. Machen Sie deutlich, dass Sie kein dankbares Opfer für Meckereien sind. Sie können den anderen zum Beispiel durch krude Themenwechsel verwirren. Oder stellen Sie sich dumm. Beteuern Sie immerzu, dass Sie das alles nicht schlimm finden. So betreiben Sie Ärger-Prophylaxe.

Reagieren Sie sich ab

Machen Sie sich Luft: Ob die berufliche Abfuhr oder die eiskalte Zurückweisung eines Menschen, dem Sie Ihrerseits schon oft geholfen haben – fressen Sie es nicht in sich hinein. Wenn Sie merken, dass Sie den Ärger schon im Bauch haben und ihn mental nicht loswerden, sollten Sie sich aktiv davon befreien, indem Sie den negativen Gefühlsstau auflösen. Dazu eignen sich ganz einfache positive Gegenprogramme – eine Art Erste Hilfe, um sich abzureagieren. Ein paar Beispiele: Beginnen Sie laut zu pfeifen. Holen Sie rasch die Hanteln hervor, um sie zu stemmen. Boxen Sie gegen einen Punchingball. Lassen Sie im Keller einen Urschrei los. Trommeln Sie mit den Fingern ein Schlagzeugsolo auf den Tisch. Machen Sie einen kurzen Powersprint oder 50 Kniebeugen oder Liegestützen, um außer Atem zu kommen. Vielleicht haben Sie auch eine andere Methode, um Dampf abzulassen, ohne dass man Sie für verrückt erklärt. Falls Sie zweifeln, sich auf die eine oder andere Art beruhigen zu können, lassen Sie es auf einen Versuch ankommen. Vielleicht so wie jener Arzt, dem ich zur allgemeinen Stressreduzierung und als Anti-Ärger-Programm empfahl, jedes Mal fünf Minuten zu singen. Seitdem ist er als »der singende Orthopäde« bekannt. Seine Patienten mögen ihn, weil er immer so fröhlich wirkt. Und ihm macht der Beruf heute viel mehr Spaß als früher. So kriegen auch Sie Ihren Ärger in den Griff.

Ob Sie sich darüber ärgern, dass Ihr Mitbewerber schneller war oder über den Verkehrsstau, der Sie aufhält, obwohl Sie es eilig haben – denken Sie an etwas anderes. Weichen Sie dem aufkeimenden Unmut aus, indem Sie Ihre Konzentration auf Dinge lenken, die Sie auf bessere Gedanken bringen. Das können zum Beispiel private Vorlieben oder Vorhaben sein, auf die Sie sich freuen.

Aber auch Eindrücke, die Sie zufällig aufschnappen, wie zum Beispiel Gespräche, eine Straßenszene oder ein Bild an der Wand im Wartezimmer. Vielleicht haben Sie vor, beim Drei-Sterne-Koch im Schloss so richtig gut essen zu gehen, wenn das Projekt fertig ist, an dem Sie zur Zeit arbeiten. Dann stellen Sie sich diesen bevorstehenden Tag vor, wenn Sie damit angenehme Gefühle verbinden. Malen Sie sich aus, wie Sie sich fühlen werden, wenn die Arbeit beendet ist und Sie sich und die anderen so belohnen. Halten Sie dieses Bild fest und genießen Sie es.

Eine andere Möglichkeit: Vielleicht sehen Sie im Vorbeigehen zwei glatzköpfige Männer auf einer Bank sitzen. Dann stellen Sie sich zur Zerstreuung vor, was die beiden wohl miteinander reden. Fragen Sie sich etwa: Sind es zwei alternde Mafiosi, die früher Feinde waren, jetzt Freunde sind und über alte Zeiten plaudern? Sind es Erfinder, die an einem neuen Haarwuchsmittel laborieren und Erfahrungen austauschen? Sind es Freunde, die sich kahl scheren ließen, weil sie eine Wette verloren haben? Welches Bild Sie auch nehmen – werfen Sie gedanklich einen Anker hinein und verweilen Sie dort für einige Minuten. So lenken Sie sich vom Ärger ab.

Denken Sie bei dem Umgang mit Ärger auch an Ihre Erbanlagen. Denn wenn Sie in diesem Zusammenhang besser mit sich umgehen möchten, sollten Sie auch die Disposition in Ihrer Familie miteinbeziehen. Falls Sie im Umkreis der Familie vielleicht Menschen haben, die unter Magengeschwüren oder Herzproblemen leiden, so könnte die Veranlagung zu diesen Krankheiten auch in Ihnen vorhanden sein. Das sollte Sie nicht beunruhigen. Denn durch eine gesunde Lebensweise können Sie ja versuchen, Schutzmaßnahmen zu treffen.

Die Beschäftigung mit den familiären Vorbelastungen kann Ihnen helfen, besser mit Ärger umzugehen. Doch üblich ist, dass wir dies nie in Betracht ziehen, wenn wir uns ärgern. Ich rate Ihnen daher, gehen Sie einmal Ihre Familienmitglieder durch. Überlegen Sie, ob Sie nicht eine Tante haben, die schlimme Magenfalten hat und ganz verknittert ausschaut, weil sie sich über jede Kleinigkeit aufregt und der Ärger an ihr frisst. Vielleicht ist es auch ein Großvater, der schon als Jugendlicher Medikamente schlucken musste, weil er einen zu hohen Blutdruck hatte. Oder Ihre Mutter hatte schon immer diese nervlichen Probleme. Wählen Sie anschließend eine Person Ihrer Familie, und machen Sie diese zu Ihrer Gedankenbrücke. Denken Sie von nun an bei jeder Ärgerattacke an sie, und sagen Sie sich: »Ich will nicht auch so ein faltiges Gesicht, einen verkniffenen Zug um den Mund bekommen wie meine Tante oder so enden wie mein lieber Opa.« Denken Sie gezielt an diese Verwandten und sagen Sie sich: »Ich werde mich nicht ärgern, weil Ärger mir durch meine Erbanlagen besonders schadet.«

Bestimmen Sie, was Sie erleben

Auf den vorherigen Seiten habe ich Ihnen eine Hand voll bewährter Taktiken für den Umgang mit Stress und Ärger beschrieben, mit dem Ziel, negative Gefühle und Gedanken abschwächen und positive aufbauen zu können. Mit diesen einfachen Methoden können Sie einem harten Arbeitstag ein wesentlich freundlicheres Gesicht verleihen. Sie sollten sich nur angewöhnen, nicht zu lange zu warten, sondern jedes Mal automatisch eine solche Umleitung anzusteuern, um den Stresspegel unter Kontrolle halten und alles, was Sie an diesem Tag angreifen und nerven will, geschickt umfahren zu können. Denn ob Sie sich davor schützen können oder nicht, hängt mit davon ab, wie unmittelbar Sie auf positive Selbstbeeinflussung umschalten.

Glücklicherweise lässt sich dieser Automatismus und diese Schnelle antrainieren. Das unschöne Drumherum eines harten Tages gewinnt deutlich weniger Macht über Sie, wenn Sie in dieser Hinsicht vorbereitet sind. Deshalb machen Sie Ihren positiven Einfluss geltend – jeden Tag, auf die eine oder andere praktische Weise.

Was sich weniger trainieren lässt, weil es mehr eine Sache des Bewusstseins und des eigenen Selbstverständnisses darstellt, ist die Einsicht in die Tatsache, dass Ihr Leben aus zwei großen Elementen besteht: das Leben, in das Sie hineingeboren wurden, wie Erbanlagen, Sozialisation und so weiter, und das Leben, das Sie sich selbst schaffen, wie Ihr eigener Wille, die Bereitschaft zu lernen und so weiter.

Denn noch viel wichtiger als die Frage, wie sehr Ihr Arbeitsalltag von Stress und Hektik, Ärger und Problemen bestimmt wird, ist die Notwendigkeit, sich nicht als willenlosen Spielball zu betrachten. Mit anderen Worten: Der Hexenkessel, in dem Sie sich tagsüber befinden, kann Sie erst gar nicht weich kochen, wenn Sie den festen Willen haben, das destruktive Potenzial eines Arbeitstages schon deshalb zu minimieren, weil Sie einfach zufriedener und glücklicher leben möchten.

Da mich seit langem der Persönlichkeitsanteil des eigenen Willens beschäftigt, den wir dazu einsetzen können, mehr Zufriedenheit, Erfolg und Verwirklichung zu erreichen, und ich viele Erfahrungen dazu gesammelt habe, möchte ich Ihnen folgende Taktik empfehlen: Lernen Sie, mitten im Geschehen zu sein und doch darüber zu stehen. Diese Fähigkeit lässt sich kaum durch Übung erreichen als vielmehr durch ein Einsehen der Tatsache, dass Sie allein für Ihr Denken und Fühlen verantwortlich sind. Das bedeutet: Nicht Ihr Joballtag ist der Verhinderer Ihres Lebensglücks. Denn wenn Sie sich nicht immer wieder darum bemühen, Ihr Lebensgefühl zu schützen, so sind Sie selbst Ihr Feind. Wenn Sie sich einreden, Ihr Unglück läge nur an denen, die Sie zu sehr beanspruchen, am unüberwindlichen Berg von Arbeiten auf Ihrem Tisch oder an den unerlässlichen Begleiterscheinungen des beruflichen Alltags, geben Sie die Verantwortung für Ihr eigenes Lebensgefühl ab. Auf diese Weise verhindern Sie das Leben, dass Sie gerne führen möchten, da Sie die Möglichkeit abschaffen, Einfluss zu nehmen.

Es geht also darum, sich im Kopf eine Plattform zu erhalten, eine kleine imaginäre Wolke, auf die Sie – wenn es mal hoch hergeht – rasch hinaufsteigen können, um sich für einen Moment aus dem wilden Geschehen herauszuziehen und sich von dort oben aus klarzumachen: Es geht hier um mehr als nur das Säbelgerassel da unten, den Ärger hier und den Stress dort – es geht um Ihr Leben. Deshalb geben Sie besser auf sich Acht, wenn Sie wieder mittendrin stehen.

Auf diese Weise schaffen Sie sich eine innere Schutzzone. Sie gehen den Tag kraftvoller an und betrachten die unvorhersehbaren Zwischenfälle und Anforderungen mehr unter dem Aspekt, die eigene positive Sicht daran messen zu wollen. Wenn Sie danach streben, sich nicht mehr einfach so dem Stress hinzugeben, sondern die mentalen Zügel in den eigenen Händen zu behalten, sind Sie gut gerüstet, um beruflich erfolgreich und zufrieden zu sein, mit Störungen spielender fertig zu werden und sich dabei als freier und selbstbestimmter Mensch zu fühlen.

Machen Ihnen andere das Leben schwer?

Die Leute sagen häufig: »Wenn es diesen Kunden, Kollegen oder Vorgesetzten oder jenen Verwandten, Bekannten oder Nachbarn nicht gäbe, wäre ich nicht so geschlaucht und hätte auch keinen Ärger.« Sie gehen dabei meist von der Annahme aus, dass sie grantigen und übellaunigen Persönlichkeiten restlos ausgeliefert sind. Da dies ebenfalls ein Standpunkt ist, der häufig dazu führt, sich selbst nicht gut zu behandeln, ist mir das Verhältnis zu und der Umgang mit Menschen, die uns das Leben manchmal schwer machen können, auf den folgenden Seiten eine eigene Überprüfung wert.

Versuchen Sie, eine neutrale Haltung einzunehmen

Machen Sie einen kurzen Selbsttest: Zählen Sie auf, welche Menschen Ihnen im Job oder privat das Leben besonders schwer machen oder gemacht haben. Wer sind diese Leute, über die Sie sich sofort empören können: Ist es ein bestimmter Vorgesetzter und seine unmögliche Art, Mitarbeiter in Konferenzen vor allen anderen bloßzustellen, bei Schwierigkeiten und Kritik von außen nicht zu Ihnen zu halten? Sind es Kollegen einer Dinosaurier-Allianz, die an veralteten Dingen festhalten, nichts ändern wollen und jede Neuerung, jede gute Idee von Ihnen boykottieren? Ist es der Vermieter, der Ihnen ständig neue unsinnige Vorschriften machen will, längst überfällige

Reparaturen nicht durchführt, aber stets einen Grund findet, die Miete zu erhöhen?

Wer es auch ist – ob der Vorstand, der Unternehmens- oder der Insolvenzverwalter, ob die Stadtverwaltung oder gegnerische Anwälte, ob der ehemalige Kompagnon, ein früherer guter Bekannter oder die vormals allerbeste Freundin – rufen Sie sich ins Gedächtnis, weshalb Sie auf diese Personen schlecht zu sprechen sind! Legen Sie alle Fakten und Ihre Gefühle dazu noch einmal auf den Tisch.

Schauen Sie sich Ihre persönlichen Schrammen genauer an. Nehmen Sie dabei den Blick eines unabhängigen Sachverständigen ein, anders ausgedrückt: Schauen Sie nicht subjektiv. Versuchen Sie, einmal darüber hinwegzusehen, was zu Ihren Verletzungen geführt hat respektive welche Personen daran beteiligt waren. Fragen Sie sich vor allem, was Sie daraus gemacht und welche Konsequenzen Sie gezogen haben.

Haben Sie ein paar Mal gebrüllt und geflucht, und damit war es erledigt? Haben Sie sich gesagt »Was mich nicht umbringt, macht mich nur härter« und sind trotzdem Sie selbst geblieben? Oder haben Sie sich doch verändert? Haben Sie einfach die Lust verloren, selbst ein netter Mensch zu sein? Haben Sie, rein aus Selbstschutz und ohne es jemals geplant oder gewollt zu haben, um Ihre Gefühlswelt eine Mauer gezogen und lassen nur noch eine Hand voll Personen schauen, was dahinter steckt?

Genau hier müssen Sie nämlich ansetzen: bei Ihrer gegenwärtigen Einstellung zu den Menschen im Speziellen und Allgemeinen. Denn sollten Sie vielleicht soeben gemerkt haben, dass Sie sich aufgrund Ihrer Erfahrungen eine seelische Sperrzone schufen – eine Art innere Schranke –, müssen Sie alles dafür tun, um sich wieder eine freundlichere Sicht zurückzuerobern. Denn wer erst einmal angefangen hat, ein schlechtes Bild von den Menschen im Kopf zu haben, hat bald auch ein schlechtes Bild von sich selbst und behandelt sich so.

Persönlichkeiten, die sich innerlich verbarrikadieren und den Riegel vorschieben, weil sie von ihren Mitmenschen nichts Gutes mehr erwarten, verbiestern mit der Zeit. Sie bekommen eine verkniffene und unnahbare Ausstrahlung, die nur dazu führt, dass sie mit anderen Probleme haben. Man kann auch sagen: Die eigene Abwehrhaltung wird zum Bumerang, denn man erntet, was man sät.

Wenn Sie also aktuell erleben, dass andere Ihnen das Leben schwer machen, und das für Sie eine Belastung darstellt, so müssen Sie zuerst bei sich selbst reinen Tisch machen. Was in diesem Falle hilft, ist ein innerer Neuanfang in Sachen »Menschenbild«, und dazu gehört auch, dass Sie sich selbstkritisch prüfen:

1. Was steckt hinter den Problemen, die Sie mit gewissen Leuten haben?
2. Sind Sie bereits innerlich verhärtet und mauern dadurch?
3. Ziehen Sie sich auf Ihre negativen Erfahrungen zurück?

Vielleicht kommen Sie zu dem Schluss, dass hinter dem Ärger, den Sie vielleicht mit einigen Leuten haben, auch eigene verletzte Gefühle stecken. Psychologische Forschungsarbeiten zeigen, dass Kommunikationsprobleme und Streitigkeiten nicht selten daher rühren, dass wir im anderen etwas erkennen, was etwas von uns selbst widerspiegelt. Das mag widersprüchlich klingen. Meinen wir doch, wenn wir in unserem Gesprächspartner etwas Eigenes entdecken, etwas gefunden zu haben, was verbindet – was durchaus so sein kann. Doch erzeugt diese Spiegelwirkung oft auch Neidgefühle, Wut oder Angst, wenn unser Gegenüber zum Beispiel etwas aufzeigt, was wir für uns allein beansprucht haben, was wir auch gerne wären oder wodurch wir an Erfahrungen mit Menschen erinnert werden, die uns früher einmal verletzt haben, Das kann ein Elternteil gewesen sein oder ein Lehrer, Ausbilder oder Beziehungspartner. Die Art und Weise desjenigen, den wir nicht leiden mögen, löst eine

Abwehrreaktion aus, weil unser Bewusstsein sich erinnert. Wenn Sie also feststellen, dass Sie bestimmten Charakteren, Tönen oder Gesten gegenüber rasch eine »Allergie« entwickeln, sollten Sie sich immer auch die Frage stellen, ob die Art des Anderen möglicherweise eigene Erfahrungen triggert. Schauen Sie sich selbst hinter die Kulissen, um sich selbstkritisch zu prüfen – woran knabbere ich wohl immer noch, was habe ich scheinbar noch nicht hinter mir gelassen und verarbeitet. Dasselbe gilt, wenn Sie merken, dass etwa der Unmut über gescheiterte Pläne oder Kummer über verpasste Chancen hier eine Rolle spielen. Finden Sie einen Weg, das »alte Thema« zu bearbeiten, sich davon zu lösen und abzuhaken, beispielsweise mit Coaching, Psychotherapie oder wie im ersten Kapitel beschrieben.

Dieser Schritt fällt nicht leicht, manchmal bedeutet er sogar eine Wendung um 180 Grad. Doch ohne diesen Schritt können Sie beim Umgang mit Menschen, die Ihnen das Leben schwer machen, keinen großen Erfolg erzielen. Und vor allem verfehlen Sie das Ziel, sich selbst liebevoller und sorgfältiger zu behandeln. Ich kann Sie daher nur ermuntern, zuerst Tabula rasa zu machen. Also: Was Sie erleben oder erlebt haben mögen – ringen Sie sich dazu durch, Ihrer Umwelt wieder mit einer wohlwollenden Einstellung zu begegnen. Wenn Sie weniger gestresst und dafür lebensfroher sein möchten, dann können Sie nichts Besseres für sich selbst unternehmen.

Um den Umgang mit anderen Menschen angenehmer und reibungsloser zu erleben, brauchen Sie als nächsten Schritt eine freundliche innere Instanz. Das ist eine Haltung, die von einem hohen Maß an Toleranz und Offenheit anderen Menschen gegenüber geprägt ist. Denn wenn Sie in sich selbst diese freundliche innere Instanz errichten, werden Sie nicht nur von anderen als freundlicher und warmherziger empfunden. Sie erleben auch den Kontakt mit Menschen, die anstrengend sind, weil sie komplizierte Charaktere haben, als deutlich weniger belastend. Wenn Sie positiv mit Menschen umgehen, haben Sie nicht nur ein viel lustigeres Leben. Sie retten sich selbst auch davor, irgendwann abzustumpfen und vor Ärger und Gram krank zu werden.

Wer es dagegen nicht schafft, diese freundliche innere Grundhaltung einzunehmen, weil er weiter sauer und wütend ist und ihm diese Großzügigkeit fehlt, verfügt wohl kaum über ein gewinnendes Wesen. Damit wird er in Beruf- und Privatleben zwangsläufig anecken und negative Erfahrungen mit anderen Menschen machen.

Die drei Faktoren der »freundlichen inneren Instanz«

Ausgangspunkt für einen besseren Umgang mit sich selbst ist also auch hier die Veränderung der inneren Einstellung in eine positive Richtung. Denn sowohl unsere Gefühle als auch unser Verhalten lassen sich sehr wohl durch einen gedanklichen Entschluss verändern. Schließlich wird das, was wir fühlen und wie wir uns verhalten, ja auch dadurch gesteuert, was wir denken. Die folgenden Punkte zeigen, wie die Entwicklung einer »freundlichen inneren Instanz« gelingt.

Machen Sie den ersten Schritt

Gehen Sie auf Menschen zu! Das gilt für das erste Gespräch mit dem neuen Teamkollegen genauso wie für die Klärung einer Auseinandersetzung im Bekanntenkreis. Machen Sie es sich zum Prinzip, nicht zu warten, bis andere den ersten Schritt unternehmen. Denn diese warten meistens auch darauf, dass man auf sie zukommt. Unterbrechen Sie diese Warteschleife. Zeigen Sie, dass Sie sich keinen Zacken aus der Krone brechen, wenn Sie den Anfang machen. Unternehmen Sie den ersten Schritt zu Freundlichkeit und Verstehen, regen Sie Lösungen und ein freundliches Miteinander an. Machen Sie sich keine Gedanken darüber, dass die Betroffenen vielleicht denken könnten, dass Sie sich einschmeicheln wollen, klein beigeben oder kein Stehvermögen haben. Denn wer solch positives Verhalten als Schwäche wertet, ist kleinlich und engherzig. Im Gegensatz dazu zeichnet es Sie aus, dass Sie den ersten Schritt machen. Sie zeigen sich großzügig und signalisieren menschliche Größe und Charakterstärke. Und damit gehen Sie auch besser mit sich selbst um, weil Sie durch konsequentes Verhalten Selbstsicherheit und Ruhe gewinnen und das gute Gefühl genießen können, eine integre Persönlichkeit zu sein.

Geben Sie jedem eine Chance

Überwinden Sie Ihre Vorurteile. Das gilt für Verhandlungen mit Geschäftspartnern, die durch völlig unpassende Kleidung irritieren, genauso wie für das erste Dinner mit einem sehr tollpatschigen Menschen. Machen Sie sich den kategorischen Imperativ zum Prinzip: »Handle nur nach derjenigen Maxime, durch die du zugleich wollen kannst, dass sie ein allgemeines Gesetz werde.« Sie sollten sich also immer so verhalten, wie andere sich auch Ihnen gegenüber verhalten sollen.

Behandeln Sie jeden mit Respekt, denn alle Menschen möchten so angenommen werden, wie Sie sind. Deshalb rümpfen Sie nicht gleich die Nase, wenn Sie es mit Leuten zu tun haben, die Ihren persönlichen Vorstellungen nicht ganz entsprechen. Geben Sie jedem eine Chance – egal, ob er Ihnen zu dick, zu schlecht gekleidet ist oder eine hässliche Tätowierung trägt. Und geben Sie jedem auch noch eine zweite Chance. Auch dann, wenn Sie mit diesem Menschen schon einmal eine anstrengende Konversation hatten. Denn jeder hat mal einen schlechten Tag oder verhält sich ungewollt ungeschickt. Entschuldigt sich diese Person daraufhin, sollten Sie ihr nichts nachtragen. Dem anderen eine Chance zu geben – und je nachdem auch noch eine zweite oder dritte – zeichnet Sie aus. Sie zeigen sich menschlich ohne Voreingenommenheit und tolerant. So gehen Sie besser mit sich selbst um, weil Sie damit vielleicht neue Bekannte gewinnen, nicht gleich beleidigt reagieren und sich grämen und das befriedigende Gefühl haben, sich von Ihrer besten Seite zu zeigen.

Kommunizieren Sie konstruktiv

Führen Sie konstruktive Gespräche. Das gilt für die schnelle Antwort auf Kundenfragen in hektischer Verkaufsatmosphäre genauso wie für das Krisengespräch unter Partnern. Machen Sie es sich zum Prinzip, keine Zeit an Polemik zu verschwenden und verletzungsfrei zu kommunizieren. Dazu gehört auch die Verinnerlichung der alten, doch immer noch zeitgemäßen Volksweisheit: »Wie man in den Wald hineinruft – so schallt es auch heraus.« Das heißt konkret: Werden Sie nicht laut, sonst wird auch der andere laut. Treten Sie nicht als Schulmeister auf, sonst wird der andere auch versuchen, Sie zu belehren. Benutzen Sie lieber freundliche Worte statt Sätze wie Rasierklingen, dann wird sich der andere nicht mehr animiert fühlen, zurückzuschießen, sondern die Waffen strecken.

Gehen Sie mit positiven Gesten und gutem Willen verschwenderisch um. Aber geizen Sie damit, Streitgespräche zu führen – höchstens da, wo Diskussion erwünscht oder der offen ausgetragene Disput unumgänglich ist. Grundsätzlich sollten Sie stets auf gelungene Kommunikation bedacht sein, also in erster Linie auf konstruktives Verstehen und Verständnis. Setzen Sie dazu folgende Arten der Kommunikation ein:

1. Verbal: durch positives Formulieren, sachlich bleiben, auf Lösungen bedacht sein,

2. Nonverbal: durch Zuwendung in der Augensprache und Mimik, Lächeln, Zuhören,
3. Emotional: durch Aufrichtigkeit und Authentizität, indem Sie nicht überreagieren, sondern Ihren Stress oder Ärger zuvor kanalisieren.

So kommunizieren Sie konstruktiv. Sie zeigen sich friedliebend und nicht rechthaberisch, demonstrieren kultivierte Umgangsformen und schaffen sich Freunde. Dadurch gehen Sie auch besser mit sich selbst um, weil Sie uneffiziente Streitereien vermeiden, besseres Feedback bekommen werden und das menschliche Miteinander in Job und Freizeit mehr Spaß machen wird.

Der schwierige Mitmensch

»Wenn du einen guten Menschen siehst, versuche,
seinem Beispiel zu folgen; und wenn du
einen schlechten Menschen siehst, vergewissere Dich,
dass du nicht seine Fehler hast.«

Konfuzius

Sie haben nun die Ausgangsbasis für ein besseres Miteinander geschaffen. Aber was tun, wenn Leute Ihren Weg kreuzen, die einen destruktiven Einfluss ausüben. Sei es, dass sie unfreundlich und aggressiv sind oder besserwisserisch, nörglerisch, pessimistisch oder egozentrisch.

Im Folgenden finden Sie die häufigsten Eigenschaften schwieriger Charaktere beschrieben; zu jedem Beispiel zeige ich Ihnen Möglichkeiten auf, wie man mit solch einer Person umgeht. Garantiert werden Sie einige der geschilderten Charaktere mit ähnlichem Auftreten in Ihrem täglichen Umfeld wiedererkennen.

Und für den Fall, dass Sie sich selbst erkennen, gilt: »Willkommen im Club!« Bewerten Sie das vor allem nicht als schweren Makel, denn Schwächen sind uns allen in die Wiege gelegt. Wer kann außerdem schon von sich behaupten, er habe niemals einen schlechten Tag, wäre niemals mürrisch, gereizt oder sauer? Ein solcher Übermensch müsste erst noch geboren werden. Wichtig ist nur, dass Sie die Fähigkeit zur Selbstkritik nicht verlieren. Denn damit verfügen Sie über die wunderbare Eigenschaft, rechtzeitig einlenken und sich entschuldigen zu können, bevor Sie Ihrer Umwelt das Leben schwer machen.

Take-Care-Prinzip: So erleichtern Sie sich den Umgang mit schwierigen Leuten

Schwierigen Menschen werden Sie überall und immer wieder in ihrem Alltag begegnen. Die Strategie, mit solchen Menschen umzugehen, besteht aus dem inneren Entschluss, sich Menschen, die harte Brocken sind, anders zu stellen. Denn da Sie diese Personen nicht ändern können, können Sie nur Ihre Art und Weise ändern, mit ihren Macken umzugehen. Fördern Sie das gute Miteinander durch ein überlegtes Kommunikationsverhalten. Dabei ist es grundlegend, diese speziellen Typen schon im Vorfeld zu erkennen.

Die Vielredner

Sie besitzen ein vereinnahmendes Wesen. Ihr Weltbild ist: »Ich rede und du musst zuhören« – was extrem anstrengend werden kann. Mal verfolgen sie uns mit dem neuesten Klatsch, mal nerven sie mit Witzen ohne Pointe, mal bürden sie uns ihre Lebensgeschichte auf, mit sämtlichen Krankheiten und Details aus dem Liebesleben, sodass wir uns danach völlig ausgelaugt fühlen.

Das Problem ist, dass alle Vielredner auf den ersten Blick recht umgänglich zu sein scheinen. Man kann ihnen nicht böse sein – ihre Plaudersucht macht sie zunächst sympathisch. Und da liegt das Problem: Wir meinen, ihnen zuhören zu müssen, weil wir nicht unhöflich sein wollen, und schon sitzen wir fest: Während wir den Redeschwall brav über uns ergehen lassen, gerät unser Zeitplan durcheinander und wir ärgern uns über uns selbst. So begegnen Sie Vielrednern, ohne dass sie Ihnen die Zeit stehlen und Ihre Nerven strapazieren.

Das Klatschmaul

Es steht für Kollegenhetze und nachbarschaftliches Ablästern. Lassen Sie Leute, die Sie mit dem neuesten Tratsch befrachten wollen, nicht auf Hochtouren kommen. Beenden Sie das Gespräch dann, wenn Sie merken, dass es nur noch um die vermeintlichen Fehler und Verfehlungen von anderen geht.

Setzen Sie Ablenkungsmanöver ein: Werden Sie im Büro von Klatschmäulern und Tratschtanten heimgesucht, greifen Sie sofort zu Ihrem Handy, loggen Sie sich in Ihre E-Mails ein, oder verabschieden Sie sich, um wichtige Unterlagen zu besorgen. Sich kleiner Notlügen zu bedienen, verhindert in das Getratsche hineingezogen zu werden.

Verweigern Sie nonverbales Feedback. Ändern Sie auch Ihre Körpersprache: Schauen Sie diese Leute nicht weiter aufmerksam an, vermeiden Sie den offenen Blick. Wenden Sie sich anderen Dingen zu. Ein zugewandter Rücken wirkt wenig einladend, weiter mit Ihnen zu sprechen.

Vermeiden Sie Stellungnahmen. Wer gerne tratscht, ist hartnäckig und verfährt nach dem Prinzip: Steter Tropfen höhlt den Stein. Sie werden sich irgendwann vielleicht doch dabei ertappen, dass Sie dem Getratsche zuhören und auch darauf eingehen. Denn eine kategorische Ablehnung ist nicht immer zu realisieren. Deshalb gilt: Sobald Sie merken, dass Sie sich über Dritte äußern, entschärfen Sie

Ihre Äußerung sofort. Etwas Ironie kann dabei helfen, zum Beispiel: »Ist es nicht nett, wie wir uns um Frau X Gedanken machen, dabei meinen wir es doch nur gut mit ihr.« Vielleicht auch: »Wenn man uns so reden hört, könnte man glatt den Eindruck gewinnen, wir würden schlecht über sie reden.« So fördern Sie keine Gerüchte und unterminieren das Lästern.

Der Geschichtenerzähler

Er liebt es, Anekdoten zu erzählen, die bei Adam und Eva beginnen und nicht enden wollen. Hier hilft kommunikative Diplomatie, indem Sie das Gespräch vorsichtig lenken. Denn solche Alleinunterhalter sind in der Regel recht unsichere und verletzliche Charaktere, die um Anerkennung und Aufmerksamkeit buhlen. Wenn Ihre Zeit es nicht zulässt oder Sie keine Lust auf endlose Gespräche haben, können Sie zum Beispiel so reagieren:

Bestimmen Sie das Zeitmaß. Klatschen Sie kurz Beifall zu den ausführlichen Geschichten vom Urlaub oder der Party am Wochenende, indem Sie ein Lob aussprechen wie etwa: »Das ist ja eine tolle Geschichte.« Doch machen Sie zugleich klar, dass Sie nur begrenzt Zeit haben. Auf diese Weise können Sie das Gespräch jederzeit beenden. Indem Sie antworten: »Das müssen Sie mir später noch mal alles in Ruhe berichten. Jetzt muss ich leider weiter.« So vertagen Sie das ungewollte Gespräch auf den Sanktnimmerleinstag und können sich zurückziehen, ohne den anderen zu brüskieren.

Erstellen Sie vor Gesprächen mit Geschichtenerzählern eine Liste mit Fragen. Legen Sie das Papier sichtbar auf den Tisch, und arbeiten Sie Punkt für Punkt ab. So schaffen Sie sich eine Legitimation, den Redefluss des anderen immer wieder zu unterbrechen, indem Sie zur nächsten Frage überleiten. Auf diese Weise bestimmen Sie auch den Schluss des Gespräches: »Danke für Ihre freundlichen Auskünfte – das waren meine Fragen. Auf Wiedersehen.«

Nutzen Sie Leerlauf. Wenn Sie zum Beispiel in einer Besprechung sitzen, die von einem solchen Dauerredner beherrscht wird, und Sie sich mit keinem dieser Tricks aus der Affäre ziehen können, so seien Sie nicht frustriert, weil Sie denken, wie viel Zeit mal wieder sinnlos vertan wird. Schalten Sie ab – vielleicht schreiben Sie in Gedanken schon einmal Ihren Einkaufszettel oder planen die bevorstehende Präsentation. So sparen Sie Zeit und Kraft.

Der vom Schicksal geplagte Vielredner

Er drängt einem ständig die Schilderung seiner misslichen Lage auf, ob die Situation es erlaubt oder nicht. Seien Sie gnädig. Denn sicher haben auch Sie sich schon bei dem Nächstbesten ausgesprochen, ohne vorher zu fragen, ob es ihm gerade passt. Lassen Sie sich aber trotzdem nicht zum Therapeuten machen, denn damit können Sie sich überfordern. Lernen Sie, sich positiv abzugrenzen, gehen Sie auf Distanz, ohne kühl zu sein. Denn psychologisch falsch und wenig menschenfreundlich wäre es, Leuten die kalte Schulter zu zeigen, die ein Leid zu beklagen haben. Besser funktionieren folgende Methoden:

Vertagen Sie das Gespräch. Wenn Sie im Büro sind und keine Zeit oder keine Lust haben, sich auf den anderen einzulassen, so verschieben Sie das Gespräch auf einen anderen Zeitpunkt. Äußern Sie Ihr Mitgefühl, und schlagen Sie eine Uhrzeit vor, die Ihnen angenehm ist, wie etwa die Mittagspause oder nach Feierabend. Dann werden Sie nicht überrumpelt und nehmen zugleich etwas die Spannung aus der Sache.

Bedienen Sie sich dreier Grundfragen, um die Berichterstattung von Leuten, die Ihnen unbedingt ihr Herz ausschütten und sich in Details verlieren, auf den Punkt zu bringen. Was genau ist passiert? Was haben Sie dagegen unternommen? Was kann man ändern? So lenken Sie das Gespräch und helfen damit sich und dem anderen.

Empfehlen Sie Fachleute. Wenn Sie mit einer Person überhaupt nicht zurechtkommen oder schlichtweg kein Interesse haben, die Lebensgeschichte zu hören, weil es scheinbar ihr Hobby ist, sie zu erzählen, so verweisen Sie freundlich, aber eindeutig auf professionelle Zuhörer und Helfer wie Psychologen, Coachs, Mitarbeiter eines Sozialdienstes oder Fachleute ärztlicher Anlaufstellen. So sind Sie nicht abweisend, sondern zeigen, dass Sie sich Gedanken machen.

Falls Sie sich dennoch scheuen, andere zu unterbrechen oder zu lenken, sollten Sie in der beschriebenen Weise bedenken, dass Vielredner nicht immer an Ihnen persönlich interessiert sind. Was sie wollen, ist Aufmerksamkeit. Und wenn *Sie* ihnen diese Aufmerksamkeit nicht schenken, reden sie genauso gern auf andere ein. Sie müssen sich also nicht mit schlechtem Gewissen plagen, wenn Sie versuchen, sich davor zu schützen.

Aggressive Menschen

Sie verfügen über ein hohes Abschreckungspotenzial und können uns an den Rand des Wahnsinns treiben. Mal schießt uns durch ihr unverschämtes Verhalten die Zornesröte ins Gesicht, mal verwunden sie uns mit ständigen Sticheleien. Oder sie überfallen uns mit Wutanfällen, in denen heftig Geschirr zerschlagen wird, und zurück bleibt häufig das schlechte Gefühl, sich ihnen ohne Gegenwehr ergeben zu haben.

Sie wissen nicht, wie Sie sich aggressiven Menschen stellen sollen, ohne dass Sie sich furchtbar aufregen? Dagegen hilft wieder nur, diese Leute mit anderen Augen zu betrachten. Auch wenn es schwer fällt: Versuchen Sie sie ein bisschen besser zu verstehen. Denn dann werden Sie erkennen, dass die meisten von ihnen zu bedauern sind. Die folgenden Tipps helfen Ihnen dabei.

Der Unfreundliche

Er zeigt anderen Menschen gegenüber eine gleichgültige Haltung. Er fällt im Straßenverkehr durch rüpelhaftes Fahrverhalten auf, drängelt sich an Supermarktkassen und Bahnschaltern vor, grüßt nicht, kennt kein »Danke« und zeigt eine sehr plumpe Art, seine Ansinnen zu formulieren. Hier ist wichtig: Nehmen Sie es nicht persönlich. Wenn ein solcher Mensch Ihren Weg kreuzt, oder Sie einen Termin mit ihm haben, werden Sie zum Stoiker: Lassen Sie sich nicht aus der Ruhe bringen, fahren oder gehen Sie unberührt weiter, und verarbeiten Sie Ihre innere Empörung auf diese Weise:

Ändern Sie Ihre Erwartungshaltung. Begreifen Sie, dass Ihre Entrüstung vor allem daher rührt, dass Sie von einem unfreundlichen Menschen erwartet haben, freundlich zu sein. Zumindest haben Sie gedacht, dass er sich einigermaßen fair verhält. Sie ärgern sich also darüber, dass der andere sich nicht an die Spielregeln hält. Dabei übersehen Sie: Unfreundliche verfügen über keine Spielregeln. Da man ihnen keine Manieren beibrachte, und sie sich selbst auch nicht dazu erziehen, sind sie in gewisser Weise verroht und unkultiviert. Und deshalb ein wenig »minderbemittelt«. Denken Sie daher auch nicht: »Er verhält sich so, um mich zu treffen.« Sagen Sie sich stattdessen: »Er verhält sich so, weil er ein armes Wesen mit mangelhaftem Sozialverhalten ist.« Mag sein, dass es auch andere Gründe gibt. Vielleicht das Wetter oder er hat schlecht geschlafen. Das ist in diesem Moment egal. Gehen Sie davon aus, dass die Unfreundlichkeit nichts mit Ihnen zu tun hat – sie offenbart nur die Defizite des anderen.

Zeigen Sie dem anderen demonstrativ Ihr Verständnis: Es geht nicht darum, den anderen zu beleidigen. Damit würden Sie nur die Situation verschärfen, und es käme zum offenen Konflikt, was Sie wiederum unter Stress setzen und den Unfreundlichen nicht freundlicher machen würde. Es geht eher darum, den anderen aufzurütteln und ihm den Spiegel vorzuhalten. Denn viele wissen nicht, wie unfreundlich sie sich verhalten. Deshalb reicht in den meisten Fällen schon eine kurze Bemerkung, wie etwa einem Vordrängler zu sagen: »Ich verstehe natürlich, dass Sie es sehr viel eiliger haben als ich und die anderen, die hier warten, aber vielleicht hätten Sie die Güte...« Und plötzlich fällt die unfreundliche Maske ab, der andere fühlt sich ertappt, entschuldigt sich oder flüchtet.

Demonstrieren Sie offensiv Freundlichkeit. Manchmal ist es das Beste, Sie nehmen auf das defizitäre Verhalten direkt Bezug – zum Beispiel bei beruflicher Zusammenarbeit. Denn sonst wird Unfreundlichkeit leicht zum Störfaktor, der die Kommunikation und den Erfolg gefährdet. Für solch schwierige Situationen im Job gilt daher: Reagieren Sie nicht mit Frust, sondern mit betonter Freundlichkeit, wenn Sie beim anderen gute Umgangsformen vermissen. Hat Ihr Gegenüber Sie beispielsweise nicht begrüßt und sofort begonnen zu reden, holen Sie die Begrüßung nach, indem Sie Ihre Antwort zum Beispiel mit einem »Ja, erstmal Guten Tag!« einleiten. Hat der andere Ihnen weder Kaffee noch ein Glas Wasser angeboten, dürfen Sie ruhig sagen: »Ich würde mich freuen, wenn Sie mir etwas zu trinken anböten...« Hat er verpasst, »Danke« zu sagen, sagen Sie: »Bitteschön, hab ich doch gern gemacht...« Verhalten Sie sich so, wie man es bei Kindern macht, die noch in der Lernphase sind. So leiten Sie Ihre eigene Empörung sofort ab und erzeugen beim anderen mehr Aufmerksamkeit.

Der Angriffslustige

Diese Art von Person wird häufig durch abfällige Kommentare und böse Bemerkungen persönlich. Wichtig ist in diesem Fall, dass Sie nicht darauf eingehen. Lassen Sie die Seitenhiebe ins Leere laufen, zum Beispiel, indem Sie sich zuerst vor Augen führen, wie falsch es wäre, sich auf die gleiche Stufe zu stellen und dieselben unfairen Mittel zu benutzen wie der andere mit seinen Spötteleien. Versuchen Sie sich eher kampflos zu behaupten. Das spart Nerven und bringt Ihr

Blut weniger zum Kochen, wenn Sie sich dem breiten Grinsen eines Angriffslustigen gegenübersehen. Folgende Strategien helfen Ihnen:

Betrachten Sie sich nicht als Opfer. Denn die Erfahrung zeigt: Die meisten angriffslustigen Menschen sind bemitleidenswerte Charaktere. Irgendwann in ihrem Leben sind sie gescheitert und haben sich – weil sie seither an sich selbst leiden – auf Zynismus und Anklagen gegen alle, die noch nicht aufgegeben haben, zurückgezogen. Da kommen ihnen Leute wie Sie, die bereit sind, für Ziele zu kämpfen und an etwas zu glauben, gerade recht. Werten Sie Angriffslustige daher nicht als starke, sondern schwache Persönlichkeiten. Haben Sie keine Angst vor ihnen. Fragen Sie sich: »Wie kann mich jemand treffen, der selbst so ein unglückliches Wesen ist?« Halten Sie sich daran, und sehen Sie ab sofort nicht mehr sich selbst, sondern Ihr zanklustiges Gegenüber als Opfer.

Lassen Sie sich nicht provozieren. Schotten Sie sich ab, wenn Sie das nächste Mal in einer Besprechung sitzen und abschätzige Kommentare kommen. Bauen Sie um sich herum einen Schutzwall auf, an dem alles abprallt, was dazu gedacht ist, Sie aus dem Konzept zu bringen. Stellen Sie sich vor, Sie halten sich hinter schusssicherem Glas auf. Sie können einfach konsequent fortfahren, ohne dass Ihnen etwas geschieht. Blicken Sie Ihrem Angreifer auch nicht in die Augen, sondern durch ihn hindurch und reagieren Sie auf das Gesagte, als hätten Sie Ihre Ohren verstopft. So nehmen Sie dem anderen den Wind aus den Segeln.

Decken Sie Angriffsverhalten auf. Falls es Ihnen schwer fällt, aggressive Bemerkungen zu ignorieren, ohne aufgebracht und aufgewühlt zu sein, oder Ihr Image dadurch Schaden erleidet, so stellen Sie die betreffende Person zur Rede. Das funktioniert am besten in Gegenwart anderer. Fragen Sie beharrlich nach objektiven Aussagen: »Wie darf ich diese unschöne Äußerung deuten?«, »Das klingt sehr nach Häme und Spott, meinen Sie es auch so?« oder »Sie scheinen meine Vorschläge lächerlich machen zu wollen, ist das wahr?« Schauen Sie dabei auch in die Runde, und beziehen Sie andere Anwesende mit ein. Denn auf diese Weise ans Licht gezerrt zu werden, mögen Angriffslustige gar nicht. Da sie ihre Steinchen am liebsten aus dem sicheren Hintergrund in die Runde werfen und davon ausgehen, dass man sie so nicht belangen kann, werden sie es sich beim nächsten Mal sehr gut überlegen, Sie zu attackieren.

Wägen Sie je nach Situation ab, welche der genannten Methoden Sie wählen, um sich den Umgang mit Angrifflustigen zu erleichtern.

Der Hitzkopf

Sie zeichnet situative Verärgerung und Überreaktion aus. Bei ihnen hat sich etwas aufgestaut und entlädt sich in Ihrem Beisein. Wichtig ist hier, dass Sie sich nicht auch noch aufregen. Das gelingt Ihnen gleich viel besser, wenn Sie sich vorstellen, dass der Choleriker vor Ihnen an einem Punkt angelangt ist, wo er total den Überblick verloren hat. Der Hitzkopf rastet aus, weil er hilflos ist. Nicht selten sind mangelndes Selbstbewusstsein oder die Angst, nicht ernst genommen zu werden, die Ursachen.

Doch der erhitzte Kopf kühlt nach einiger Zeit erfahrungsgemäß auch wieder ab. Und oft tut es ihm anschließend leid, so heftig reagiert zu haben. Sie brauchen also nur abzuwarten. Deshalb gilt für den Umgang mit diesen Menschen Folgendes:

Bewahren Sie Ruhe. Das fällt zwar nicht immer leicht, ist aber der einzige Weg mit diesem Typus stressfreier umzugehen. Lassen Sie den Hitzkopf donnern und lärmen, und vermeiden Sie in dieser Phase konfrontatives Argumentieren. Wenden Sie sich nicht ab, sondern schauen Sie ihm in die Augen, oder zeigen Sie ihm am Telefon, dass Sie ihn ernst nehmen, indem Sie Vorwürfe verständnisvoll kommentieren. Hat sich der Hitzkopf wieder gefasst, sind Sie dran.

Starten Sie keine Gegenoffensive. Formulieren Sie als Antwort kurze, sachliche Sätze, die Sie ruhig und freundlich vortragen. Langatmige Erklärungsversuche würden nur Öl ins Feuer gießen. Signalisieren Sie einleitend Verständnis mit Äußerungen wie: »Ja, es ist nicht optimal gelaufen …«, »Sie haben Recht, hier muss was geschehen …« oder »Das habe ich mir auch anders vorgestellt …«. Gleichgültig, ob der Wutausbruch eines Vorgesetzten, die Reklamation eines Kunden oder lautstark vorgetragene Enttäuschung eines Bekannten, senken Sie das Erregungsniveau des anderen, indem Sie seinem Problem Beachtung schenken, auch wenn die Kritik unberechtigt und die Art, sie vorzutragen, unangemessen sind. Denn sich sofort zu verteidigen oder sich abzuwenden, wäre in dieser Situation kontraproduktiv.

Argumentieren Sie positiv. Fällt Ihnen der Hitzkopf jedoch weiter ständig ins Wort, weil er sich wieder neu aufregt, sollten Sie ihm gelassen Paroli bieten. Das heißt: Lassen Sie sich nicht abwürgen und hinreißen zu streiten. Aber bestehen Sie darauf, Ihre Sätze zu Ende sprechen zu können. Falls nötig, schneiden Sie dem Hitzkopf das Wort ab. Machen Sie immer wieder klar, dass Sie bereit sind, die Dinge zu klären beziehungsweise zu ergründen, was falsch gelaufen und wie es zu ändern ist. Und kombinieren Sie Ihre zentralen Aussagen stets mit der Bereitschaft zu einer freundlichen Übereinkunft. So vermeiden Sie die direkte Auseinandersetzung und lassen sich doch nicht unterkriegen.

Falls Ihnen öfter solche Choleriker begegnen, sollten Sie dies noch wissen: So sehr es Sie auch manchmal jucken mag, Leuten, die derart unkontrolliert sind, vors Schienbein zu treten – tun Sie es nicht. Sie schaden letzten Endes nur sich selbst. Sagen Sie sich lieber, dass Ihnen das nicht wert ist; auf diese Weise sind sie bald weitergezogen und Sie sind innerlich frei für neue, nettere Menschen.

Notorische Miesmacher

Sie haben eine äußerst negative Weltsicht – was dem bestgelauntesten Menschen die Stimmung verderben kann. Mal nörgeln sie an

allem herum, mal hebeln sie jeden sinnvollen Lösungsansatz mit stu-
ren Einwänden aus. Von Zeit zu Zeit gelingt es ihnen, uns mit ihrem
Pessimismus anzustecken, und wir lassen grundlos den Kopf hängen.

Statt sich alles mies machen zu lassen, versuchen Sie, Ihnen entspannt zu begegnen. In den folgenden Abschnitten zeige ich die ver-
schiedenen Möglichkeiten dazu auf.

Der Nörgler

Von ihm hört man nur ewiges Gemecker und Quengelei. An allem
hat er etwas auszusetzen, ob es sich dabei ums Wetter, das Essen in
der Kantine oder eine ausgezeichnete Idee von Ihnen handelt. Lassen Sie das Gemecker nicht an sich heran. Denn Nörgler kritisieren
oft nur deshalb an allem herum, weil sie mit sich selbst unzufrieden
sind. Das ständige Kritisieren ist also häufig ein Zeichen für ihren
eigenen festsitzenden Ärger. Weil solche Menschen aber meistens
passiv bleiben, anstatt selbst etwas zu verändern und ihr Leben in
die Hand zu nehmen, treten sie gern anderen auf die Füße. Damit
schaffen sie sich eine Daseinsberechtigung und werten sich selbst
auf. So schützen Sie sich vor solch destruktiven Äußerungen:

Gehen Sie nicht darauf ein. Haken Sie nicht nach, sondern winken Sie gleich ab. Versuchen Sie vor allem nicht zu diskutieren. Das
Falscheste wäre, sich in ihr Lamento aus Anklagen und Beschuldi-
gungen verstricken zu lassen. Denn in allem, was sie sagen, steckt
ein Körnchen Wahrheit. Erfahrene Nörgler bauschen dieses Körnchen nur auf. Sie reden so lange auf Sie ein, bis Sie irgendwann aufgeben und von den vermeintlichen Missständen erschlagen sind.

Wehren Sie sich gegen Verallgemeinerungen. Mit einem Repertoire einsilbiger Antworten wie zum Beispiel: »Nun bleib mal auf
dem Teppich«, »Das ist ja nicht immer so« oder »So schlimm ist es
ja nun auch nicht«. Dämmen Sie die Miesmacherei ein. Denn Nörg-

ler neigen zu Pauschalisierungen und Übertreibungen, ihre Lieblingsbegriffe »immer«, »nie«, »alle« oder »viel« sollten Sie daher nicht gelten lassen.

Zeigen Sie Lösungen auf. Gehen Sie jedes Mal so rasch wie möglich dazu über, das angeprangerte Problem anzupacken. Denn wenn Sie signalisieren, die Ärmel aufzukrempeln, um etwas tun zu wollen, nehmen Sie dem Nörgler den Wind aus den Segeln. Setzen Sie dazu lösungsorientierte Fragen ein wie etwa: »Wann genau tritt das Problem auf?«, »Wer genau hat Ihnen das gesagt?« oder »Wo genau wird es für Sie schwierig?« So verhindern Sie deprimierendes Dauernörgeln.

Der Pessimist

Er liebt Schwarzmalerei und die Konzentration auf das Negative. Für ihn ist das Glas naturgemäß halb leer statt halb voll, und davon will er auch Sie überzeugen. Das dürfen Sie ihm auf keinen Fall abnehmen. Denn die Welt ist nicht nur schlecht und es geht auch nicht immer alles schief. Mit folgenden Methoden wehren Sie sich gegen Pessimisten:

Stellen Sie sich der Sogwirkung entgegen. Um zu verhindern, dass man von Pessimisten nach unten gezogen wird, muss man den Kreis aus düsteren Kommentaren, Fatalismus und Machtlosigkeit durchbrechen. Beharren Sie stets darauf, dass es sich lohnt, für das Gute zu leben und zu arbeiten. Der beste Pessimismusschutz ist ein Mantel aus gesundem Optimismus. Wenn Sie sich selbst optimistisch geben, ziehen sich Pessimisten rasch zurück.

Signalisieren Sie Objektivität. Begehen Sie jedoch nie den Fehler, pessimistische Zeitgenossen von Ihrer eigenen positiven Lebenseinstellung überzeugen zu wollen, denn das reizt sie zu weiteren destruktiven Phrasen. Schützen Sie sich davor, indem Sie den negativen Behauptungen nicht zustimmen, sondern objektiv bleiben. Argumentieren Sie in Gesprächen stets faktenbetont, und lassen Sie sich diese Fakten nicht aus der Hand nehmen. Denn wenn Sie sagen: »Schöner Tag heute« und Sie die Antwort: »Morgen soll es aber wieder schlimm regnen« so stehen lassen, treten Sie Ihre Positivsicht ab. Entgehen Sie dieser Faktenverzerrung, um sich nicht die Laune verderben zu lassen, indem Sie stets eine Richtigstellung hinterherschicken. Nachdem der Pessimist Ihre positive Bemerkung also mit seiner negativen Antwort entwertet hat, greifen Sie diese auf und stellen sie in Ihrem Sinne richtig. Denn durch Ihr Schweigen stimmen Sie der verzagten und verneinenden Äußerung zu. Sagen Sie daher: »Ja, auch wenn es morgen regnet, so ist heute ein schöner Tag und darüber freue ich mich.« So lassen Sie sich von negativen Kommentaren nicht schwächen und umstimmen.

Der Starrsinnige

Starrsinnige Personen zeichnen sich durch Unbeweglichkeit und Sturheit aus. Veränderung ist für sie ein rotes Tuch. Hier ist Vorsicht geboten: Diese Leute lassen Sie glatt auflaufen. Sie sind imstande, neue Ideen und sinnvolle Initiativen sofort zu untergraben. Bevor Sie die Fassung verlieren oder alles hinschmeißen, versuchen Sie es mit folgenden Tipps:

Enträtseln Sie das Spiel. Werten Sie die Einsilbigkeit eines Starrsinnigen nicht als persönliche Ablehnung. Wenn nicht Bequemlichkeit, so ist die entgegengebrachte Passivität meist ein Zeichen für eigene Ängste. Das bedeutet: Starrsinnige halten am Herkömmlichen fest, weil sie sich davor fürchten, etwas zu probieren, was sie nicht einschätzen können.

Schaffen Sie Vertrauen. Holen Sie den anderen da ab, wo er steht – bei seiner Furcht. Aber nicht durch insistierenden Einsatz, sondern am besten bei einem Gespräch unter vier Augen und in entspannter Atmosphäre, mit freundlichem Blick und ermunterndem Tonfall.

Stellen Sie dem anderen außerdem noch ein kleines Extra in Aussicht. Denn wer Angst hat, über eine unbekannte Brücke zu gehen, kommt eher in Gang, wenn er weiß, welche Annehmlichkeiten ihn auf der anderen Seite erwarten.

Ziehen Sie den anderen mit. Hängt jedoch weiterhin eine Atmosphäre der Starre im Raum, sollten Sie den anderen aus der Reserve locken. Lassen Sie die bekannten Killerphrasen »Das geht nicht« oder »Das haben wir aber immer so gemacht« nicht gelten. Machen Sie deutlich, dass sich Stillstand und Erfolg ausschließen. Stellen Sie Fragen wie »Was spricht im Einzelnen gegen meinen Vorschlag?« oder »Worauf basieren denn Ihre Erfahrungen, wenn Sie sagen, das geht nicht?«. Durch beharrliches Nachhaken nehmen Sie Starrsinnigen die Lust, weiter Gegenargumente aufzutischen. Wenn Sie obendrein recht schnell signalisieren, dass Sie das besprochene Vorhaben in die Tat umsetzen werden und dafür nicht nur Konzepte, sondern auch Beweise vorlegen, geben sie meist ihre dünkelhafte Haltung auf und gehen mit Ihnen, wohin Sie wollen.

Falls angesichts einer ganzen Gruppe von Miesmachern Ihre positive Lebenseinstellung auf eine harte Probe gestellt wird, so rufen Sie doch einmal lautstark in die Runde: »Worauf soll unser Gespräch eigentlich hinauslaufen, dass wir uns alle von der Brücke stürzen?« So können Sie Ihren Gefühlen Luft machen und zeigen, dass Sie auch nur ein Mensch sind.

Egomanen

Sie sind sich selbst der Nächste. Ihre Einstellung ist: »Hoppla, jetzt komme ich!« – womit sie uns ziemlich verärgern können. Mal schieben sie uns frech zur Seite, um sich selbst in den Vordergrund zu spielen. Manchmal überreden Sie uns auch, bei der Erledigung ihrer Arbeiten zu helfen und stecken das Lob allein ein.

Sie stehen vor der schwierigen Aufgabe, mit solchen Leuten auskommen zu müssen? Stellen Sie auch hier Ihre innere Einstellung um. So lassen Sie sich nicht die Butter vom Brot nehmen und zugleich weniger in Harnisch bringen.

Der Wichtigtuer

Er hat einen übertriebenen Geltungsdrang und Profilierungssucht. Er gibt vor, alles zu wissen, alles zu können und alles schon gemacht zu haben, und das kann er auch gut verkaufen. Dabei fährt er mit Vorliebe seinem Gesprächspartner über den Mund und würdigt die Aussagen anderer Menschen herab. Lassen Sie sich von seinem besserwisserischen Getue nicht einschüchtern. Denn ob Konversation oder Konferenz – Wichtigtuer tun zwar so, als ob sie wichtig sind, sind es aber nicht wirklich. Was Ihnen hilft, sich nicht beeindrucken zu lassen, ist Folgendes:

Erkennen Sie seine Motivation. Machen Sie sich klar: Dieser Typus will nur eines, und das ist dominieren. Oft wurde ihm das schon früh anerzogen. Entweder, weil er vielleicht schon als Kind ein kleiner Prinz war, der im Mittelpunkt stand und sich heute immer noch für besser als andere hält. Oder weil er zu Hause von einem dominanten Elternteil unterdrückt wurde und sich nun seine eigene Stimme zurückerobern will. Aus welchen Gründen auch immer versuchen solche Personen durch inbrünstiges Breittreten ihrer Ansichten, im Zentrum der Gesprächsrunde zu stehen.

Seien Sie nicht zu höflich, denn Zurückhaltung ist hier nicht angebracht. Wollen Sie selbst zu Wort kommen, gibt es nur einen Weg: Sie dürfen sich von den Allüren des anderen nicht zurückweisen lassen. Zeigen Sie keine zustimmenden Reaktionen, und ergreifen Sie vor ihm das Wort. Ist es dafür schon zu spät, stoppen Sie seinen Redefluss so früh wie möglich. Denn wenn Sie brav warten, bis der andere eine Pause macht, und Sie Ihr Statement vortragen können, hat der Wichtigtuer bei den Anwesenden längst genug Pluspunkte gesammelt. Benutzen Sie für Ihre Rede jedoch nur kurz gefasste Sätze. Formulieren Sie zu umschweifend, wird er Sie sofort wieder unterbrechen. So aber können Sie einigermaßen sicher gehen, dass auch Ihre Meinung von den Gesprächsteilnehmern gehört wird.

Halten Sie mit Ihrem Know-how dagegen. Trumpfen Sie auch mit Ihrem Wissen auf, so wortgewaltig Ihr Gegenüber auch auftreten mag. Schrecken Sie vor der vermeintlichen Intelligenz des anderen nicht zurück. Will man Sie zum Beispiel mit dem erhobenen Zeigefinger darauf aufmerksam machen, was Sie falsch machen, sollten Sie nicht verunsichert sein. Trauen Sie sich, ihm die Stirn zu bieten. Am besten mit etwas Ironie, denn so gehen Sie am lockersten damit um. Eine Replik wie etwa: »Da bin ich aber froh, dass Sie mir jetzt gesagt haben, wie man es richtig macht«, wird Ihr Gegenüber aus dem Konzept bringen und Ihnen helfen, Ihre Selbstsicherheit zu bewahren. Fallen Sie aber auch nicht auf Pseudowissen herein, sondern halten Sie einfach Ihre Sachkenntnis dagegen. Sie könnten zum Beispiel sagen: »Was Sie berichten, kann ich nicht bestätigen, denn in unserem Team machen wir täglich die Erfahrung…« Oder: »Ihren Vorschlag finde ich nicht schlecht, technisch sieht die Sache aber so aus …« Durch das Dagegenhalten von Erfahrung und Fakten nehmen Sie Wichtigtuern mit Halbwissen meist den Wind aus den Segeln und nehmen aktiv am Gespräch teil. So können Sie Ihre eigenen Argumente vortragen und fühlen sich nicht ignoriert.

Der Nutznießer

Solche Menschen nutzen die Anstrengung anderer aus, um ihr eigenes Leben bequemer zu machen. Seine größte Fähigkeit ist das Delegieren von Arbeiten, die er selbst übernehmen müsste. Sein Hobby ist die Übernahme von Ideen und Konzepten, die andere sich ausdachten, um sie als seine eigenen auszugeben. Auf diese Spezies trifft man besonders im Berufsalltag. Lassen Sie sich von solchen Personen nicht anzapfen, sonst gehen Sie am Ende leer aus, und das tut weh. Auf diese Weise haben Sie nicht das Nachsehen:

Beachten Sie die Warnzeichen. Im Joballtag zeichnen sich Kollegen mit Nutznießerabsichten auf den ersten Blick als Leute aus, mit denen man gerne mal plaudert und die Pause verbringt. Doch leider ist der weibliche oder männliche Kumpeltyp dabei oft nur auf seinen Vorteil bedacht. Achten Sie deshalb genau darauf, was hinter der Plauderei steckt. Eine Frage nach Ihren Vorschlägen für die nächste Sitzung kann ein Zeichen dafür sein, dass der andere Sie aushorchen und sich dann selbst beim Chef hervortun will. Achten Sie auch darauf, das Blatt Papier mit Ihren Ideen niemals für jeden lesbar vor sich auf den Tisch zu legen. Denn ich habe schon erlebt, dass ein Nutznießer in der Konferenz aufstand, zur Toilette ging, dabei auf mein Blatt schielte und anschließend eiskalt eine Idee von meiner Liste als die seine verkauft hat und so das Lob der gesamten Runde einholte.

Hinterfragen Sie Schmeicheleien. Stellen Sie sicher, dass Ihre Gutmütigkeit nicht ausgenutzt werden soll. Kollegen, die um Ihren Schreibtisch herumschleichen und Sie mit Floskeln wie »Bewundernswert, wie Sie das machen!« überschütten und dabei selbst klagen, wie schwer sie sich mit ihrem Auftrag tun, sind mit Vorsicht zu genießen. Untersuchen Sie solche Annäherungsversuche auf mögliche Hintergründe. Stellt sich heraus, dass hier ein Kollege an Ihre Hilfsbereitschaft appelliert, der auch schon für Sie eingesprungen ist, wenn Not am Mann war, so ist es nur gerecht, wenn Sie ihm ebenfalls aus der Patsche helfen. Ansonsten gilt die Faustregel: Weisen Sie diejenigen zurück, die nicht im Gegenzug auch Ihre Arbeit übernehmen würden, wenn Sie unter Druck wären.

Winken Sie freundlich ab. Ein schroffes Abweisen ist nicht angebracht, denn es entspricht nicht Ihrer entschieden positiven Haltung gegenüber Menschen. Außerdem erzeugt es Aggression, die dazu führen kann, dass der Nutznießer versuchen wird, Sie beim Vorgesetzten in ein schlechtes Licht zu rücken. Kommunizieren Sie es deshalb konstruktiver – führen Sie zum Beispiel an: »Leider fehlt mir dafür noch die Erfahrung, darum wäre ich Ihnen bei dieser Aufgabe keine echte Hilfe.« Oder: »Ich habe Sie, ehrlich gesagt, immer ein bisschen dafür bewundert, wie Sie an die Sache herangehen. Wenn ich mich da einmische, mache ich Ihnen das bestimmt nicht gut genug, und Sie reden danach kein Wort mehr mit mir.« Mit tiefstapelnden Absagen können Sie Nein sagen, ohne dass Ihnen jemand böse sein kann. So lassen Sie sich nicht ausnutzen und fühlen sich nicht um die Früchte Ihrer Arbeit betrogen.

Der Schauspieler

Seine Steckenpferde sind gewandtes Auftreten und Show. Auf den ersten Blick ein netter Mensch mit kommunikativen Qualitäten und Esprit. Auf den zweiten Blick einer, der Ihnen das Blaue vom Himmel verspricht, Sie dann aber mit Ausreden abspeist. Für den Umgang mit einer solchen Person ist wichtig: Erwarten Sie nicht zu viel. Denn Schauspieler sind wie Kinder, ihnen fehlt jeglicher Sinn für die Realität. Das bedeutet konkret, dass Versprechungen nicht eingelöst werden und Termine platzen. Die folgenden Tipps lassen Sie an solchen Menschen nicht verzweifeln:

Nehmen Sie den Schauspieler nicht beim Wort. Lassen Sie sich von seinen Aussagen und auch nicht von Ihrem eigenen Wunschdenken blenden. Deshalb fragen Sie sich stets, ob seine Versprechungen umsetzbar sind. Und planen Sie terminliche Pufferzonen mit ein, denn versichert er Ihnen im Überschwang: »Kein Problem, morgen früh haben Sie sämtliche Unterlagen!«, sollten Sie lieber nicht darauf angewiesen sein. Klüger ist, Sie haben so kalkuliert, dass Sie auch noch einige Tage Zeit haben, bis Sie den Vorgang komplettieren müssen. Oder Sie schicken selbst jemand hin, der alles abholt.

Pflegen Sie sein Ego, und kommunizieren Sie dabei geschickt. Am besten streichen Sie von vornherein die Hälfte der angekündigten

Wundertaten und versuchen parallel dazu, sich im Gesprächsverlauf dem zu nähern, was für Sie akzeptabel wäre. Da Schauspieler meist sehr sensible Charaktere sind, empfiehlt es sich, dieses Annähern gut zu verpacken. Denn wenn Sie deutlich machen, dass Sie ihren Schwüren nicht glauben, ziehen sie sich beleidigt zurück, und Sie stehen mit leeren Händen da. Besser sind daher Umschreibungen wie zum Beispiel: »Das ist total nett, dass Sie sich für mich so ins Zeug legen wollen. Doch denke ich, zwei bis drei Tage sind für diese aufwändige Arbeit durchaus angemessen. Sagen wir doch einfach, ich habe die Unterlagen bis Mittwoch? Das ist dann aber auch für mich der späteste Termin, sonst kriege ich Ärger.« So vermitteln Sie dem anderen Ihre Wertschätzung und können ihn leichter zu erfüllbaren Vereinbarungen bewegen.

Seien Sie nicht kleinlich. Wenn Sie doch irgendwann im Stich gelassen werden, so werten Sie das nicht direkt als böse Absicht. Denn: Schauspieler wollen meistens gerne alles erfüllen, schaffen das aber nicht immer. Deshalb brechen Sie nicht gleich mit ihnen, wenn keine Taten folgen. Trösten Sie sich damit, dass Sie von einem solchen Menschen auf eine andere Weise etwas bekommen, zum Beispiel, dass sie gerne mit ihm zusammen Kaffee trinken gehen und Spaß miteinander haben. Das ist zwar selten das von Ihnen Erwartete – ist aber auch nicht zu verachten. Denn was wäre unser Alltag wohl ohne die schillernden Paradiesvögel? Mit Sicherheit wesentlich eintöniger und langweiliger. So sind Sie nicht enttäuscht, und Ihre Sympathie schlägt nicht in Antipathie um.

Take-Care-Übung: Fremdes Land

Diese Übung ist für Tage, an denen Sie den Eindruck haben, von schwierigen Leuten umzingelt zu sein. Ob die Kollegen nichts besseres zu tun haben, als in der Kaffeeküche böse Gerüchte zu kochen, die Führungsmannschaft mal wieder ihre persönlichen Defizite unter Beweis stellt, oder Sie sich an der Supermarktkasse streiten – nehmen Sie es nicht allzu schwer, sondern versuchen Sie, trotz der unschönen Erlebnisse mental positiv mit sich selbst umzugehen.

Das gelingt Ihnen mit folgender Methode: Schaffen Sie sich für das, was Sie mit Kollegen, Vorgesetzten, Kunden oder anderen Leuten in Ihrem Alltag erleben, ein Bewertungsbild, das Sie in eine positive Grundstimmung versetzt. Dieses Bild darf ruhig ein wenig humoristisch sein: Stellen Sie sich zum Beispiel vor, in einem fremden Land zu sein, wo Sie mit seltsamen Sitten und Gebräuchen konfrontiert werden, die Sie nur bestaunen, aber nicht verstehen können. Betrachten Sie also die Leute, die Ihnen zuweilen das Leben schwer machen, als Einheimische dieses unbekannten Kontinentes.

Um dieses Bild in dem Moment abrufen zu können, in dem Sie sich über das negative Verhalten anderer ärgern, müssen Sie es sich einmal nur detailliert ausmalen. Danach haben Sie es gespeichert und können es bei Bedarf abrufen. Sie können sich dazu zum Beispiel ausmalen, wie es wohl war, als der Entdecker und Seefahrer Christoph Columbus erstmalig ein Land betreten hat, in dem es »Indianer« gab, und wie er sie beobachtete, ohne jemals nachvollziehen zu können, was diese Menschen denken und fühlen. Oder Sie verbinden die Vorstellung einfach mit Ihrem Wissen über Völker wie die Aborigines in Australien oder die Papua auf Neuguinea.

Üben Sie nun, sich dieses Bild jedes Mal vor Augen zu führen, wenn Sie sich über das Auftreten von Menschen in Ihrer Umgebung aufregen. Und denken Sie beim Nächsten, der sich unfreundlich verhält: »In was für einem wundersamen Land bin ich hier? Wie seltsam man sich hier benimmt? Welch atemberaubende Fremdheit! So rätselhaft und voller Mysterien. Wirklich interessant – mir jedoch leider vollkommen unverständlich!«

So bekommen Sie mehr emotionale Distanz zu schwierigen Charakteren. Und schaffen es eher, die eigenen Reaktionen auf das Verhalten anderer positiv zu beeinflussen.

Leisten Sie sich Friedensdienste

Falls Sie trotz einer freundlichen inneren Instanz und den hier ange-
regten Umgangsregeln für schwierige Zeitgenossen gelegentlich
trotzdem schlechte Erfahrungen machen müssen, so denken Sie nie,
mit Ihrem positiven Ansatz Zeit vergeudet zu haben. Diese Zeit ist in
jedem Fall gut investiert. Denn sie stärkt nicht nur Ihre Fähigkeit,
sich selbst wissender und umsichtiger zu behandeln, sondern verbessert auch Ihre seelische Gesundheit. Außerdem leisten Sie auf
diese Weise einen Beitrag, um das Klima in der Arbeitswelt und im
privaten Umfeld zu verbessern. Wo Ellbogenverhalten und Engher-
zigkeit vorherrschen, wird jeder positive Anstoß gebraucht – sei er
auch noch so klein.

Deshalb lassen Sie sich von einem unerfreulichen Erlebnis nicht
zurückwerfen. Ohne Ihren Beitrag ändert sich nichts. Am besten ist,
Sie ziehen jeden Tag, an dem Sie nichts Negatives in dieser Hinsicht
erlebt haben, erneut ein positives Zwischenfazit. Auf diese Weise
lösen Sie sich aus der Position der Passiven, die nur über die Widrig-
keiten des Alltags schimpfen und gehören zu den aktiven Menschen.

Die Aktiven wissen, dass Menschen niemals nur gemein oder nur
gut sind. Die Guten und die Bösen gibt es nur im Film. Die Wahrheit
über jeden, der uns zuweilen das Leben schwer macht, liegt immer
irgendwo in der Mitte. Diese Menschen haben gewiss viele Fehler
und Schwächen, aber sie verfügen auch über gute Seiten. Auch wenn
Sie das nicht so gerne glauben wollen – wissen Sie doch, dass es
stimmt. Denn dieser Widerspruch macht uns Menschen aus: Uns
alle, also auch Sie selbst.

Diese Widersprüchlichkeit lässt sich jedoch nicht mit einer Auflis-
tung der schwierigen Charaktertypen erfassen – sei sie auch noch so
breit angelegt. Sie müssen sich die Mühe machen, das Gute und das
Ungute in jedem Einzelnen zu entdecken, mit dem Sie Kontakt haben, und dann an seine gute Seite appellieren, unermüdlich und
immer wieder aufs Neue. Nur so tun Sie etwas dafür, das tägliche

Miteinander produktiver und harmonischer zu gestalten. Und nur so gewinnen Sie jene innere Bewegungsfreiheit, die Sie benötigen, damit sich keine negative Weltsicht verfestigt. Damit setzen Sie Ihre Energien für und nicht gegen sich selbst ein. Das ist ein Friedensdienst, den Sie sich leisten sollten, weil er Ihnen und uns allen zugute kommt. Diese feine, unsichtbare Grenze müssen Sie jedes Mal innerlich überschreiten, um sich die Begleiterscheinungen schwieriger Persönlichkeiten nicht so zu Herzen zu nehmen. Das ist das Geheimnis derer, die im ganz normalen Alltagswahnsinn trotzdem Lebensgenießer bleiben. Machen Sie es zu Ihrem Geheimnis.

Natürlich weiß ich, dass das nicht immer so einfach ist, wie es hier klingt. Und mir ist auch bewusst, dass niemand ganz ohne Kratzer durchs Leben kommt. Aber es lohnt sich dennoch, nicht verbittert zu werden, sondern sich eine offene Haltung seinen Mitmenschen gegenüber zu bewahren, denn damit gehen Sie auch besser mit sich selbst um.

Folgen Sie einem falschen Antrieb?

Zwei Freunde tauschen E-Mails aus. Tom schreibt: »War gestern mal wieder mit dem Mountainbike unterwegs. Überall sprießt schon der Frühling. Was machst du in diesen Tagen? Hast du Zeit für eine gemeinsame Tour?« Ben antwortet: »Würde furchtbar gern, habe aber momentan zu viel zu tun – auch am Wochenende. Bin völlig erledigt, wenn ich abends heimkomme. Ich glaube, ich muss mir bald doch einen anderen Arbeitsplatz suchen.« Tom kontert: »Ach komm! Mit einem ruhigen Job würdest du dich doch gar nicht wohl fühlen. Gib es einfach zu: Dein Arbeiten bis abends um zehn, das Powern und sich Aufopfern für die Firma, das brauchst du doch!«

Haben Sie schon einmal darüber nachgedacht, weshalb und wofür Sie das tun, was Sie tun? Hier geht es nicht darum, dass Sie Geld verdienen müssen und gut leben möchten, sondern um die verdeckten Beweggründe. Was »brauchen« Sie?

Jeder wird von etwas getrieben

Warum ist dem einen die Karriere so wichtig? Was lässt ihn all das aushalten, was ein Topjob heute verlangt: die Anspannung und Hektik, den hohen Erwartungsdruck, das Konkurrenzgerangel, das reduzierte Privatleben?

Und warum braucht der andere nichts als seine Freiheit? Was bringt ihn dazu, allein und ungebunden in den Tag hinein leben zu wollen, ohne feste Beziehung, ohne materielle Sicherheit – nur für sich selbst verantwortlich?

Warum ist für eine dritte Person die Familie das Heiligste? Was treibt sie dazu, Tag für Tag aufs Neue pflichtbewusst ihre Lieben umsorgen zu wollen, sich keine Pause zu gönnen, immer für die anderen zur Stelle zu sein und die eigenen Bedürfnisse völlig zurückzustellen?

Fragen wie diese beschäftigen die Gemüter schon lange und stehen im Mittelpunkt von zahlreichen Untersuchungen. Dabei fand der amerikanische Psychologieprofessor und Motivationsforscher Dr. Steven Reiss von der Ohio State University in Studien mit über 6000 Frauen und Männern aus den verschiedensten Kulturen heraus, dass all unser Tun auf 16 grundlegende Lebensmotive zurückgeführt werden kann. Die Ergebnisse zeigten, dass sich aus der Ausprägung dieser Motive bei jedem Menschen ein individuelles Motivationsprofil ergibt.

Das heißt: Jeder von uns handelt aus einem anderen Antrieb heraus. Und doch gibt es bei jedem Parallelen. Was uns jedoch alle deutlich voneinander unterscheidet, ist die Verquickung und Gewichtung der Beweggründe. Denn was für den einen der entscheidende Lebensmotor ist, interessiert den anderen wenig oder gar nicht. Und was für den anderen eine positive Triebfeder ist, weil es ihm zum Beispiel Zufriedenheit und Erfolg beschert, kann für den anderen negativ sein, weil es ihn unglücklich und erfolglos macht. Das Problem daran ist: Wir wissen oft gar nicht, ob das, was uns antreibt, gut oder schlecht für uns ist. Denn wir haben uns daran gewöhnt, damit zu leben und unseren Alltag zu bestreiten – ohne zu wissen, ob es uns nutzt oder schadet.

Deshalb gilt: Gönnen Sie sich ein paar Minuten der Selbstbetrachtung. Öffnen Sie die innere Motorhaube, und betrachten Sie Ihr Motivationstriebwerk mal genauer. Stellen Sie fest, dass alles in einem Topzustand ist, besteht kein akuter Handlungsbedarf. Doch merken Sie, dass Ihnen manchmal die Kraft fehlt, die Energie oder die Motivation, es häufen sich Misserfolge, Unzufriedenheit und Konflikte, so kann das ein Indiz dafür sein, dass Sie von etwas gesteuert werden, das schädlich für Sie ist.

In diesem Falle sollten Sie Ihr Triebwerk neu einstellen und bessere Antriebskräfte für sich finden. Denn wenn Sie aus sich heraus keinen Wendepunkt markieren, riskieren Sie, dass eines Tages der innere Motor ins Stottern gerät und seinen Dienst aufgibt. Das ist dann der Moment, in dem wir meist durch irgendein ungutes Ereignis wie eine Serie von Misserfolgen, Scheidung oder Krankheit plötzlich die Sinnlosigkeit des eigenen Tuns erkennen. Auf einmal stellt man fest, all die Jahre von etwas getrieben worden zu sein, das zu einem sinn-entleerten Leben geführt hat. Einsehen zu müssen, dass man fehlgesteuert war, ist eine ernüchternde und sehr schmerzliche Erfahrung. Und meist ist damit das Gefühl verbunden, sich selbst um etwas betrogen zu haben. Denn es ist Zeit vergangen, während der wir – im Glauben, das Richtige zu tun – ins Leere gelaufen sind. Auf einmal verliert alles, wofür man bisher gelebt und gearbeitet hat, an Bedeutung.

Kann man so etwas verhindern? Ich muss gestehen: Ein Patentrezept gibt es nicht. Aber wenn Sie Ihren Antrieb im Abstand von ein bis zwei Jahren immer wieder gründlich überprüfen, bekommen Sie möglicherweise falsche Entwicklungen rechtzeitig mit. Denn Antriebsmotive bleiben nicht ein Leben lang gleich, sie können sich ändern.

Dr. Jekyll und Mr. Hyde

Möchten Sie prüfen, ob Ihr derzeitiges Lebensmotiv auch richtig für Sie ist? Dann denken Sie an die Geschichte *Dr. Jekyll und Mr. Hyde* von Robert Louis Stevenson. So wissen Sie sofort, ob Ihre Antriebsmotive Ihnen helfen, sinnvoll und erfolgsfördernd mit sich selbst umzugehen. Oder ob es gescheiter wäre, sie zu neutralisieren, weil sie auf Dauer zerstörerisch wirken und Sie in die Sinnkrise steuern können.

Dies vorweg: Die Geschichte von Dr. Jekyll und Mr. Hyde ist ein Paradebeispiel dafür, wie Menschen zugleich von guten und schlechten Antrieben gesteuert werden können.

Eigentlich ist Dr. Jekyll ein angesehener Bürger, kultiviert, hilfsbereit und menschenfreundlich. Dennoch stellt er ein Serum her, mittels dessen er sich in den hässlichen Mr. Hyde verwandeln kann, und bei seinen nächtlichen Streifzügen als Mr. Hyde begeht der gute Dr. Jekyll zahlreiche Untaten.

Die Geschichte von Dr. Jekyll und Mr. Hyde ist ein extremes Beispiel dafür, dass jeder von uns zwei Seiten in sich hat. Die eine leben wir ungeniert aus, die andere halten wir im Zaum. Trotzdem will sie sich immer mal wieder in den Vordergrund spielen. Insofern haben wir alle ein kleines Stück vom inneren Konflikt zwischen Jekyll und Hyde in uns.

Die Antriebsmuster des Dr. Jekyll sollten Sie bevorzugen, weil Sie dadurch besser mit sich selbst umgehen (zum Beispiel: Mut, Freude, Kollegialität, Menschenfreundlichkeit, gesunder Ehrgeiz). Sie fördern die Gesundheit und die psychische Verfassung, die positive Beziehung zu anderen Menschen und den Erfolg und Lebenssinn.

Die Antriebsmuster des Mr. Hyde sollten Sie vermeiden, weil Sie dadurch schlecht mit sich selbst umgehen (zum Beispiel: Angst, Wut, Rache, Narzissmus, Machtmissbrauch). Sie gehen auf Kosten der Gesundheit und der psychischen Verfassung, der Beziehung zu anderen Menschen und des Erfolgs und Lebenssinns.

Finden Sie heraus, was Sie antreibt

Die folgenden Fragen sind Beispiele für typische Antriebsmotive. Da fast jeder Mensch von mehreren Motiven angetrieben wird, so könnten Sie beliebig viele Fragen mit Ja beantworten.

Überlegen Sie auch, welches Motiv für Sie am stärksten ist, wofür Sie alles machen würden, sozusagen Ihre persönliche Nummer Eins. Diesen Punkt tragen Sie am Schluss in das freie Feld am Ende der Liste ein. Sollten Sie kein Beispiel gefunden haben, das Ihr Antriebsmotiv passend darstellt, so beschreiben Sie an dieser Stelle mit Ihren eigenen Worten, was es sein könnte. Denn was uns in Bewegung hält, ist eine sehr individuelle Angelegenheit. Daher existieren außer den genannten Beispielen noch Hunderte, ja Tausende von analogen Motivationsmustern. Doch auch wenn die Dinge bei jedem Menschen etwas anders liegen, so folgen sie doch alle derselben Gesetzmäßigkeit: Sie spornen uns an, bestimmte Dinge zu tun und andere zu lassen. Das heißt, sie werden möglicherweise zur Ursache für Wirkungen, die nicht immer erwünscht oder förderlich sind.

Seien Sie bei dem Untersuchen Ihrer Motive ehrlich zu sich selbst. Sie haben gar nichts davon, wenn Sie sich etwas vormachen. Nehmen Sie sich genug Zeit zu überlegen, warum Sie gerade dieses und nicht jenes Antriebsmotiv ausgewählt oder selbst formuliert haben und welches Denken und Handeln Sie damit verbinden.

Checkliste zu Ihrem persönlichen Motivationsmuster

○ Folgen Sie bei allem was Sie tun einem hohen Anspruch – auch wenn der manchmal gar nicht gefordert wird und niemand davon Notiz nimmt?

○ *Steht Ihnen dieser Anspruch manchmal im Weg – geht er zum Beispiel zulasten Ihres Familienlebens (Zeitbudget), Ihrer Beziehung oder Ihrer Gesundheit?*

○ Brauchen Sie Widerstand, Auseinandersetzung und kontroverse Diskussion statt »Friede, Freude und Eierkuchen«?

○ *Erleben Sie manchmal, dass Ihre Umwelt genau das Gegenteil von Ihnen möchte?*

○ Wollen Sie ständig etwas Neues beginnen, weil Sie sich rasch langweilen?

○ *Führt das manchmal dazu, dass Sie nichts zu Ende bringen und nicht konsequent ein Ziel verfolgen?*

○ Gefällt es Ihnen, wenn andere Sie mitziehen, motivieren und Ihnen sagen, was Sie machen bzw. wie Sie sich entscheiden sollen?

○ *Fühlen Sie sich manchmal abhängig, und ärgern Sie sich darüber, dass Sie sich von anderen beeinflussen lassen?*

○ Ist es Ihnen wichtig, sparsam zu leben, nichts zu riskieren und alles auf die hohe Kante zu legen?

○ *Wurmt Sie manchmal der Gedanke etwas zu verpassen?*

○ Möchten Sie am liebsten immer Ihre Familie um sich scharen – Ihre erwachsenen Kinder miteingeschlossen?

○ *Leiden Sie manchmal darunter, dass Ihre Kinder ihr eigenes Leben führen wollen und Ihnen Ihre Wünsche oft abschlagen?*

○ Gefällt es Ihnen, andere zu kontrollieren und ihnen zu sagen, wie sie über etwas denken und was sie tun sollen?

○ *Fühlen Sie sich manchmal verletzt, weil der oder die andere anders denkt und sich Ihren Vorstellungen nicht angleichen will?*

○ Ist es Ihnen wichtig, der Boss zu sein, das Sagen zu haben und bestimmen zu können?

○ *Fühlen Sie sich manchmal ziemlich allein, und kennen Sie kaum Menschen, denen Sie auf freundschaftlicher Ebene begegnen können?*

○ Genießen Sie es, anderen Menschen zu helfen oder sich für Schwächere stark zu machen (zum Beispiel Hilfsbedürftige, Minderheiten, gesellschaftlich Benachteiligte)?

○ *Sind Sie manchmal total am Boden, ausgelaugt und ausgezehrt und wissen nicht mehr, wo Sie die Kraft hernehmen sollen?*

○ Möchten Sie von Ihrem Partner bewundert werden sowie Lob und Beifall von ihm oder ihr für Ihre Leistungen erhalten?

○ *Sind Sie manchmal frustriert, wenn Ihr Partner sich kaum um Ihre Leistungen schert und sich ganz andere Qualitäten von Ihnen wünscht (zum Beispiel Zeit für ihn zu haben oder zuzuhören)?*

○ Ist es Ihnen wichtig, nach Hause kommen und sich gehen lassen zu können und dass Ihr Partner und Ihre Freunde für Ihre Launen Verständnis haben?

○ *Wundern Sie sich manchmal darüber, dass häufig Missstimmung und Streit entsteht und Kontakte einschlafen?*

○ Genießen Sie es, keine Verantwortung zu haben, sich um nichts kümmern zu müssen und unangenehme Tätigkeiten an andere übergeben zu können?

○ *Bewundern Sie manchmal Menschen, die selbstständig und autark sind, und ärgern Sie sich dann, dass Ihnen keiner etwas zutraut?*

○ Wollen Sie gerne alles anders machen als die anderen, unkonventionell leben und Ihr Anderssein demonstrieren?

○ *Erfahren Sie manchmal, wie dadurch einfache Dinge komplizierter werden?*

○ Ist es Ihnen wichtig, nicht aufzufallen und im Hintergrund zu agieren?

○ *Beneiden Sie manchmal heimlich die, die vorne und im Mittelpunkt stehen?*

○ Möchten Sie am liebsten Ihr Leben mit Partner, Kind, Karriere und Alltag genau durchplanen und nichts dem Zufall überlassen?

○ *Sind Sie manchmal hilflos, wenn Unvorhergesehenes eintritt, oder fühlen Sie sich vom selbst geschaffenen Zeitkorsett eingezwängt?*

○ Machen Sie am liebsten »Ihr Ding«, wollen Sie niemandem Rechenschaft schuldig sein und nur für sich allein planen müssen?

○ *Wünschen Sie sich manchmal einen Menschen an Ihrer Seite, der immer für Sie da ist?*

○ Müssen Sie sich selbst etwas beweisen, etwas riskieren und jedes Mal bis ans Limit gehen?

○ *Vermissen Sie manchmal soziale Kontakte, und bewundern Sie die, die einfach Spaß miteinander und Lebensart haben?*

○ Leben Sie gerne in einer geborgenen Umgebung, wo sich alle kennen und wo alles gleich bleibt?

○ *Träumen Sie manchmal davon, sich aus der Enge befreien und mutig Neuland betreten zu können?*

○ Ist es Ihnen wichtig, Ihrer Umwelt zu demonstrieren, dass Sie etwas erreicht und viel Geld haben?

○ Möchten Sie sich manchmal weniger unter Druck setzen, freier leben und mehr Spaß an einfachen Dingen haben?

○ Mögen Sie keine höfliche Zurückhaltung, sondern wollen lieber mit allen Leuten auf Du und Du sein?

○ Wundern Sie sich manchmal, warum einige Menschen zurückschrecken und auf Distanz gehen?

○ Möchten Sie eigentlich immer Kind bleiben und dass Ihr Partner Ihnen alle unangenehmen Dinge abnimmt?

○ Fürchten Sie manchmal, überhaupt nicht belastbar zu sein, Ihrem Partner keine Stütze sein zu können und die Beziehung dadurch zu gefährden?

○ Messen Sie gerne Ihre Kräfte, und haben Sie gerne das Gefühl, der Bessere zu sein?

○ Wünschen Sie sich manchmal, sich selbst zu genügen?

○ Möchten Sie gerne von Ihrer Umwelt als jung und dynamisch gesehen werden, und trimmen Sie sich deshalb auf jugendlich?

○ Wünschen Sie sich manchmal, einfach ganz natürlich sein zu können – mit allen Falten und Lebenserfahrungen, die Sie besitzen?

○ Ist es Ihnen wichtig, die materiellen Bedürfnisse Ihrer Lieben zu befriedigen und zu zeigen, dass Sie all ihre Wünsche erfüllen können?

○ Merken Sie manchmal, dass Ihre Lieben nie genug kriegen oder etwas anderes von Ihnen möchten (zum Beispiel Gespräche, Zärtlichkeit, Zeit und Spaß miteinander)?

○ Genießen Sie es, Ihre Ruhe zu haben, von niemandem belangt zu werden und nicht viel reden zu müssen?

○ *Wundern Sie sich manchmal, dass Ihre Umwelt sich daran stört und sich von Ihnen nicht richtig wahrgenommen fühlt?*

○ Arbeiten Sie gerne an einem wichtigen Projekt mit, setzen sich für eine wichtige Sache voll ein und wollen dafür von den Kollegen oder der Fachwelt geachtet werden?

○ *Befällt Sie manchmal das Gefühl, zu wenig für sich selbst zu tun und sich zu sehr zu verausgaben?*

○ Wollen Sie gerne, dass sich alles nur um Sie dreht, andere an Ihren Lippen hängen und für Sie den roten Teppich ausrollen, damit Sie einen großen Auftritt haben?

○ *Leiden Sie manchmal darunter, keine Sonderbehandlung zu erhalten oder sich diese jedes Mal erkämpfen zu müssen?*

○ Brauchen Sie absolute Ordnung und Sauberkeit und dass sich alle an die von Ihnen vorgegebenen Regeln halten?

○ *Können Sie sich manchmal schlecht entspannen, und mangelt es Ihnen an Gelassenheit?*

○ Ist es Ihnen wichtig, immer wieder neue Beziehungspartner zu haben und sexuelle Abenteuer zu erleben?

○ *Träumen Sie manchmal davon, weniger ruhelos zu sein und eine harmonische Partnerschaft zu erleben?*

○ Ist es Ihnen wichtig, dass Ihnen keiner sagt, was Sie zu tun und zu lassen haben, Sie selbst entscheiden und beruflich den Status des Selbstständigen haben?

○ *Wären Sie manchmal gerne besser abgesichert und verfügten über mehr Zeit für Hobbys und Entspannung?*

○ Genießen Sie es, ständig zu arbeiten, Stress zu haben und das Gefühl, an vielen beruflichen Fronten gebraucht zu werden?

○ *Kollidiert dies manchmal mit dem, was sich Ihr Partner oder Ihre Familie von Ihnen wünschen?*

○ Was ich am meisten brauche, ist . . . .
. . . .
. . . .
. . . .
. . . .

Den Sinn und Unsinn des eigenen Tuns erkennen

Nun sind Sie gefordert. Machen Sie sich bewusst, dass alle Fälle, bei denen Sie die zweite Frage bejaht haben, dringend zu überdenken sind, weil es Ihren positiven Umgang mit sich selbst behindert.

Es mag natürlich sein, dass Sie zu diesem Ergebnis gelangt sind, weil Dinge geschehen sind, auf die Sie absolut keinen Einfluss hatten. Doch oft ist es ein Zeichen dafür, dass Sie momentan an einem Punkt sind, an dem Sie Ihre Lebensweise ändern sollten. Nehmen Sie daher Ihre Antworten ernst. Es geht immerhin um Ihr Lebensglück, Ihren Erfolg und Ihre Beziehung zu anderen Menschen. Auf keinen Fall sollten Sie voreilig beschließen, in den letzten Jahren nur Pech gehabt zu haben und nichts dafür zu können, bevor Sie nicht geprüft haben, ob es nicht auch an Ihrem Antrieb gelegen hat. Stellen Sie fest, dass es so ist, sollten Sie nicht zögern, sich eine neue Zielvereinbarung zu schaffen.

Freilich herrscht hierzulande vielfach noch die Lehrmeinung, dass Menschen sich nur schwerlich von einem Motivationsmuster lösen können, das schon in Kindheit und Jugend verankert wurde. Diese Auffassung gründet sich auf das Wissen, dass es genetische Veranlagungen und Schlüsselerlebnisse gibt, die unsere Antriebsmuster fürs ganze Leben vorprogrammieren.

Es mag sein, dass es nicht jedem Menschen gegeben ist, seine Antriebsmuster vollständig zu verändern. Aber wir dürfen uns auch nicht immer allzu schnell darauf zurückziehen, dass wir keine Wahl haben. Denn niemand wird dazu gezwungen, so zu bleiben wie er ist. Wenn jemand seine Spielräume nicht testen und ausreizen will, so ist das am Ende seine Entscheidung. Doch nichts ist auf Gedeih und Verderb zementiert. Sogar frühkindliche Prägungen können bis zu einem gewissen Grad geglättet und überwunden werden – wir sprachen bereits im ersten Kapitel darüber.

Wir können uns weiterentwickeln. Jedoch nicht, wenn wir uns mit einem oberflächlichen Bild von uns abfinden. Wir müssen unsere Existenz schon durchdringender betrachten und den Mut aufbringen, zu erforschen, was unsere Persönlichkeit möglicherweise noch alles beherbergt, außer dem, was wir von uns selbst im Alltag gewohnt sind.

Sobald Sie in der Lage sind, sich einzugestehen, dass Sie aufgrund eines solchen negativen Beweggrundes mit daran beteiligt waren, dass Ihre Bewertung der letzten Jahre Sie nicht zufrieden stellt, ist der Rest eigentlich leicht: Sie können sich aktiv daran machen, diesen Beweggrund unter Kontrolle zu halten. Sie können den entscheidenden Wendepunkt in Leben, Liebe und Erfolg nur aus sich heraus herbeiführen, indem Sie sich nicht länger unreflektiert von einem Motivationsmuster treiben lassen, wie der folgende Fall zeigt.

Der 41-jährige Heiner fand es lange Zeit toll, unheimlich männlich zu wirken, wollte im Mittelpunkt stehen und sich ständig mit Konkurrenten messen, was seine Umgebung zunehmend nervte. Dabei ist er objektiv betrachtet schon ein Siegertyp. Aus ärmlichen Verhältnissen stammend hat Heiner aus dem Nichts eine umsatzstarke Autohauskette aufgebaut. Er ist jedoch nicht nur im Geschäft erfolgreich, sondern auch als Judokämpfer. Obwohl eher klein und schmächtig gebaut, schaffte es Heiner, zum mehrfachen Dan-Träger aufzusteigen, was im Judosport als hohe Auszeichnung gilt, und gründete bald darauf einen eigenen Club. Auch in seinem Privatleben ist er vorrangig mit Volldampf unterwegs: Seine drei Ehen und sieben Kinder sieht er als Beweis seiner Manneskraft.

Was ist also sein Problem? Er litt darunter, nur »kleine Leute« zu seinem oberflächlichen Bekanntenkreis zu zählen und keine guten Freunde zu haben. Sein Wunsch war es, Menschen kennen zu lernen, von denen er noch etwas lernen kann und die ihn intellektuell weiter bringen.

Woran das lag, war eindeutig. Mit seiner schroffen Art verschreckte Heiner alle Menschen, die das Zeug hätten, ihm auf einer Augenhöhe zu begegnen. Das einzig wirksame Mittel, das zu ändern, war herauszufinden: Was ist seine treibende Kraft? Warum trat Heiner immer so unangenehm auf?

Schon beim ersten Gespräch gestand er ein, dass er sich immer überlegen fühlen wollte: »Ein anderer sagt etwas und schon verspüre ich den Drang dagegenzuhalten, Recht zu behalten.« Heiner kämpfte darum, beachtet zu werden. Deshalb redete und redete er und hatte dabei nur ein Thema: Sich selbst. Auf diese Weise scharte er nur Leute um sich, die ihm unterlegen waren.

Der Hintergrund solchen Verhaltens ist häufig Angst davor, als bedeutungslos zu gelten und nicht anerkannt zu werden, da man sich hochgearbeitet hat. Es führt oft dazu, sich am Ende kontraproduktiv zu verhalten und damit die Akzeptanz und den Respekt der geschätzten Gesellschaft zu verspielen.

Der schwierigste Teil des Coachings war daher, auch Heiner klarzumachen, dass er nicht an Ansehen einbüßt, wenn er seinen Geltungsdrang etwas herunterschraubt. Denn seine größte Angst bestand darin, von anderen nicht gesehen zu werden, wenn er etwas stiller und zurückhaltender wäre. Er musste sich klarmachen, dass es Stärke statt Schwäche bedeutet, sich selbst einmal zurückzunehmen und andere Menschen gewähren zu lassen. Und vor allem musste er sich von seinem ungesunden Antrieb verabschieden.

Dabei half ihm schließlich ein einschneidendes Erlebnis: Auf einer Veranstaltung schaltete sich ein schlecht gekleideter älterer Herr in

Heiners Gespräch mit einem Marketingleiter ein. Doch anstatt zu hören, was er zu sagen hatte, fuhr ihm Heiner über den Mund: »Was verstehen Sie denn davon!« Seine Bestürzung war groß, als er wenig später erkennen musste, dass es sich bei eben diesem älteren Herrn um den Vorstandsvorsitzenden einer äußerst erfolgreichen Firma handelte. Von da an fiel es Heiner leichter, sich täglich zu sagen, dass er nicht andauernd allen zeigen musste, wie überlegen er war. Heute ist er in der glücklichen Lage, interessante Leute zu seinen Freunden zu zählen und sich auch auf sie verlassen zu können.

Die MENÜ-Formel

Fangen Sie also am besten gleich damit an, Ihren Antrieb zu überwachen. Folgen Sie nicht länger automatisch einem Motiv, das Sie zu etwas treibt, was Ihren wahren Bedürfnissen und Absichten zuwiderläuft. Überlassen Sie negativen Antriebsmustern nicht die Kontrolle über Ihr Leben. Der Mensch, der lernt diese Kontrolle selbst auszuüben, kann gegensteuern und verhindern, dass er gedankenlos lebt.

Der Knackpunkt bei uns allen ist das mangelhafte Bewusstsein dafür, dass wir uns ständig zwischen den Polen eines positiven und negativen Antriebs bewegen. Wir halten uns selten vor Augen, dass ein positives Motivationsmuster die Basis für ein sinnerfülltes und erfolgreiches Leben ist. Ich möchte dieses Bewusstsein bei Ihnen wecken. Denn nichts liegt näher, als sich von einem Antrieb, der dazu beiträgt, sich selbst schlecht zu behandeln und verkehrt zu leben, zu verabschieden, ihn sozusagen zu neutralisieren. Denn wer den inneren Antrieb verspürt, sich für eine Sache oder Idee vollkommen aufzuopfern oder zu verzehren, setzt seine Kraft zu einseitig ein, vergeudet sie und damit seine Lebenszeit für eine Sache, die ihn nicht auf Dauer glücklich und zufrieden machen kann. Die bittere Ausbeute davon ist ein vorzeitiger Kräfteverschleiß und Alterungsprozess.

Die einzige Möglichkeit, sich davor zu schützen, ist deshalb auch, das von Ihnen als ungut erkannte Motivationsmuster im Zaum zu halten und ein Gefühl dafür zu kriegen, wann es wieder so durchbricht, dass es Ihnen (und anderen) mehr schadet als nutzt. Dazu brauchen Sie ein gewisses Ausmaß an Kontrolle über Ihr tägliches Tun. Denn natürlich bleiben die anfangs erwähnten Lebensmotive verlockend. Der Drang zu Macht, Anerkennung und Autorität, Status, Ehre, Besitz und Unabhängigkeit und so weiter hält uns in Bewegung, und wir folgen ihm unweigerlich und immer wieder.

Doch dabei sollten Sie bedenken, dass kein Motivationsmuster per se schlecht ist. Was zählt, ist einzig und allein, was dabei herauskommt. Füge ich anderen Menschen Schaden zu, wenn ich meinem Muster folge, so schade ich auch mir selbst.

Der kritische Punkt, den Sie beachten müssen, ist die eigene subjektive Bewertung dessen, was für uns gut und was schlecht lebbar ist. Denn hier existiert keine Eindeutigkeit – vielmehr ist es eine Frage des eigenen Ermessens, orientiert an Moral und Ethik, Religion und Herzensbildung. Wenn es Ihnen gelingt, Ihr eigenes Handeln aufrichtig und ohne sich etwas Falsches vorzumachen zu beurteilen, bringen Sie damit Ihren Lebensmotor im wahrsten Sinne des Wortes richtig auf Touren.

Die Gefahr geht also nicht von den Lebensmotiven aus – sie kommt letztlich aus uns selbst heraus. Wie in Heiners Fall geschildert, sind die eigenen Fehleinschätzungen gefährlich. Die falsche Sicht auf uns selbst schafft ein verzerrtes Bild von der Wirklichkeit und führt zu einem übertriebenen Verfolgen der eigenen Motive.

Was Sie daher brauchen, ist ausreichend Selbstdisziplin, um zwischen einem positiven und negativen Antriebsmotiv zu unterscheiden. Nur allzu leicht wird beides miteinander vermischt, um es aktuellen Bedürfnissen anzupassen. Die Fähigkeit, die Situation unter Kontrolle zu halten und immer wieder prüfen zu können, ob Sie Ihren Antrieb beherrschen oder von ihm beherrscht werden, kommt dem Ausgleichen und Neutralisieren von unguten Motiven entgegen.

Bei diesem Bemühen hilft Ihnen die **MENÜ**-Formel:

M	=	*Motivationsmuster*
E	=	*erkennen*
N	=	*neutralisieren*
Ü	=	*überwachen*

Wenn Sie sich diese Formel regelmäßig vergegenwärtigen, kann Sie sie vor negativen Antriebsprogrammen schützen. Sie kann Ihnen dabei helfen, auf Ihre Motivation Einfluss zu nehmen und Ihr Leben bewusster mitzusteuern. Mit zunehmender Einflussnahme auf Ihre persönlichen Motive werden Sie zum eigentlichen »Macher« Ihres Lebens – im besten Sinne.

So schalten Sie um auf positive Motivation

Beim Verfolgen unserer positiven Motive hilft es, sich als »Möglichkeitstier« zu sehen. Dieser Ausdruck des Philosophen Peter Sloterdijk bringt es auf den Punkt, denn er lässt vermuten: Wir haben alle eine Hand voll Möglichkeiten, die wir noch nicht nutzen. In diesen verbirgt sich vermutlich genau das Leben, das wir eigentlich gerne führen würden.

Im Alltag reden wir uns jedoch allzu häufig ein, keine andere Möglichkeit zu haben als das, was wir gerade leben. Und daraus folgt häufig Unlust und Demotivation. Denn wenn wir unsere Optionen wegdiskutieren, nehmen wir uns jede Chance zur positiven Veränderung. Das Geheimnis positiver Motivation besteht jedoch darin, etwas vor sich zu sehen – etwas, das wir als gut und richtig empfinden. Nur so entsteht auch positiver Antrieb.

Daher ist es auch so wichtig, den prüfenden Blick auf die persönlichen Beweggründe in die Sicht auf die eigenen Lebensmöglichkeiten mit einzubeziehen. Denn haben Sie erst einmal erkannt, wo Sie fehlgesteuert sind und was viel vorteilhafter für Sie wäre, so steigt schlagartig die Lust, die unangetasteten Lebensmöglichkeiten zu probieren.

Wenn Sie diese Selbstkontrolle zur Gewohnheit machen, bewahrt sie Sie davor, Ihre Chancen zu unterschätzen. Vor allem werden Sie so aus sich selbst heraus motiviert. Wenn es Ihnen gelingt, sich von negativen Antriebsmustern zu verabschieden und auf positive Motive umzusteigen, so ist das wie der Beginn eines vollkommen neuen Lebensgefühls. Sie empfinden sich nicht mehr als getrieben, sondern sind endlich angekommen. Sie erleben, wie Energie frei wird und gehen entspannter, autonomer und lustvoller an die Dinge heran, die vor Ihnen liegen.

Von dieser Stunde an benötigen Sie auch kein Anschieben mehr. Sie sind nicht mehr darauf angewiesen, von außen – etwa von Ihrem Chef, Ihrem Partner oder Anderen – motiviert zu werden. Deshalb funktioniert diese Art der Motivation auch besser als sämtliche Feuerläufe, »Tschakka«-Rufe oder Power-Pillen zusammen. Sie wächst, wenn wir »die Pfeilspitzen unserer Gedanken mit Absichten tränken, die über den gegenwärtigen Ist-Zustand der Welt hinwegzielen, dorthin, wo das Könnte, das Sollte und das Müsste liegen«, um nochmals Sloterdijk zu zitieren. Das bedeutet auch, dass Sie das hinter sich lassen müssen, was schädlich für Sie ist.

Hören Sie auf Ihr Bauchgefühl?

Sind Sie Kopfarbeiter? Dann wissen Sie, dass es ein gutes Gefühl ist, sich auf den Biocomputer im Gehirn verlassen zu können. Braucht man eine Idee, Lösung oder Entscheidung, so füttert man ihn mit den entsprechenden Fragen, Daten und Fakten, und in einem unverhofften Augenblick liefert er uns Antworten, Wege und Möglichkeiten.

Die Voraussetzung dafür ist Erfahrung, Wissen und Kreativität. Aber auch ein gut trainiertes Gehirn. Denn wird diese circa drei Pfund schwere Masse nicht ständig gefordert, wird sie träge und schlafft ab wie ein Muskel, der nicht genug Ansprache erfährt. Wessen Denkapparat mit dem Tempo dieser Zeit nicht Schritt halten kann, der gerät leicht in die Gefahr, außen vor zu bleiben. Mit anderen Worten: Schnelldenker sind im Vorteil.

Intuition ist lebenswichtig

Doch um unserem Denken Schnelligkeit zu verleihen, benötigen wir die Fähigkeit, Zusammenhänge oder Problemstellungen nicht nur mit dem Verstand, sondern auch intuitiv bewältigen zu können. Wo vieles gleichzeitig passiert, bleibt oft nur wenig Zeit zum Nachdenken. Ob eine gefährliche Situation im Straßenverkehr oder das spontane Einschätzen einer unbekannten Person: In Momenten, in denen unser Kopf zu langsam ist, wird unsere Intuition aktiv. Sie wirkt aus dem Hintergrund und liefert in Windeseile Beurteilungen und Hinweise dafür, was wir tun und worauf wir achten sollten. Unsere Intuition ist also eine wichtige Hilfe jenseits des rationalen Denkens.

Das Problem ist nur: Wir schätzen die Ratschläge aus dem Bauch meist gering. Was bei einer schnellen Entscheidung im Straßenverkehr oder beim ersten Eindruck eines Fremden für uns Sinn ergibt, wird in der Regel da nicht mehr aufgewandt, wo das Tagesgeschäft beginnt. Denn dort sind wir vorrangig darauf ausgerichtet, dem Verstand zu folgen: Gleich am Morgen eine Präsentation, wofür noch tausend Dinge vorbereitet werden müssen. Zum Mittagessen ein Meeting mit einem Kunden, danach will man endlich den Auftrag schreiben. Nachmittags eine Teamsitzung in der über neue Projekte diskutiert wird und man nicht den Kürzeren ziehen möchte. Wir sind den überwiegenden Teil des Tages vollkommen kopfgesteuert und achten weniger darauf, was es zu erspüren gibt.

Und das kann sich ungünstig auswirken, da hier oft folgenschwere Fehler begangen und Kräfte vergeudet werden. Wird zum Beispiel beim Umgang mit Menschen zu kopflastig vorgegangen, kann es passieren, dass Personen, um deren Vertrauen man jahrelang gekämpft hat, in Sekunden vergrault werden. Wie das folgende Beispiel zeigt.

»Nichts hören, nichts sehen, nichts sprechen«

Robert ist Rechtsanwalt, Mitte dreißig und wähnt sich am Ziel seiner Träume. Denn er ist soeben in das Büro einer renommierten Großkanzlei eingetreten. Ein Job, den er sich nach Jahren als selbstständiger Rechtsanwalt heiß ersehnt hatte, mit viel Verantwortung und besserem Einkommen. Seine neuen Klienten bestehen zu zwei Dritteln aus Prominenten und Künstlern.

Letzteres hatte ihn besonders gereizt, von Ehescheidung und Nachbarschaftskonflikten hatte er genug. Einer der ersten Fälle, die ihm übertragen werden, ist der von Frau B. Sie schreibt erfolgreich Romane, die oft auch verfilmt werden und ist eine langjährige und umsatzstarke Mandantin des Hauses. Da sie, wie viele Künstler, von sensibler Natur ist, reagiert sie meist sehr emotional, wenn ihr Anwaltsschreiben ins Haus flattern. So auch, als es Unstimmigkeiten bei der Vergabe von Filmrechten gibt.

Robert soll sich ihrer annehmen und weiß, dass er sich bewähren muss. Daher bereitet er sich gut vor, liest fleißig den Schriftverkehr, und die ersten Gespräche mit Frau B. verlaufen gut: Es macht ihm Spaß, mit so einer interessanten Persönlichkeit zu reden. Doch dann gerät die Erfolgsautorin immer mehr in Panik, die Filmproduktionsfirma übt verstärkten Druck auf sie aus, und das flößt ihr Angst ein. Sie reagiert mit heller Aufregung und Konfusion, kann nicht mehr schreiben, nicht mehr schlafen, und die Abgabetermine für Manuskripte geraten in Gefahr.

Robert reagiert wie immer. Er pariert die Streitschriften der Gegenpartei und überlegt ständig, wie er das Beste für seine Mandantin herausholen kann. Für ihn ist das Routine. Was er dabei jedoch übersieht: Seine Mandantin ist eine Persönlichkeit, die sich von ihm noch etwas anderes erwartet als juristische Beratung. Sie möchte vor allem von ihm beruhigt werden, denn sie fühlt sich persönlich bedroht.

Deshalb ist es ihr wichtiger, dass Robert, statt perfekte Schreiben zu formulieren, sie menschlich ein wenig an die Hand nimmt und ihr signalisiert: »Machen Sie sich keine Sorgen, lassen Sie sich davon nicht aus der Ruhe bringen, das kriegen wir schon hin, Sie werden sehen, am Ende wird alles gut, am Ende sind Sie die Gewinnerin.«

Auf die Idee, sie am Telefon oder bei ihren Besuchen auf diese Weise zu betreuen, kommt Robert nicht. Er hat die psychische Belastung seiner Mandantin nicht registriert, denn dafür war er nicht empfänglich. Dabei wäre es genau die Art von Zuwendung gewesen, die sie sich gewünscht hätte – ein tatkräftiger Anwalt, der ihr die Angst nimmt, etwas zu verlieren und ihr die nötige Ruhe für ihre Arbeit und damit für ihr Leben ermöglicht.

Das fatale Ende von Roberts Unaufmerksamkeit: Die Mandantin fühlt sich nicht mehr gut aufgehoben. Sie will mit dem Geschäftsführer der Kanzlei sprechen, da sie diesem noch vertraut, doch der ist leider im Urlaub. Weil die Streitigkeiten sich zuspitzen und sie sich emotional allein gelassen fühlt, erteilt sie Hals über Kopf einer anderen Kanzlei die Vollmacht, sie zu vertreten. Robert handelt sich dadurch eine Menge Ärger ein, sein Einstand bei seinem neuen Arbeitgeber ist nicht gelungen. Er fragt sich, was er in diesem Fall nicht mitbekommen hat.

Die Antwort erhält Robert Wochen später, als wir die Situation analysieren. Um ihm vor Augen zu führen, wie er auf seine Klientin gewirkt haben muss, verwende ich das bekannte Bild der drei Affen, die sich Ohren, Augen und Mund zuhalten. Zudem berichte ich ihm von Studien, die belegen, dass nur circa 7 Prozent des Gesprochenen zwischen Gesprächspartnern als faktische Botschaft gewertet wird. Den Rest an Information bezieht jeder Mensch aus Informationen wie etwa der Stimmlage, Mimik oder der Gefühlsverfassung seines Gegenübers – ob der andere auf einen eingeht oder nicht, ob er sich offen verhält oder verschlossen, ob er einen anschaut oder vorbeisieht. Natürlich spielt es eine Rolle, ob man telefonisch in Kontakt tritt oder sich gegenübersitzt, ob man im hektischen Alltag nur ganz schnell Informationen austauscht oder Zeit für ein ausführliches Gespräch hat. Dennoch ist unbestritten, dass der Erfolg einer Kommunikation in großem Maße davon abhängt, dass die, die da miteinander reden, auch einen Sinn für die leisen und versteckten Signale ihres Gegenübers besitzen – dass sie die feinen Schwingungen erkennen, die mitgesendet werden, und diese richtig deuten und dass sie in der Lage sind, entsprechend darauf zu reagieren. Schließlich erkennt Robert, dass er viel mehr darauf achten muss, zu Menschen auch auf intuitiver Ebene Kontakt herzustellen und nimmt sich vor, zukünftig mehr auf die Worte hinter den Signalen zu achten.

Mehr mitbekommen bedeutet mehr gewinnen

Sein Fall steht für viele, die ich in meiner Coachingpraxis erlebt habe. Er zeigt auf, dass uns das Leben in einer kopflastigen Welt alle dafür anfällig macht, bei der Urteilsbildung die rationalen den intuitiven Messdaten vorzuziehen, weil wir ihnen mehr trauen. Wir merken zwar, dass häufig noch etwas anderes außer dem Verstand beteiligt ist, und auch, dass unser Bauch manchmal etwas völlig anderes will, als das, was wir uns ausgedacht haben. Doch lassen wir uns nur selten vom rationalen Kurs abbringen und setzen meist das durch, was der Kopf uns befiehlt.

Sich von Gefühlen leiten zu lassen, scheint vielen ein zu archaisches Vorgehen, um unsere tägliche Wirklichkeit voller moderner Kommunikationsmittel bewältigen zu können. Daher vertraut das Gros der Menschen mehr der Macht des Verstandes und trainiert ausschließlich die linke Gehirnhälfte – jene Seite, die für logisches Denken steht. Man eignet sich Methoden an, wie man eine Sprache schneller lernen oder Fakten besser behalten kann und legt sich Passiv-Lernprogramme unters Kopfkissen. Das mag alles hilfreich sein, wenn wir uns geistig fit halten wollen, allerdings dürfen wir unsere Bemühungen um geistige Power nicht an diesem Punkt beenden. Wir müssen auch unsere rechte Hirnhälfte ansprechen, sie anregen, anhören und verstärkt in unser alltägliches Tun miteinbeziehen. Denn diese »emotionale Gehirnhälfte« ist angelegt, ganzheitlicher zu denken. Ohne die rechte Seite sind wir also nur die Hälfte wert, und ohne Einbezug emotionaler Signale schaffen wir den besseren Umgang mit uns selbst und anderen Menschen nicht.

Mit starrem Blick auf die Fakten konzentriert zu sein und auf das Erspüren atmosphärischer Daten zu verzichten, kann blockieren, wie wir an Roberts Beispiel ablesen konnten. Besser wäre daher, nicht nur das Gedächtnis zu trainieren, wenn wir in Beruf und Privatleben keine Pannen provozieren wollen. Im Kopf brillant zu sein, ist wichtig, wird aber erst zum Indikator für mehr Lebensqualität, wenn wir eine ausbalancierte Mischung aus rationalem Verstand und Intuition anstreben.

Nutzen Sie also Ihre intuitiven Antennen, und beziehen Sie sie mehr in Ihre alltägliche Urteilsbildung mit ein. So nehmen Sie nicht nur sofort wahr, wann in Job oder Leben Unwetter drohen, sondern stärken Ihre Fähigkeit, komplexer, assoziativer und integrativer zu denken. Sie nehmen mehr wahr und gewinnen dadurch

- mehr Schnelligkeit im Denken,
  weil Sie Situationen und Probleme besser erfassen können,
- mehr Sicherheit bei Entscheidungen,
  weil Sie Vor- und Nachteile besser erkennen können,
- mehr Erfolg bei anderen Menschen,
  weil Sie deren Absichten und Gefühle besser berücksichtigen können,
- mehr Bewusstsein für das eigene Leben,
  weil Sie indifferente Gedanken und Gefühle besser einordnen können.

Gewinnen können Sie dies alles, wenn Sie nicht länger glauben, dass Intuition Hokuspokus ist. Denn Intuition hat de facto nichts mit übersinnlichen Kräften zu tun. Die »Bauchstimme«, die Sie manchmal vernehmen und die mitunter einen anderen Einfluss geltend machen will als Ihr Kopf, ist nichts anders als eine Folge der Evolution. Denn intuitive Fähigkeiten haben uns geholfen, in einer Welt voller Gefahren zu überleben. Sie sind eine Art Warn- und Leitsystem, das den Homo sapiens befähigt hat, komplexe Situationen rasch zu meistern. Gespeist wird dieses System aus Sinneseindrücken, Empfindungen, Erinnerungen und Erfahrungen. Unsere Intuition ist also eine Form von Wissen, das im »emotionalen Gehirn« gespeichert ist. Wissenschaftliche Test haben immer wieder gezeigt, dass sich dieses Wissen vergrößern lässt. Und das bedeutet: Jeder Mensch kann seine intuitiven Antennen schulen und deutlicher auf Empfang ausrichten, vorausgesetzt, er ist dazu bereit.

Take-Care-Prinzip: So verbessern Sie Ihre Intuition

Den einfachsten Zugang zu Ihrer Intuition erhalten Sie durch den sensiblen Umgang mit Sinneseindrücken, denn dadurch können Sie Ihr Intuitionspotenzial vergrößern. Das betrifft die Signale, die Sie mit Ihren Sinnesorganen auffangen, genauso wie die, die aus Ihrem Inneren kommen. Folgende Take-Care-Maßnahmen können Ihnen dabei behilflich sein, das Vertrauensverhältnis zu Ihrer Intuition zu stärken. Denn auf diese Weise können Sie sie in allen Lebenslagen zu Rate ziehen, in denen Sie sich nicht ganz sicher sind oder es ganz schnell gehen muss, sodass Sie nicht ausreichend zum Nachdenken kommen.

Der Umgang mit Sinneseindrücken

Wissen Sie, wie ein »Sinnes-Parcours« funktioniert? Ganz einfach: Sie gehen über einen vorgezeichneten Pfad, auf dem es verschiedene kleine Aufgaben zu erfüllen gibt, von denen jede einzelne die Wahrnehmung schärft. Das kann durchaus vergnüglich sein, zum Beispiel wenn Sie mit der Hand in das dunkle Loch einer seltsamen schwarzen Kiste greifen und etwas Warmes, Weiches und Fellartiges ertasten. Vielleicht versuchen Sie bei der nächsten Etappe mit verbundenen Augen Dinge am Geruch zu erkennen. Auch das ist spannend, wenn man seine Nase fragt, ob es sich wohl um Holz oder Gummi, Nelken oder Tulpen, grünen Tee oder frischen Schnee handelt. Oder Sie bringen blind ein Klangobjekt zum Klingen und versuchen, herauszuhören, was da alles ertönt, wie zum Beispiel Glockengeläute, das Gemurmel einer Menschenmenge, Hundegebell in der Ferne und so weiter.

Viele von uns nehmen diese täglichen Sinneseindrücke gar nicht mehr richtig wahr, da wir durch Arbeit, Ärgernisse, Termindruck, Reizüberflutung und eine von Technik dominierte Lebensweise abgelenkt werden. Ich setze daher ab und zu solche Parcours für meine Seminare ein, um die Sinne wiederzubeleben. Damit wird das verbreitete Übergewicht der linken, eher rational, analytisch ausgerichteten Gehirnhälfte ausgeglichen und auch die rechte Seite stimuliert.

Begeben auch Sie sich nun einmal ins Reich der Sinne. Denn Ihre Sinne müssen angeregt und mit Informationen gefüttert werden, sonst schlafen sie ein. Möchten Sie gerne schneller denken, sicherer entscheiden und sich beim Umgang mit sich selbst und anderen mehr auf Ihre Intuition verlassen, so benötigen Sie ein waches Sinnesbewusstsein. Mit den folgenden Sensibilisierungsübungen können Sie Ihre Sinne wecken.

Essen neu schmecken

So seltsam es klingen mag, doch in der Art, wie Menschen essen, zeigt sich oft, wie sie ihre Sinnesorgane insgesamt nutzen – eher unbewusst, eilig, ohne besonderen Genuss oder mit Aufmerksamkeit und Hingabe, sich am Sinneserlebnis bereichernd. Die heutige Zeit spaltet die Nation in »Fast-Food-Menschen« und Genießer. Das zentrale Argument der Ersteren: Das tägliche Gehetztsein macht mich zu einem Wesen, das die meiste Zeit über rasen muss, aber nur selten rasten kann, um sein Pensum zu schaffen. Entsprechend sieht dann die Ernährungsweise aus. Viele schaffen es nur, sich zwischen zwei Terminen einen Döner oder Burger einzuverleiben oder abends für das Essen vor dem Fernseher Tiefkühlpizza aufzutauen. So jemand hat bald verlernt, dass Essen ein Erlebnis für alle Sinne sein kann – kommt doch der Geschmacks- und Geruchssinn genauso zum Einsatz wie das Sehen, Fühlen und Hören. Als »Fast-Food-Mensch« verschenkt man also nicht nur Gaumengenuss, sondern entzieht der eigenen Sinneswahrnehmung auch insgesamt die Nahrung.

Wer beim Essen abstumpft, stumpft nicht selten in seiner gesamten Sinnlichkeit ab. Nehmen Sie sich nicht selbst etwas weg – auch wenn Sie oft nur wenig Zeit haben. Werden oder bleiben Sie trotz engem Terminplan ein Genießer. Immer dann, wenn Sie in der Gehetztheit des Alltags eine Mahlzeit zu sich nehmen, sollten Sie sich trotzdem dazu anhalten, sich dem Schmecken hinzugeben. Erfreuen Sie Ihren Sehnerv an den lecker und schön zubereiteten Speisen, genießen Sie den Duft der frischen Kost, laben Sie sich am weichen, warmen oder knackigen Gefühl im Mund, hören Sie auf das Krachen beim Zerbeißen und so weiter. Diese leicht umzusetzenden Schritte regen das Sinnesbewusstsein insgesamt an.

Vielleicht haben Sie auch schon von einem der zahlreichen Dunkelrestaurants gehört, in denen die Gäste vollkommen ohne Licht speisen. Dies kann ein Anfang auf dem Weg zu bewussterem Genießen sein, denn dort konzentriert man sich beim Essen ausschließlich auf die Geruchs- und Geschmacksnerven. Erfahren Sie, wie viel mehr Sie beim Essen wahrnehmen, wenn das Auge ausnahmsweise mal nicht mitessen darf.

Zelebrieren Sie ab und zu die Langsamkeit

Verlangsamen Sie bewusst Ihre Aktivitäten immer wieder einmal. Ihre Wahrnehmungskanäle erhalten nicht genügend Nahrung, wenn Sie sich nicht ab und zu aus dem engen Korsett Ihres täglichen Zeitplans befreien. Durch Langsamkeit erhöhen Sie die Wahrnehmungsfülle und -qualität, ganz gleich, ob Sie langsamer essen, langsamer gehen oder langsamer lieben. Sie liefern dadurch Ihren Sinnesorganen mehr Reize. Beginnen Sie schon morgens damit, indem Sie langsam aufstehen (dafür Ihren Wecker früher stellen), langsam duschen (ausgiebig das warme Wasser auf der Haut genießen) und ganz, ganz langsam die erste Tasse Tee trinken (am besten die Schale in beide Hände nehmen und daran wärmen). Aber auch tagsüber sollten Sie Ihr Tempo zwischenzeitlich immer mal wieder gezielt drosseln.

Schaffen Sie sich langgezogene Momente, in denen Sie Ihre Sinne mehr Eindrücke sammeln lassen als gewöhnlich – ob Sie mit dem Auto kurz anhalten, um eine schöne Aussicht zu genießen, bei einem kurzen Spaziergang den Duft des Herbstlaubs in sich aufsaugen, Ihren Partner in den Arm nehmen und seine Nähe ausgiebig fühlen. Ganz gleich, ob Sie etwas sehen, hören, riechen, schmecken oder anfassen – versuchen Sie, in diesen Minuten zu verweilen und langsam wahrzunehmen. Reden Sie sich nicht ein, dafür keine Zeit zu haben. Nehmen Sie sich einfach diese Zeit, denn sie ist gut investiert: Sie erweitern damit die Aufnahmefähigkeit Ihrer Sinne – alles bekommt eine neue Logik und Qualität.

Als Einstimmung empfehle ich Ihnen das Buch *Die Entdeckung der Langsamkeit* von Sten Nadolny – falls Sie es nicht schon kennen. Es zählt zu meinen Lieblingsbüchern und ist ein wunderbarer Roman über einen Menschen, der in der Welt der eilig Handelnden als der Langsamste gilt und daher lange ein Außenseiter ist; doch eines Tages beweist er, dass seine Langsamkeit für alle zum Segen wird.

Machen Sie Momentaufnahmen

Ihre Sinneswahrnehmung können Sie auch mit folgenden spielerischen Experimenten trainieren. Zum Beispiel beim »Scannen«: Hier geht es darum, in aller Schnelle möglichst viel wahrzunehmen, jedoch nicht flüchtig, sondern konzentriert und nachhaltig. Versuchen Sie einmal in wenigen Sekunden so viel wahrzunehmen, wie es geht, zum Beispiel bei einem Bummel durch eine Einkaufsstraße nach Feierabend. Machen Sie sich einen Spaß daraus, an ein Schaufenster heranzutreten, einen schnellen Blick (circa 1 – 2 Sekunden) in die Auslagen zu werfen und dann beim Weitergehen aufzuzählen, was Sie bei dieser Momentaufnahme alles sahen. Gehen Sie anschließend wieder zurück und stellen Sie fest, was Ihnen entging. Dasselbe können Sie auch mit einem sekundenschnellen Blick auf eine Bücherwand erreichen – zählen Sie danach auf, welche Werke Sie gesehen haben. Oder Sie üben es anhand eines Gemäldes – versuchen Sie sich an Einzelheiten wie zum Beispiel eine Karaffe mit Wein, Obst, einen Braten oder vielleicht sogar eine heruntergebrannte Kerze zu erinnern.

Beim »Scannen« lernen Sie etwas über Ihre persönliche selektive Wahrnehmung. Sie erkennen, was Sie bereit sind zu sehen, vielleicht weil es in irgendeiner Weise für Sie von Bedeutung ist, und was nicht. Nehmen Sie sich dabei vor, Ihren Blick zukünftig weniger einzuschränken und mehr wahrzunehmen.

Das nächste Experiment ist das »Diagnostizieren«. Versuchen Sie dabei, winzige Begebenheiten zu registrieren und zu erklären, zum Beispiel, dass irgendwo jemand Klavier spielt und was er spielt (Mozart oder Beethoven?), dass ein schöner Mensch ihren Weg kreuzt und warum er oder sie so schön ist (der Mund, das Haar, die Haut oder der Gang, die Stimme, die Vornehmheit?) oder dass ein Duft in der Luft liegt und woher er kommt (ein Parfüm oder der Geruch von einem frisch gebackenen Kuchen?). Auf diese Weise verbessern Sie Ihre Beobachtungsgabe und können leichter kombinieren, welche Ursachen und Hintergründe infrage kommen.

Ein anderes Spiel dieser Art ist das »Weiterspinnen«. Filtern Sie dazu einmal aus dem Stimmengewirr auf der Straße, auf einer Party oder Messe Gesprächsfetzen von anderen Leuten heraus. Versuchen Sie, im Vorbeigehen das Thema einer Unterhaltung aufzuschnappen, und überlegen Sie anschließend, wie das Gespräch weitergehen könnte, also, was der Andere dem Gesagten entgegnen könnte oder welche Haltung Sie selbst zu diesem Thema einnehmen würden. Einen ähnlichen Effekt erzielen Sie, wenn Sie im Vorbeigehen kurz in die Gesichter fremder Menschen schauen, um sich anschließend auszumalen, was diese Personen möglicherweise für Charaktere sind, was sie beruflich machen oder was sie an diesem Tag vielleicht erlebt haben. Ob der blitzschnelle Blick, das Kombinieren oder das Weiterdenken von Äußerungen, die an Ihr Ohr drangen – wenn Sie derart mit offenen Augen und Ohren durch die Welt gehen, merken Sie, was Ihnen früher alles entgangen ist. So schärfen Sie Ihre Wahrnehmung und zugleich Ihr Denkvermögen.

Testen Sie Ihre innere Uhr

Folgende Übung vermag auf sehr direkte Weise zu beweisen, dass fast alle Menschen – also auch Sie – intuitive Fähigkeiten besitzen. Sie müssen sie nur wecken.

Gehen Sie heute Abend einmal zu Bett, ohne Ihren Wecker zu stellen. Sie haben richtig verstanden: Schalten Sie das aufrüttelnde Piepen, Läuten oder tönende Radioprogramm auf Ihrem Nachtisch vor dem Einschlafen aus. Sie werden morgen früh trotzdem rechtzeitig Ihren Zug erwischen und pünktlich im Büro sein, und zwar mit folgender Methode: Malen Sie sich, bevor Sie einschlafen, eine große Uhr aus. Stellen Sie sich die riesige Bahnhofs- oder Kirchturmuhr vor, die Sie kennen, ein eher altertümliches Instrument mit Zeigern und Ziffern ohne jede Digitalanzeige.

Jetzt stellen Sie eigenhändig einmal die Zeiger exakt auf jene Uhrzeit ein, zu der Sie morgen früh aufwachen möchten oder müssen. Das heißt: Bringen Sie im Geiste den kleinen Zeiger auf die Stundenposition, und setzen Sie den Großen auf die gewünschte Minuteneinheit, zum Beispiel Viertel nach acht oder halb sieben. Haben Sie Ihre Uhr im Kopf gestellt, so schauen Sie sich die Uhrzeit noch eine Weile an. Es ist wichtig, dass Sie sich genau einprägen, welche Ziffern die Zeiger markieren. Am besten noch einige Zeit, bevor Sie einschlafen. Zu 99 Prozent wachen Sie morgen früh intuitiv zur richtigen Zeit auf – oft sogar noch eine halbe Stunde früher.

Falls Ihre Angst zu verschlafen zu groß ist, so üben Sie erst einmal an einem Wochentag, wo es nicht so darauf ankommt – vielleicht an einem Tag, wo Sie früh zum Markt oder zum Sport gehen wollten. Zum Üben ungeeignet ist ein reiner Ausschlaftag wie etwa der Sonntag. Denn an diesem Tag weiß der Wecker in Ihrem Bauch ganz genau, dass er ausgeschaltet bleiben darf und wird sich nicht rühren.

So verbessern Sie Ihre Intuition für den Umgang mit anderen Menschen

Treten Sie auch einmal Ihre täglichen Termine mit dem Vorhaben an, mehr wahrzunehmen. Ob bei der privaten Partnersuche, einem zweckgebundenen Abendessen mit Bekannten oder bei Gesprächen mit Kunden, Kollegen und Vorgesetzten – fahren Sie auch beim Umgang mit anderen Menschen Ihre Fühler aus, und üben Sie mehr zu registrieren als gewöhnlich. Versuchen Sie zum Beispiel aufzufangen, wie der emotionale Hintergrund der Person aussieht, mit der Sie in Kontakt treten, was ihre Absichten sind und so weiter. Vielleicht ist es nur ein kurzes Aufflackern am Rande des Geschehens, wie eine Nervosität, Schüchternheit oder allgemeine Verstimmung des anderen, die Sie dann wahrnehmen – für die Sache nicht wirklich von Bedeutung. Vielleicht ist es aber auch das Eigentliche, das es zu erfassen gilt. Schenken Sie daher den nonverbalen Signalen ebenso viel Aufmerksamkeit wie den verbalen. Beschließen Sie, vom anderen möglichst viele Informationen aufzunehmen. So können Sie es vermeiden, das Wichtigste zu verpassen und haben eine gewisse Sicherheit, andere nicht zu verletzen. Zudem tun Sie auf diese Weise von sich aus alles dazu, um ein gutes Kommunikationsergebnis zu erzielen.

Sie können Ihre Antennen auch dazu nutzen, sich selbst vor Schaden zu bewahren. Achten Sie in diesem Zusammenhang auf das Umfeld und die Interaktionen, die darin stattfinden. Fragen Sie sich, ob es mit dem soeben Gehörten korrespondiert oder nicht.

Beziehen Sie also beim Umgang mit Menschen die sie umgebenden Umstände immer mit ein. Orten Sie mit Ihren intuitiven Antennen die Gesamtsituation, und schauen Sie sich sorgfältig um. Setzen

Sie alles zueinander in Bezug: das, was man Ihnen sagte, was Sie rund um das Gesagte erspürten, die Situation im Allgemeinen und die Wechselwirkung mit dem anderen. So machen Sie sich nicht nur ein besseres Bild, sondern es schult auch ungemein die Sinne. Die nachstehende Checkliste ist eine Hilfe, solche Zusammenhänge für sich selbst genauer zu hinterfragen.

Take-Care-Checkliste: Intuition für andere Menschen

Leitfrage	Situative Antwort
○ In welcher Verfassung treffe ich den anderen an (zum Beispiel: scheint niedergeschlagen; ist aggressiv zu mir; hat gute Laune)?	. . . .
○ Was kann die Ursache für die Verfassung des anderen sein (zum Beispiel: hat zur Zeit private/berufliche Probleme; hat Angst, ich würde ihn übervorteilen; hat momentan ein privates/berufliches Hoch)?	. . . .
○ Hat sich die Verfassung des anderen in meinem Beisein verändert (zum Beispiel: hat sich zunehmend verschlossen wie eine Auster; schien auf einmal gelangweilt und stieg aus dem Gespräch aus; wurde ab einem bestimmten Punkt lockerer und hat gelächelt)?	. . . .
○ Habe ich selbst dazu beigetragen, dass sich die Stimmung	. . . .

○ des anderen veränderte (zum
Beispiel: durch eine bestimmte
Äußerung; indem ich die Erwartungen des anderen scheinbar
nicht erfüllte; indem ich den
anderen zum Lachen gebracht
habe)?

. . . .
. . . .
. . . .
. . . .
. . . .
. . . .
. . . .

○ Welcher Art genau waren die
Signale, die ich beim anderen
wahrgenommen habe (zum
Beispiel: der andere sagte zwar
»Ja« zu meinem Vorschlag,
schien aber in Wahrheit doch
nicht davon überzeugt zu sein;
stockte plötzlich und wurde
einsilbig, als hätte ich einen
wunden Punkt berührt; freute
sich und lächelte mir zu)?

. . . .
. . . .
. . . .
. . . .
. . . .
. . . .
. . . .
. . . .
. . . .
. . . .
. . . .

○ In welchem Moment genau
habe ich diese Signale wahrgenommen (zum Beispiel: genau
in dem Moment, als ich mein
Angebot machte; als ich abgelenkt war und einen Augenblick
nicht richtig zuhörte; als ich
meine Hilfe anbot)?

. . . .
. . . .
. . . .
. . . .
. . . .
. . . .
. . . .
. . . .

○ Welchen Tipp gebe ich mir
selbst für das nächste Mal (zum
Beispiel: mich mehr in den
anderen einfühlen; mich selbst
etwas mehr zurücknehmen;
den anderen öfter zu Wort
kommen lassen)?

. . . .
. . . .
. . . .
. . . .
. . . .
. . . .
. . . .

Eine weitere Übung ist das Spiel »Ich weiß, was du denkst«; spielen Sie es mit einem Menschen, den Sie gut kennen. Raten Sie anhand der Signale des anderen, was er oder sie gerade denkt. Das ist nach 25 Jahren Ehe nicht besonders schwer, denn dann weiß man jeden Blick, jede Mundbewegung und jede Stimmlage des anderen zu interpretieren. Deshalb spielen Sie dieses Spiel auch mal mit einer Freundin oder einem Freund, vielleicht sogar mit einem guten Kollegen, weil Sie ein wichtiges Meeting vor sich haben, bei dem es darauf ankommt, dass Sie sich beide wortlos verstehen.

Die Grundlage für dieses Spiel ist ein Moment, in dem Sie beide still dasitzen und jeder seinen Gedanken nachhängt – wobei Sie versuchen, intuitiv zu erspüren, woran der andere denkt. Dann bitten Sie Ihr Gegenüber mit dem Satz »Ich weiß, was du denkst« die Antwort auf ein Blatt Papier zu schreiben, es Ihnen dann zu zeigen und umgekehrt. So kann sich jeder vergewissern, ob er die Gefühle und Gedanken des anderen richtig eingeschätzt hat. Wenn Sie dieses Spiel einige Male gespielt haben, werden Sie überrascht sein: Es macht nicht nur Spaß – es hilft auch Ihrer Intuition auf die Sprünge.

Die intuitive Selbstkontrolle

Es ist aber auch wichtig, Ihre Antennen auf sich selbst zu richten. Beobachten Sie andere nie, ohne dabei auch sich selbst zu beobachten. Denn was nutzt es, wenn Sie registrieren, dass Ihre Gesprächspartner harmonische oder dissonante Signale senden, wenn Sie in diesem Augenblick gerade selbst unklare Signale abgeben und schon allein dadurch die Atmosphäre verändern. Hier ist jeder gefordert, der täglich mit Menschen zu tun hat – ob Vorgesetzte und Mitarbeiter, Ausbilder, Verkäufer oder Verhandlungspartner. Denn nicht nur im beruflichen Umfeld ist die Fähigkeit zur intuitiven Selbstkontrolle eine Schlüsselkompetenz, die sich regelrecht auszahlen kann. Auch im privaten Bereich zeigt sich, wer in der Lage ist, außer dem

Hin- und Herlesen atmosphärischer Daten von anderen auch Selbst-kontrolle zu üben und so demonstriert, dass er mit sozialer Kompetenz gesegnet ist; so jemand wird schnell allgemein akzeptiert.

Wer sich dagegen in der Begegnung mit anderen nicht groß darum kümmert, sein eigenes Vorgehen intuitiv richtig zu gewichten, weil er es nicht für wertvoll oder effizient erachtet, der steht beruflich wie privat bald im Abseits. Er wird möglicherweise von seiner Umwelt abgelehnt, auch wenn er im Grunde ein netter Kerl ist.

Die Analyse einer Begegnung mit anderen ergibt daher nur Sinn, wenn Sie auch wissen, welche Signale Sie selbst gesendet haben. Denn haben Sie sich bei einem Kontakt zu lässig gegeben, obwohl Sie hätten spüren müssen, dass der andere sich mehr Ernsthaftigkeit und Engagement von Ihnen wünscht, so folgt der Misserfolg auf dem Fuße. Dasselbe gilt, wenn Sie laut und ungeschlacht auf jemanden zugehen, bei dem Sie eigentlich sofort hätten merken müssen, dass er daraufhin innerlich zusammenzuckt, weil er eher ein zurückhaltender und leiser Mensch ist.

Mein Rat ist deshalb: Versuchen Sie, bei wichtigen Begegnungen im Kopf stets eine Art Strichliste zu führen. Kreuzen Sie auf der einen Seite an, was Sie beim anderen alles wahrnehmen. Und notieren Sie im Stillen auf der anderen Seite Ihr Zutun: Wie Sie reagiert haben und was dann als Feedback zurückkam. Gehen Sie einmal eine Zeit lang mit dieser Strichliste im Kopf auf andere zu. Haben Sie keine Angst, auf diese Weise an Spontaneität oder persönlicher Authentizität zu verlieren. Sie schaffen sich so lediglich eine zusätzliche Wahrnehmungsinstanz und werden merken: Sie werden dadurch viel umsichtiger, denn die Selbstwahrnehmung verbessert sich ebenso wie das tägliche Miteinander. Indem Sie mehr Wahrnehmungsinformationen erhalten, können Sie bei Menschen individueller ansetzen; Sie lernen, mit dem eigenen Persönlichkeitsprofil besser umzugehen und sich so einzubringen, dass Sie das gewünschte Ziel erreichen. Die anschließende Checkliste ist darauf ausgerichtet, das eigene Verhalten besser reflektieren zu können.

Leitfrage	Situative Antwort
○ In welcher Verfassung war ich, als ich den anderen traf (zum Beispiel: hatte keine richtige Lust; wollte Spaß haben und rumalbern; wollte über meine Probleme sprechen)?	. . . .
○ Was habe ich mir gewünscht, beim anderen zu erreichen (zum Beispiel: dass er meine Leistung anerkennt; dass man miteinander ins Geschäft kommt; dass man sich persönlich näher kommt; dass er mein Problem löst)?	. . . .
○ Welche Mittel habe ich eingesetzt, um meine Wünsche erfüllt zu bekommen (zum Beispiel: war freundlich und zuvorkommend; habe meine Qualitäten gelobt; habe gute Stimmung verbreitet)?	. . . .
○ Woran hat sich gezeigt, dass die Mittel richtig beziehungsweise falsch eingesetzt waren (zum Beispiel: habe sofort ein gutes Feedback bekommen; der andere hat sich mehrfach bei mir bedankt; wurde wütend und griff mich verbal an)?	. . . .

○ Was war das richtige bezie- . . . .
hungsweise falsche Vorgehen . . . .
meinerseits (zum Beispiel: dass . . . .
ich dem anderen sofort meine . . . .
Hilfe angeboten habe; dass ich . . . .
zu viel von mir erzählt habe . . . .
und ihm damit keine Chance . . . .
gab, von sich selbst zu berich- . . . .
ten; dass ich die wahren . . . .
Bedürfnisse des anderen nicht . . . .
erkannt habe)? . . . .

○ Wie ist es mir in Gegenwart des . . . .
anderen ergangen (zum Bei- . . . .
spiel: habe mich sehr gut . . . .
gefühlt, weil…; war nachher . . . .
ziemlich genervt, weil…; fühlte . . . .
mich unter Druck gesetzt, ...
weil…)? . . . .

○ Welchen Tipp gebe ich mir . . . .
selbst für das nächste Mal . . . .
(zum Beispiel: mich auf die . . . .
Situation besser vorzubereiten; . . . .
nicht nur vom anderen etwas . . . .
zu nehmen, sondern auch . . . .
etwas zurückzugeben; mir . . . .
mehr Zeit für den anderen . . . .
zu nehmen und mich seinen . . . .
Interessen zu widmen)? . . . .

Und noch ein Tipp: Achten Sie auf den Abschied! Sollten Sie Ihre Antennen während eines Termins zwischenzeitlich abgeschaltet haben, weil Sie sich entspannen wollten oder alles Wichtige geklärt war, so hilft es, wenn Sie sie zum Ende einer jeden Begegnung wieder auf Empfang stellen. Die Art, wie man auseinander geht, ist immer das beste Anzeichen dafür, wie der Abend, die Verhandlung oder das selbst als sehr amüsant empfundene Blind Date beim anderen angekommen ist. Als Faustregel gilt: Fällt der Abschied herzlicher aus als die Begrüßung, so konnten Sie definitiv dazu beitragen, dass der andere sich wohlfühlt. Bemerken Sie jedoch beim Auseinandergehen, dass der andere schnell weg will, die Verabschiedung sachlicher oder kühler ausfällt als die Begrüßung, sollten Sie sich immer die Mühe machen zu analysieren, woran es gelegen haben könnte und eventuell versuchen, es wieder gutzumachen.

Intuition für sich selbst und andere

- ○ Nehmen Sie Ihr Gegenüber wichtig: Schenken Sie seinen Gefühlen und Bedürfnissen stets so viel Aufmerksamkeit wie Ihren eigenen Absichten.
- ○ Versuchen Sie herauszufinden, was der aktuelle emotionale Zustand der Person ist, mit der Sie gerade in Kontakt sind.
- ○ Achten Sie mehr auf Atmosphärisches: Versuchen Sie, mehr zu hören, zu sehen und zu erspüren als sonst.
- ○ Lenken Sie Ihre Aufmerksamkeit auch auf das Nichtgesagte, auf die Worte hinter den Worten.
- ○ Achten Sie auch auf die Körpersprache Ihres Gegenübers.
- ○ Schauen Sie sich sorgfältiger um, gewinnen Sie einen Eindruck vom Umfeld.
- ○ Beobachten Sie nicht nur die anderen, sondern auch sich selbst.
- ○ Führen Sie im Kopf eine Strichliste: Auf der einen Seite kreuzen Sie an, was Sie beim anderen wahrnehmen, auf der anderen notieren Sie selbstkritisch Ihr Verhalten.
- ○ Stellen Sie zwischen geistiger Präsenz (Verstand) und Intuition (Gefühl) eine Balance her.
- ○ Bringen Sie logisches Denken und freies Erspüren zusammen.

Besondere Umstände erfordern besondere Mittel. Und deshalb haben wir manchmal keine andere Wahl: Wir müssen Erfahrungen oder Warnungen in den Wind schießen und uns einzig und allein darauf verlassen, was unser Bauch uns sagt. Doch das ist meistens kein leichtes Unterfangen – im Privaten wie im Berufsleben. Denn wie kann man aus dem Bauch heraus entscheiden, wenn man darin nicht geübt ist?

Ob Sie einen neuen Berufsweg einschlagen oder sich an einen Menschen binden – sagt der Bauch etwas anderes als der Kopf, kommt es innerlich zum Zwist. Die widerstreitenden Stimmen zerren uns hin und her und lähmen unsere Handlungskraft. Dann wünschen wir uns nicht selten, dass andere uns aus dem Dilemma befreien, fragen alle möglichen Menschen nach ihrer Meinung, obwohl wir im Grunde genau wissen, dass keiner uns die Entscheidung abnehmen kann.

Das folgende Beispiel zeigt noch eine andere Möglichkeit auf, bei einer Entscheidung Verstand und Intuition miteinzubeziehen. Jule und Sven sind seit einiger Zeit ein Paar. Obwohl beide bereits eine Scheidung hinter sich haben, überlegen sie, zusammenzuziehen. Jule ist sehr optimistisch, doch Sven hat das Trauma seiner Scheidung immer noch vor Augen. Die letzten Monate seiner Ehe waren für ihn schrecklich: Obwohl emotional längst auseinander gelebt, musste er trotzdem noch mit seiner Ex-Frau zusammenwohnen, weil noch keine andere Wohnung bereitstand. Er erinnert sich an schlimme Streits, Heulkrämpfe, Selbstmorddrohungen, in Wut zerschnittene Lieblingskrawatten, getrennte Fächer im Kühlschrank und Nächte in der Kneipe oder auf dem Klappbett im Heizungskeller.

Doch Jule drängt Sven, sich endlich zu entscheiden. Nach drei Jahren Zusammenlebens in getrennten Wohnungen hat sie das Hin und Her satt. Sie hat keine Lust mehr, jeden Tag ihre Sachen durch die halbe Stadt zu transportieren, sie möchte, dass die Beziehung fester wird, später vielleicht sogar heiraten und mit Sven noch ein Kind haben.

Die Entscheidung fällt Sven nicht leicht. Er liebt Jule, das steht fest. Doch denkt er an seine Eheerfahrung, dann möchte er lieber weiter mit einem gewissem Abstand zusammenleben. Das Risiko, noch einmal so verletzt zu werden, ängstigt ihn, und er weiß nicht, was er tun soll. Sein Zögern führt zu heftigem Streit – Jule wertet es als Mangel an Liebe. Irgendwann schlägt sie vor, er solle sich lieber von seinen Gefühlen zu ihr leiten lassen statt von seiner schlechten Erfahrung.

Sven weiß, eine falsche Entscheidung wäre ebenso fatal wie gar keine. Also nimmt er sich ein Wochenende, macht Spaziergänge und versucht, auf sein Bauchgefühl zu hören. Da er das noch nie gemacht hat, erhält er zuerst auch keine Antwort. Stattdessen drängt sich eine Reihe rationaler Erwägungen in den Vordergrund: »Wie kann ich etwas tun, was sich bereits als unglücklich herausgestellt hat? Was ist diesmal anders? Bei meiner ersten Frau dachte ich am Anfang auch, es sei fürs ganze Leben!« Er überlegt hin und her, aber kommt nicht weiter. Ermattet vom Nachdenken schläft er ein. Als er erwacht, ist alles anders. Denn der kurze Schlaf hat ihm einen Traum geliefert: In dem sah er sich selbst, wie er an einem schönen Tag die Straße entlangging und einen Kinderwagen schob. Er sah sich gelöst und zufrieden mit seinem Leben. Und plötzlich war seine Unentschiedenheit wie weggeblasen. Denn er hatte sich mit diesem Bild von sich selbst sehr wohl gefühlt. Nun weiß Sven, was er tun soll. Er entscheidet sich für ein neues Leben mit Jule.

Wie bei Sven kann es in Situationen, in denen eine Entscheidung schwer fällt und die eigene Intuition einem zunächst keine klare Antwort liefert, sehr hilfreich sein, seinen Träumen besondere Aufmerksamkeit zu schenken. Denn oftmals löst sich die Konfliktsituation im Traum auf, oder man erhält zumindest einen Hinweis, der einem bei der Entscheidung hilft.

Zuweilen sendet unsere Intuition aber auch ganz starke Signale als Hinweis, die vordergründige Faktenlage vor einer Entscheidung noch einmal zu überprüfen, wie in folgendem Fall: Jessica arbeitet bei einer Unterhaltungsagentur als Kontakterin. Obwohl sie dort mit interessanten Menschen zu tun hat, leidet sie unter dem unguten Klima zwischen den Kollegen. In dieser Atmosphäre sieht sie keine Zukunftsperspektive und schaut sich seit einiger Zeit nach einer neuen Stelle um.

Bei einer Veranstaltung lernt sie Uwe kennen. Er ist Werbefilmer und einer der ganz Großen der Branche, alle Marktriesen Deutschlands scheinen bei ihm Schlange zu stehen. Er bietet Jessica einen Job an und will sogar ihr bisheriges Gehalt verdoppeln.

Jessica ist euphorisch. Alle, die es gut mit ihr meinen, raten ihr, das Angebot anzunehmen, vor allem, da auch die Atmosphäre in Uwes Firma fantastisch sein soll. Als Jessica sich dort umschaut, wird sie von Uwe mit großer Geste empfangen, die Mitarbeiter sind nett und zeigen ihr schon, wo ihr Schreibtisch sein wird. Jessica zögert nicht länger und gibt ihre Zusage – in drei Monaten will sie anfangen.

Doch auf der Heimfahrt wird ihr Enthusiasmus plötzlich schwächer. Ohne sagen zu können warum, schrillen bei ihr im Inneren Alarmglocken. Ihr Verstand sagt, dass das ihre Chance ist, doch auf einmal mischen sich Gefühle in ihre Hochstimmung, die sie sich nicht erklären kann. So bleibt das auch in den nächsten Tagen. Sie sagt sich immer wieder: »Was willst du eigentlich? Uwe ist doch ein toller Chef, die Kollegen sind nett und keine solchen Mobber, die Bezahlung stimmt auch – eigentlich ist doch alles bestens.« Schließlich verdrängt sie das Gefühl und schreibt ihre Kündigung.

Doch obwohl ihre Freunde begeistert sind, kann sie sich nicht auf den neuen Job freuen. Im Gegenteil, Abend für Abend sitzt sie zu Hause und grübelt. Sie weiß noch immer nicht, warum es ihr so schlecht geht mit dem Entschluss, in die neue Firma zu wechseln. Solch einen Widerstreit in sich selbst hat sie noch nie erlebt. Als es immer schlimmer wird, trifft sie eine Entscheidung gegen jede Vernunft. Sie sagt ab und fühlt sich schlagartig befreit.

Und ihr Gefühl täuschte sie nicht: Wenige Wochen nach Jessicas Absage wird Uwe verhaftet. Ihm wird vorgeworfen, Geld veruntreut und Steuern hinterzogen zu haben. Keiner wusste, dass mit Uwe etwas nicht stimmte – bis auf Jessica und ihre Intuition. Nehmen Sie solche Signale also ernst, denn sie bewahren Sie unter Umständen vor fatalen Fehlentscheidungen.

Je länger der Prozess des inneren Ringkampfes zwischen dem Für und Wider dauert, desto größer wird die Gefahr einer Fehlentscheidung. Denn mit jedem erneuten Durchspielen der Konsequenzen unserer Entscheidung geht etwas von jener intuitiven Sicherheit verloren, mit der man oft genau ins Schwarze trifft. Das bedeutet also: Wenn Sie die Frische des Augenblicks zu nutzen wissen, liegen Sie mit Ihrer Entscheidung meistens richtig.

Erfahrene Entscheider zögern daher nicht lange, sie verlassen sich auf ihren Instinkt. Das gelingt, wenn Sie sich von einem Problem oder einer Fragestellung kein analytisches Bild machen, sondern die Sachlage von vornherein intuitiv zu erfassen versuchen.

Natürlich ist die Gefahr, sich falsch zu entscheiden, auch dann nicht total gebannt. Denn Ihre Intuition kann Sie mitunter auch täuschen – je nach Stimmungslage und persönlicher Lebenssituation. Der Vorteil des intuitiven Denkens ist, dass es schneller und müheloser als das logische Denken funktioniert, weil es »wahrnehmungsähnlich« ist. So definiert es der amerikanische Kognitionswissenschaftler Daniel Kahneman. Der mehrfach ausgezeichnete Professor für Psychologie und Nobelpreisträger für Wirtschaftswissenschaften eröffnete ein neues Forschungsfeld, das sich mit dem menschlichen Entscheidungsverhalten beschäftigt.

Seitdem ich mich selbst dazu ermutige, bei schwierigen Entscheidungen auch einmal der Intuition den Vorrang zu geben, und versuche, die Dinge intuitiv zu durchdenken, ist mir zunehmend bewusst geworden, wie oft mir in der Vergangenheit mein Kopf mühevolle und langatmige Entscheidungsprozesse aufgezwungen hat, obwohl ich instinktiv von der ersten Sekunde an wusste, was zu tun war. Das zeigte sich schon bei solch banalen Dingen wie dem Kauf eines neuen Anzugs. Denn mein Gefühl wusste jedes Mal sofort, welcher der richtige für mich war. Mein Verstand aber sagte: »Moment mal, nicht so hastig, erst mal eine Übersicht verschaffen, Preise vergleichen und schauen, was die anderen Geschäfte bieten. Und überhaupt, ist dieser Anzug nicht etwas zu modisch?« Das Ergebnis war, dass ich oft mit leeren Händen nach Hause fuhr und den Einkauf auf die nächste Woche vertagte – am Ende griff ich aber doch zu jenem Anzug, der mich von Anfang an angesprochen hatte. Durch dieses Verfahren habe ich viel Lebenszeit vertan. Ich denke, Ihnen wird es da nicht wesentlich anders ergehen.

Ich empfehle Ihnen daher: Fragen Sie sich jedes Mal bei einer Entscheidung: Was sagt meine Intuition dazu? Falls Sie den Eindruck haben, Sie empfangen eindeutige Signale für oder gegen eine Sache, so nehmen Sie diese als Orientierungshilfe, um mit nachtwandlerischer Sicherheit richtig und schnell zu entscheiden.

Wenn Sie Ihren intuitiven Stimmen mehr Wichtigkeit beimessen, sie in Ihr normales Leben stärker miteinbeziehen und zu einer wichtigen Entscheidungshilfe erheben, so gehen Sie auch wesentlich besser mit sich selbst und Ihrer Seele um – ja, Sie werden dadurch zufriedener und glücklicher. Denn Sie zwingen sich weniger durch Ihren Verstand beeinflusst etwas zu tun, was eigentlich gar nicht gut für Sie ist, beziehungsweise etwas zu lassen, was genau das Richtige für Sie wäre.

Darüber hinaus werden Sie mit der Zeit die Erfahrung machen, dass Sie eine innere Instanz besitzen, die manchmal mehr weiß als Sie. Und wie tröstlich und ermutigend es sein kann, diesem inneren Wissen zu begegnen. Denn auf einmal fühlen Sie sich mit Ihren Entscheidungen nicht mehr so allein. Sie müssen nie mehr denken, es sei Charakterschwäche oder gar Feigheit, wenn Sie manchmal zögern oder sich mit einer Entscheidung plötzlich unwohl fühlen. Sie wer-

den sich nicht mehr gezwungen fühlen, mit dem Kopf dagegen anzu-
kämpfen, bloß weil Sie Ihre Gefühle nicht verstehen, sondern erkennen, dass das, was Ihre innere Stimme Ihnen zu sagen hat, weiser ist,
als Sie es in diesem Augenblick sein können. Deshalb hören Sie ihr
gut zu.

Was immer Sie auch bewegt – denken Sie nicht nur mit dem Kopf
darüber nach. Denken Sie mindestens genauso mit dem Herzen, und
lassen Sie sich davon leiten.

Können Sie sich verändern?

Hübsch ist diese kleine Echse ja nicht gerade mit ihrer langen klebrigen Zunge, der schuppigen Haut und den seltsam verdrehten Augen. Und langweilig wirkt sie auch, wie sie langsamer als eine Schildkröte durchs Biotop schleicht. Aber dann auf einmal verändert sie sich: War sie vorher noch grün, so wird sie plötzlich blaugrün bis schillernd blau. Oder strahlend gelb bis leuchtend orange. Manchmal läuft sie auch grau an oder schwarz, vor allem wenn sie sich ärgert oder erschrickt. Denn der Farbwechsel eines Chamäleons hat eine Menge damit zu tun, wie es emotional gestimmt ist – das Stimmungsbarometer fasst schätzungsweise 40 Farbkombinationen. Aber es verfärbt sich auch, wenn Verwandlung gefordert ist: Wenn es sich auf die Jagd begibt, vor Fressfeinden tarnen muss oder ein nettes Weibchen in Sicht gerät, zeigt sich das Chamäleon erst recht als Meister der Kunst, sich verändern zu können.

Das Chamäleon-Prinzip

Dieses wandlungsfähige Geschöpf hat mich auf die Frage gebracht: Warum machen wir es nicht zum Tier des dritten Jahrtausends? Denn es zeigt exemplarisch die nötigen Fähigkeiten, die in der heutigen Zeit überlebenswichtig sind. Heute müssen wir uns immer neuen Verhältnissen anpassen. Das Chamäleon ist Spezialist darin, sich auf veränderte Bedingungen einzustellen. Auch wenn es von uns nicht so geliebt wird wie etwa die Delfine oder Giraffen, so kann es uns in Sachen Anpassungsfähigkeit ein Vorbild sein. Und damit meine ich nicht, dass man stets sein Fähnlein nach dem Wind dreht. Die Profillosigkeit, für die das Chamäleon seit dem Altertum steht, wird dem Tier aber nicht gerecht. Denn das Chamäleon kann sich anpassen und trotzdem im Kern dasselbe bleiben – es ist ein Multitalent im besten Sinne. Es wäre toll, wenn wir so wie der stimmungsabhängige, vielfarbige Fliegenfänger mehr Wandlungsfähigkeiten besäßen.

Denn viele von uns verbringen viel Zeit damit, sich zu wünschen, dass alles wieder so wird, wie es einmal war. Dabei fragen sie sich: Was bringt die Zukunft? Wie wird es weitergehen? Wird es uns gut gehen, oder müssen wir weiter Abstriche machen? Vielleicht stellen auch Sie sich solche Fragen und haben Zukunftsängste. Wir träumen von den sicheren Verhältnissen früherer Jahre und wissen doch längst, dass uns nichts anderes übrig bleibt, als auf zukünftige Entwicklungen mit mehr innerer Beweglichkeit und äußerer Flexibilität zu reagieren.

Ohne Bereitschaft zur Veränderung haben wir wenig Aussicht auf Erfolg. Begreifen wir aber den Wandel selbst als Chance, so können wir trotz Krise immer wieder entspannt und frohen Mutes nach vorne schauen. Es gibt zahlreiche Beispiele für Menschen, die dazu bereit sind, ihr Denken und Handeln auf Veränderung auszurichten, statt weiter daran festzuhalten, was war und nicht mehr ist. Sie zeigen den Neubeginn nach Scheidung oder Firmencrash, Bauchlandung oder Bauchoperation. Diese Menschen finden immer wieder Wege, sich Perspektiven zu eröffnen und ihrem Leben eine andere Farbe zu geben. Ihr Erfolgsgeheimnis ist, dass sie sich neuen Gegebenheiten anpassen, ohne sich dabei zu verbiegen: Das Überlebensprinzip des Chamäleons.

Deshalb sehe ich nur einen Weg für die Zukunft: Beklagen Sie die heutigen Verhältnisse nicht länger. Das Einstimmen ins allgemeine

Krisengestöhne stärkt nicht, sondern schwächt nur. Vor allem verliert man so das Selbstvertrauen zu den eigenen Fähigkeiten und Ideen. Daher gehört zum besseren Umgang mit sich selbst, dass Sie auf Optimismus statt auf Angst und Hoffnungslosigkeit bauen. Entwickeln Sie mehr Mut, sich in der Kunst der Veränderung zu üben. Mit mehr Mut zur Veränderung sind Sie für mögliche Talfahrten des Privatlebens besser gerüstet: Zum Beispiel sind Sie nach einer Trennung, einem menschlichen Verlust oder einer Krankheit eher in der Lage wieder aufzustehen, sich zu orientieren und neu anzufangen. Außerdem kann man Sie in beruflich schlechten Zeiten nicht so schnell kleinkriegen: Trotz Jobflaute wagen Sie zum Beispiel den Absprung in eine zweite Karriere oder die Selbstständigkeit. Zudem sind Sie mit mehr Mut zur Veränderung in der Lage, Ihre Persönlichkeit weiterzuentwickeln: Sie können zum Beispiel Talente und Anlagen entfalten, die im Verborgenen schlummern, bleiben nicht stehen, sondern verhelfen sich persönlich oder beruflich zu mehr Zufriedenheit und Erfolg.

Nicht nur Katzen haben sieben Leben

Ein Beispiel für Veränderungsbereitschaft ist das meiner Klientin Anja, die mit 39 Jahren nach einer Bankausbildung, einer Karriere als Journalistin, einem erfolgreichen Zwischenstopp als IT-Beraterin nun einen Laden für Blumengeschenke führt und demnächst ihre eigene Galerie aufmachen will.

Vielleicht sagen Sie jetzt: »Solche Brüche sind bei mir nicht möglich. Ich brauche trotz unruhiger Zeiten eine berufliche Perspektive, die Bestand hat. Etwas anderes kann ich auch meinem Partner und meiner Familie nicht zumuten. Alle paar Jahre etwas Neues anzufangen – das würde keiner mitmachen!« Und tatsächlich kann nicht jeder so dramatisch umschwenken wie Anja, wenn das Haus abzubezahlen, die Familie zu finanzieren, für die alten Eltern oder die Kinder aus erster Ehe zu sorgen ist. Wer Verantwortung trägt und Verpflichtungen hat, wünscht sich Kontinuität.

Doch was ist, wenn es nicht mehr so weitergeht, wie man sich das dachte und wünschte? Denn schließlich verändert sich die Welt um uns herum permanent. Wir haben kaum eine Chance, dem zu entrinnen. Alles ändert sich irgendwie und irgendwann: die Arbeit, die Beziehung, die Gesundheit. Und was dann?

Seien Sie daher vorsichtig damit, sich zu sehr an Kontinuität zu klammern. Denn sie existiert nicht. Sie ist nur ein Teil der Vorstellung, die wir uns vom Leben machen, um uns besser orientieren und ruhiger schlafen zu können. Die Wirklichkeit aber wird von den drei großen W bestimmt: *Wechsel, Wandel* und *Wachstum.* Dieser Dreiklang gibt den Ton an. Dies gilt nicht nur für Wertesysteme, Wirtschaft und Gesellschaft, sondern vor allem auch für uns selbst. Denn wir vergessen allzu leicht, dass wir als Mensch und Persönlichkeit auch keine kontinuierliche Größe bilden. Wir bleiben nicht immer so, wie wir und was wir sind. Wir entwickeln uns weiter und schieben selbst Veränderungen an, weil sich unsere Bedürfnisse und Wünsche verändern.

Halten wir also fest: Das Leben verändert sich permanent. Oft spielen Sieben-Jahres-Intervalle dabei eine Rolle: Psychologische Untersuchungen beschäftigen sich schon lange mit dem Phänomen, dass bei den meisten Menschen regelmäßig nach einem Zeitraum von sieben Jahren der Wunsch nach Veränderung auftritt. Das hat sich auch in der Redensart vom »verflixten siebten Jahr« in der Ehe niedergeschlagen.

Viele sind dadurch nicht mehr dazu bereit, sich auf Gedeih und Verderb einer unglücklichen Beziehung, einem einzigen Berufs- oder Lebensweg zu verschreiben. Früher war man gesellschaftlich sofort geächtet, wenn man nicht durchhielt und ausstieg – ob aus der Ehe oder dem Beruf. Heute nehmen sich viele das Recht, abzubrechen und anderswo einen neuen Anlauf zu wagen, wenn Frust und Ärger kein Ende nehmen. Auf diese Weise durchleben sie nicht nur eines, sondern mehrere Leben. Und jedes bietet den Raum für eine ganz andere persönliche Entwicklung. Heutzutage entstehen Lebensläufe mit einem sehr viel breiteren Horizont als einst. Ausgangspunkt ist der Wunsch, sich das Eigene zu erhalten und zugleich den Fuß in neue Räume zu setzen. Und diese Logik ist einsichtig: Nur wer sich weiterentwickelt, hat Bestand.

So erkennen Sie, ob Ihnen Veränderung gut tun würde

Möchten Sie ermitteln, ob es Zeit ist, den Fuß einmal in eine andere Richtung zu setzen? Anhand der folgenden Anhaltspunkte können Sie ablesen, wie es um Ihren Beruf, Ihre Partnerschaft oder Ihre persönlichen Entfaltungsmöglichkeiten bestellt ist. Je mehr Punkte auf Sie zutreffen, desto eher rate ich Ihnen dazu, nachzudenken, ob es nicht besser für Sie wäre, den Standort, an dem Sie sich derzeit befinden, langsam aufzugeben und sich auf einen neuen Weg zu begeben (zum Beispiel sich um einen anderen Job zu bemühen oder der Beziehung mal eine schöpferische Pause zu gönnen). Denn anhand der folgenden Punkte lassen sich signifikante Indizien dafür feststellen, dass wir als Mensch reif sind für einen Wandel.

Diffuse körperliche Beschwerden Sie verspüren in letzter Zeit häufig ein Zwicken hier und ein Unwohlsein dort, doch der Arzt kann nichts finden. Sie haben zum Beispiel Probleme mit dem Rücken, Magen, den Gelenken, spüren Druck im Hals, haben Kopfschmerzen oder Taubheitsgefühle. Ihr Körper rebelliert scheinbar. Fragen Sie sich an dieser Stelle: Welche Last ist Ihnen zu schwer geworden? Was schmeckt Ihnen nicht mehr oder können Sie nicht verdauen? Was steckt Ihnen immer noch in den Knochen oder geht Ihnen an die Nieren? Was setzt Sie so unter Anspannung, dass die Nervenbahnen eng werden? Ihr Körper meldet, dass Sie irgendwo die Bremse ziehen und wieder ein verträglicheres Spannungsverhältnis schaffen sollen.

Fremdheitsgefühle Sie ertappen sich in letzter Zeit oft bei dem Gefühl, fehl am Platz zu sein. Sie können sich zum Beispiel nicht mehr mitfreuen, wenn die anderen sich freuen, haben den Eindruck, es würde Ihnen alles zu eng, wenn Sie mit Kollegen oder Kunden, dem Partner und Freunden zusammen sind und denken insgeheim immer wieder: »Was mache ich eigentlich hier? Ich muss hier raus – sonst ersticke ich.« Jetzt sollten Sie aufmerksam werden: Gefühle und Gedanken dieser Art entstammen einer Ebene Ihres Bewusstseins, die darum bemüht ist, das Richtige für Sie zu finden.

Depressive Verstimmung Ihre Motivation ist in letzter Zeit ständig auf dem Nullpunkt. Sie haben zum Beispiel zu nichts mehr Lust, mögen morgens am liebsten nur noch die Bettdecke über den Kopf ziehen, um sich der Welt nicht stellen zu müssen. Ein gewöhnlicher Anruf ist Ihnen schon zu anstrengend und macht Ihnen Angst, oder Sie versinken am helllichten Tag in Grübelei über die Sinnlosigkeit Ihres Tuns und Daseins. Damit sendet Ihre Seele Alarmsignale für tiefsitzende Unzufriedenheit und verlangt nach Zuwendung und Neudefinition.

Langeweile Alles kommt Ihnen in letzter Zeit öde vor. Sie fühlen sich zum Beispiel im Job unterfordert, sehen für Ihre Karriere keine Verbesserungs- und Entwicklungsmöglichkeiten mehr und empfinden Ihren Einsatz als pure Zeitverschwendung. Vielleicht erleben Sie Ihr Privatleben nur noch als fade Routine, leiden an Gleichgültigkeit und Überdruss und fragen sich immer wieder, ob das alles gewesen sein soll. Hier zeigen sich Mangelerscheinungen, die auf eine Unterversorgung Ihres Naturells hindeuten.

Überempfindlichkeit Sie reagieren ausgesprochen dünnhäutig und gereizt in letzter Zeit. Sie führen zum Beispiel Gespräche und haben anschließend häufig das Gefühl, dass der andere Ihnen etwas Böses will oder Sie ablehnt, weil Sie fast jede Bemerkung negativ auf sich beziehen oder als Angriff werten. Es kommt häufiger als sonst zum Streit, weil Sie Kleinigkeiten nervös machen und Sie schlechte Laune mit nach Hause bringen. Vielleicht ist Ihr Erregungsniveau deshalb so hoch, weil Sie aufgrund falscher Ziele oder einer falschen Lebensweise nicht mehr in sich selbst ruhen.

Rückschritte Sie sind in letzter Zeit nicht mehr mit Liebe bei der Sache. Sie haben zum Beispiel im Beruf nur noch Misserfolge, die längst versprochene Beförderung bleibt aus und die Gehaltserhöhung auch. Ihr Partner droht mit Trennung, Freunde ziehen sich von Ihnen zurück, der Umgang mit anderen Menschen wird für Sie immer mühevoller. Dieser Leistungsabfall und der Verlust von Einfühlungsvermögen deuten darauf hin, dass Sie sich mit dem Ist-Zustand nicht mehr identifizieren: Sie sollten sich unbedingt Neuem öffnen, um sich wieder mit Herzblut engagieren zu können.

Immer der gleiche Traum Was Sie im Schlaf erleben, kreist in letzter Zeit immer um ein Thema. Sie sehen sich zum Beispiel einer anderen beruflichen Tätigkeit nachgehen, haben Angstträume, die mit den täglichen Aufgaben in Verbindung stehen oder fühlen sich erleichtert, weil Sie im Traum den Mut finden, alles hinzuschmeißen. Es kann auch sein, dass Sie im Traum häufig einen ganz anderen Partner an Ihrer Seite sehen oder sich Sehnsuchtsträumen hingeben, wie es wäre, sich allein durchs Leben zu schlagen. Ihre Träume bilden nicht eins zu eins ab, was Sie sich wünschen – Sie müssen die Bilder entschlüsseln, um etwas über Ihre wahren Wünsche zu erfahren.

Es liegt also auf der Hand: Jede Veränderung schenkt uns ein Stück neues Leben. Doch gilt genauso, dass nicht jeder Unmut ein Signal dafür ist, dass man zu neuen Ufern aufbrechen sollte. Denn ganz von Unlust und Schwierigkeiten befreit sind Sie nach einer Lebensänderung auch nicht. Nur Harmonie in der Beziehung, ein Job, in dem Sie viel Geld verdienen, ohne sich mit Problemen herumschlagen zu müssen, nur noch nette Leute um sich herum – das alles wird selten in Ihrem Leben zusammentreffen. Unterschiedliche Wünsche und Bedürfnisse, widerstreitende Interessen und Auseinandersetzung, Frustration und Unwille – das kann trotz Neuanfang irgendwann wieder ein Alltagsbestandteil werden.

Demzufolge muss gesagt werden: Veränderung ist kein Allheilmittel. Einfach Schluss machen und neu beginnen, löst nicht jedes Problem im Leben – manchmal ist durchhalten die bessere Strategie. Die Tiefen im Beruf oder im Privatleben durchstehen heißt nicht zwangsläufig Stillstand. Auch das kann ein Weg sein, sich nach vorn zu orientieren. Bewerten Sie daher nicht jeden Ehestreit als Hinweis, dass eine Trennung der einzig logische Schritt ist. Sehen Sie nicht jeden nasskalten Montagmorgen, an dem Sie ungern zur Arbeit gehen, als Alarmzeichen dafür, den Job wechseln zu müssen. Und auch nicht jeden Rückschlag und Misserfolg als klaren Wink mit dem Zaunpfahl, Ihr Leben radikal ändern zu müssen. Beziehen Sie dagegen auch diese Möglichkeit mir ein: Sie können sich auch mit Ihrem Lebenspartner gemeinsam verändern. Das ist vielleicht nicht ganz einfach, aber es lohnt den Versuch. Sie können auch einem wenig geliebten Job und harten Arbeitsbedingungen Erfreuliches abgewinnen. Auch das ist nicht leicht, aber mit einer Änderung der inneren Einstellung zu bewältigen (im dritten und vierten Kapitel haben wir eine Reihe von Möglichkeiten dazu herausgefunden). Und Sie können alles so lassen, wie es ist und sich dennoch Freiräume schaffen, wo Sie Veränderungen ausleben können, in einer

Art zweitem Leben. Auch auf diese Weise ist, bis zu einem gewissen Grad, persönliches Wachstum möglich.

Also, wann ist denn nun echte, radikale Veränderung angesagt? Spätestens dann, wenn aus dem vorübergehenden Ärger chronischer Frust geworden ist. Denn wenn Unwohlsein wie ein dunkler Schleier über allen Tagen liegt und jede Freude trübt, dann ist kein Kompromiss ratsam – dann wird Veränderung zum absoluten Muss. Sonst zahlen Sie einen hohen Preis. Die Erkenntnis, eine Chance zum Ausstieg oder Umstieg nicht rechtzeitig wahrgenommen und seine Zeit vertan zu haben, kann erschütternd sein. Denn diese Zeit ist weg – einfach so zerronnen wie ein ausgegossenes Glas Wasser im heißen Wüstensand.

Wenn Sie solche Situationen verhindern wollen, sollten Sie es als eine Selbstverpflichtung betrachten, sich verändern zu können. Damit Ihr Mut zur Veränderung zum Überleben beiträgt, sollten Sie jedoch nichts dem Zufall überlassen. Denn eine erfolgreiche Veränderung beruht vor allem auf gründlicher Vorbereitung. Um richtig präpariert zu sein, benötigen Sie gut trainierte Fähigkeiten, die Sie mithilfe der folgenden Tipps rasch und effektiv aufbauen können.

Take-Care-Prinzip: So trainieren Sie Ihre Veränderungsfähigkeit

Wenn ich Sie fragen würde »Können Sie Großes vollbringen?«, dann würden Sie vermutlich antworten: »Weiß ich nicht« oder »Ich bin nur guter Durchschnitt«. Und würden sich damit vermutlich unterschätzen. Denn bei Persönlichkeitstests stellt sich meist heraus, dass jeder zweite kein sehr realistisches Bild von sich selbst hat. Vor allem zeigt sich, dass viele Menschen kaum eine Ahnung davon haben, dass sie Fähigkeiten und Anlagen in sich beherbergen, die sie überhaupt nicht ausschöpfen.

Musterhaft für diese Unterschätzung ist meist ein zu enges »Selbstkonzept«. Dieser Begriff steht im psychologischen Jargon für eine bestimmte Vorstellung, die wir uns von uns selbst machen. Diese Vorstellung ist eigentlich durchaus sinnvoll. Denn sie ermöglicht es, unser Leben nach einem gewissen Plan anzugehen. Der empfindliche Punkt ist jedoch: Im Selbstkonzept legen wir auch fest, was wir können und was nicht, was wir sind und was nicht und vieles mehr. All das muss aber nicht unserem wahren Ich entsprechen, es ist nur ein Konzept und damit Theorie. Das bedeutet: Die realen Möglichkeiten Ihrer Persönlichkeit können viel mehr umfassen, als Sie es im Konzept für sich vorsehen. So besteht die Gefahr, dass Sie sich selbst einengen und daher meinen, Sie könnten Ihr Leben privat oder beruflich nicht verändern, obwohl in Ihrer Persönlichkeit durchaus alle nötigen Werkzeuge dafür vorhanden sind. Wollen Sie das etwa so lassen?

Möchten Sie sich nicht selbst einengen, so empfehle ich Ihnen als erste mentale Trainingsmaßnahme ein leichtes Stretching. Das heißt: Dehnen Sie das Bild, das Sie von sich selbst haben, weiten Sie Ihr Selbstkonzept, und lockern Sie es. Denn das ist die Voraussetzung, wenn Sie den Wunsch nach Veränderung in sich tragen und irgendwann Taten folgen lassen wollen.

Bestandsaufnahme

Denken Sie zunächst an Ihre aktuelle Lebenssituation. Fragen Sie sich: An welchem Punkt stehe ich zur Zeit?

Zum Beispiel: »Ich bin an einem Punkt, wo ich mich gerne beruflich oder privat verändern würde, sehe aber im Moment keine Möglichkeit, wie ich das realisieren könnte.« Oder: »Ich bin eine Frau in den besten Jahren. Jahrelang habe ich gepowert, um Beruf, Haushalt und Kinder unter einen Hut zu bringen und zugleich meinem Partner geholfen, Karriere zu machen. Und nun hat er mich wegen einer Jüngeren verlassen.«

Geben Sie jetzt eine Bewertung Ihrer aktuellen Lebenssituation wieder. Fragen Sie sich, welche Schlussfolgerungen und Gefühle Sie gewohnheitsgemäß damit verbinden.

Zum Beispiel: »Ich glaube, meine Veränderung wird erst möglich sein, wenn die Kinder größer sind, wenn mehr Geld da ist, wenn im Lande wieder mehr Kaufkraft vorhanden ist und so weiter.« Oder: »Ich fühle mich benutzt und betrogen, alt und nicht mehr attraktiv. Ich denke, keine Chance mehr zu haben, mich will keiner mehr.«

Versuchen Sie nun, Ihre aktuelle Situation weniger abschätzig zu betrachten. Treffen Sie dazu einige Aussagen, bei denen Sie sich selbst höher einschätzen als gewohnt, auch wenn sie Ihnen zunächst vielleicht unpassend erscheinen. Sollten Sie diese bewusst angestrebte höhere Einschätzung Ihrer Lage und Möglichkeiten doch nicht so überzogen und abwegig empfinden, so ist das ein Hinweis dafür, dass mehr möglich ist, als Sie bisher dachten. Sie müssen also nicht zwangsläufig dort stehen bleiben, wo Sie zur Zeit stehen. Sie können sich verändern, wenn Sie wirklich wollen.

Bestandsaufnahme	gewohnte Bewertung	neue Bewertung
»Ich bin an einem Punkt, wo ich mich gerne beruflich oder privat verändern würde, sehe aber im Moment keine Möglichkeit, wie ich das realisieren könnte.«	»Ich glaube, meine Veränderung wird erst möglich sein, wenn die Kinder größer sind, wenn mehr Geld da ist, wenn im Lande wieder mehr Kaufkraft vorhanden ist und so weiter.«	»O.K., ich kann sagen: Es geht vielleicht irgendwann, eines Tages oder wenn die Sterne günstiger stehen, und jetzt bleibt erst mal alles beim Alten. Ich kann aber auch sagen: Warum blockierst du dich gleich selbst? Schau doch genauer hin, ob eine Veränderung nicht vielleicht jetzt schon möglich ist. Ich will nicht mehr warten. Jetzt ist meine Zeit. Wer weiß, was morgen wieder ist. Die perfekten Umstände dafür wird es sowieso nie geben. Wenn nicht jetzt, wann denn dann?« Und so weiter.

»Ich bin eine Frau in den besten Jahren. Jahrelang habe ich gepowert, um Beruf, Haushalt und Kinder unter einen Hut zu bringen und zugleich meinem Partner geholfen, Karriere zu machen. Und nun hat er mich wegen einer Jüngeren verlassen.«

»Ich fühle mich benutzt und betrogen, alt und nicht mehr attraktiv. Ich denke, keine Chance mehr zu haben, mich will keiner mehr.«

»O.K., ich kann sagen: Das ist mein Ende. Ich kann aber auch sagen: Mir ist etwas passiert, was täglich Hunderten von Frauen und Männern passiert. Und es gibt nichts, was mich wirklich davon abhalten kann, wieder von vorn anzufangen. Denn ich habe gewisse finanzielle Mittel, ich sehe immer noch gut aus, habe Fähigkeiten und Begabungen, die andere nicht haben, ich bin in dieser und jener Hinsicht immer noch besser dran als andere, ich kann endlich all das machen, was in der Vergangenheit nie machbar war, oder was mein Ex-Partner immer abgeblockt hat.« Und so weiter.

»Ich bin ein Mann in den mittleren Jahren. Jahrelang habe ich für die Firma geschuftet, war erfolgreich und genoss Ansehen. Nun bin ich einfach auf die Straße gesetzt worden.«

»Ich fühle mich ausrangiert wie eine alte Lok und denke, ich bin nichts mehr wert — habe keine Daseinsberechtigung mehr. Deshalb kommen mir solche Gedanken wie: Warum nehme ich mir nicht das Leben, dann muss ich das nicht mehr aushalten, mich so schlecht zu fühlen …«

»O.K., ich kann sagen: Du bist ein Pechvogel. Ich kann aber auch sagen: Ich habe Glück im Unglück. Denn: Ich habe den alten Job verloren, damit ich einen neuen Job beginnen kann. Ich kann mein Wissen und meine Erfahrung in einer neuen Tätigkeit gewinnbringend einsetzen. Ich spiele schließlich nicht in der Regional-, sondern in der Oberliga. Ich kann mich sogar selbstständig machen, als Berater arbeiten, mit meiner Frau einen lang gehegten Traum in die Tat umsetzen und eine eigene kleine Firma gründen.« Und so weiter.

Eigene Aussagen:
. . . .
. . . .
. . . .

Eigene Aussagen:
. . . .
. . . .
. . . .

Eigene Aussagen:
. . . .
. . . .
. . . .

Schenken Sie allen Ihren Fähigkeiten Beachtung

Ist Ihnen das Ratequiz *Was bin ich?* noch ein Begriff? Einige erinnern sich vielleicht noch an dieses TV-Urgestein. Für alle anderen hier eine kurze Beschreibung: Ein Moderator empfing diverse Gäste, die nur mit einer kurzen Handbewegung zeigen durften, was sie beruflich machten. Und ein Rateteam musste daraufhin den Beruf dieser Leute herausfinden. Dabei sagte der Moderator Robert Lembke jedes Mal die Worte: »Und nun die Handbewegung bitte!« Und das heitere Beruferaten begann.

Dasselbe möchte ich nun zu Ihnen sagen. Und möchte Sie damit ebenfalls bitten, kurz darzustellen, was Sie sind. Allerdings sollen Sie mit Ihrer Handbewegung nicht beschreiben, womit Sie Ihren Lebensunterhalt verdienen, sondern mir Stärken und Fertigkeiten nennen, Dinge, die Sie recht gut können, die Sie aber selbst nicht für besonders erwähnenswert halten.

Zum Beispiel Ihre Fantasie. Dass Sie Gute-Nacht-Geschichten erzählen können, die Sie frei erfinden und die bei Ihren Kindern beliebter sind als die Bücher auf dem Nachttisch. Dass Sie stimmungsvolle Briefe schreiben, kreative Geschenke basteln oder Ihre Kleidung selbst entwerfen und schneidern können.

Oder Ihr technisches Geschick. Dass Sie zu Hause der einzige sind, der das Kauderwelsch von Gebrauchsanweisungen versteht, zum Beispiel wenn es darum geht, Möbel zusammenzubauen. Dass Sie mit leichter Hand den durchgebrannten Toaster wieder flott machen, das Motorrad reparieren oder ein Floß bauen können, das einer Flussfahrt standhält.

Vielleicht auch Ihr gewinnendes Wesen. Dass Sie Streitereien in der Nachbarschaft schlichten können, bevor man sich per Rechtsanwalt bekriegt. Dass sich Ihre Kinder, Freunde oder Bekannten mit Problemen meistens an Sie wenden und Sie ihnen ein einfühlsamer Ratgeber sein können oder dass Sie ein guter Gastgeber sind, der Menschen so miteinander ins Gespräch bringen kann, dass sich alle wohl fühlen.

Was es auch sei – ob im Sport, im Zusammenleben oder in außergewöhnlichen Situationen, ob praktisches Können oder geistiges, ob eine leise Sensibilität oder lautstarke Unterhaltungsqualitäten –, listen Sie auf, welche vermeintlich nebensächlichen Stärken Sie besitzen. Finden Sie mindestens zehn davon! Vielleicht fallen Ihnen ja noch mehr ein, das ist dann umso besser! Denn wer weiß – vielleicht ist es genau dieses kleine Sammelsurium Ihrer zusätzlichen Qualifikationen, das Ihnen eines schönen Tages neue Perspektiven eröffnen kann. Denn das sollten Sie wissen: Hinter einer scheinbar unbedeutenden Fähigkeit kann eine Ansatzmöglichkeit stecken, sein Leben zum Besseren zu verändern. Solange sie jedoch nur ein Schattendasein führt, kann sich nichts daraus entwickeln. Deshalb müssen Sie dem von Ihnen zu wenig wahrgenommenen Können zuerst mehr Aufmerksamkeit einräumen und ihm einen gewissen Wert beimessen.

Bitte tun Sie genau das: Registrieren und protokollieren Sie Ihre versteckten Fähigkeiten, und denken Sie sich wie in *Was bin ich?* für jede eine Handbewegung aus, um sie nicht zu vergessen. Auf diese Weise rücken Sie das, was Sie sonst noch können, in den Mittelpunkt.

Lassen Sie keine Ihrer Fähigkeiten brachliegen

Kennen Sie die Gründe, warum viele Männer nach der Pensionierung in ein Loch fallen? Eine Hauptursache ist, dass sie sich ein Leben lang über nichts anderes als über ihren Job definiert haben. Ist der Ruhestand erreicht, fehlt ihnen die Bestätigung und die Beschäftigung. Die Folge davon ist meist: Sie werden unleidlich, verschroben und schwermütig – denken Sie an Loriots Film *Papa ante portas*. Wer sich davor bewahren will, dass der Verlust des Arbeitsplatzes oder der Rentenbeginn auch das eigene Selbstbild massiv beeinträchtigt, sollte beizeiten dafür sorgen, sein Selbst und Sein nicht allein an seinen Beruf zu koppeln. Frauen, das zeigen Untersuchungen, definieren sich immer noch weitaus weniger über ihre berufliche Stellung und den Status, den sie einnehmen. Sie können sich meist in mehreren Daseinsformen und Betätigungsfeldern wiederfinden und verfügen häufig über eine höhere innere Lebensflexibilität als Männer.

Doch egal, ob Sie eine Frau oder ein Mann sind, fest steht: Unser Selbst beinhaltet mehr, als dass wir Notar oder Personalleiter, Kosmetikerin oder Rechtsanwältin, Schreiner oder Designer sind. Es wird unter anderem auch davon bestimmt:

S	=	*Sinn (dafür lebe ich auch noch)*
E	=	*Ego (das will ich auch noch)*
L	=	*Lebensfreude (das macht mir auch noch Spaß)*
B	=	*Bewusstsein (das denke ich auch noch)*
S	=	*Suche (dahin will ich auch noch)*
T	=	*Talente (das kann ich auch noch)*

Demzufolge gilt: Erst wenn Sie Ihre Persönlichkeit als großes Ganzes betrachten – mit allen Ihren Tendenzen und Interessen, Möglichkeiten und Fähigkeiten, sehen Sie sich richtig. Erst wenn Sie sich selbst nicht allein darauf reduzieren, welche Stellung oder welches Amt Sie innehaben, können Sie jeden Lebensabschnitt nutzen und genießen. Erst wenn Sie die anderen Seiten Ihres Selbst nicht brachliegen lassen, gehen Sie mit sich besser um.

Haben Sie den Eindruck, in dieser Richtung vielleicht nicht genug zu unternehmen – sich ebenfalls zu sehr über Ihren Job zu definieren und Ihre anderen Qualitäten zu vernachlässigen, so empfehle ich Ihnen folgende Übungen. Sie sind das Geheimnis erfahrener Jobwechsler und Lebenskünstler und darauf ausgelegt, Ihre Veränderungsfähigkeit zu stärken.

Gehen Sie auf Schnupperkurs

Testen Sie Ihre Chancen. Besonders, wenn Sie Ihren Beruf wechseln oder für den Tag gerüstet sein möchten, an dem Ihnen die Kündigung ins Haus flattern könnte. Aber auch, wenn Sie privat veränderungswillig sind. Wenn Sie Pläne schmieden, mit einem ungesunden Leben zu brechen, einen lang gehegten Traum verwirklichen wollen oder sich langsam aber sicher aus einer unglücklichen Beziehung loseisen möchten. In all diesen Fällen gilt: Lassen Sie Ihre Möglichkeiten nicht links liegen, sondern schenken Sie ihnen Beachtung. Vor allem: Es gibt niemals nur eine, sondern immer mehrere Möglichkeiten. Prüfen Sie, welche für Sie in Frage kommen, und eröffnen Sie sich diese Möglichkeiten, ob auf dem Arbeitsmarkt oder bei anderen Menschen. Hören Sie sich um, führen Sie Gespräche, und zeigen Sie, dass Sie mit dem Gedanken spielen, sich neue Perspektiven zu eröffnen. So sind Sie besser vorbreitet, wenn die Zeit für eine Veränderung da ist.

Bleiben Sie in Übung

Pflegen Sie Ihr Wissen und Können. Nehmen Sie sich Zeit für Interessen und Hobbys, in denen Ihre Begabungen zum Tragen kommen. Denn so haben Sie im Falle einer gewollten oder ungewollten Veränderung noch ein zweites oder drittes Eisen im Feuer. Wichtig ist: Sie müssen es auch warm halten, denn kalt nutzt es Ihnen wenig. Bringen Sie Ihre Talente und Eignungen also zu einer gewissen Reife. Denn werden sie nicht regelmäßig wie ein Muskel angesprochen, so erschlaffen sie und bieten keine Alternative zum Status quo. Wer vorher bereits seine diversen Fähigkeiten aufgelistet hat, sollte an dieser Stelle den Blick auf seine erworbenen Kenntnisse oder Naturgaben richten. Und ihnen im Alltag genug Platz einräumen.

Ein Beispiel: Der Druckereileiter, der seit Jahren mehr als nur einmal pro Woche sein Italienisch pflegt, ab und zu eine Sprachreise in die Toskana unternimmt und bei jedem Besuch in einem italienischen Restaurant seine Kenntnisse anwendet, kann sagen: »Ich bin nicht nur Druckereileiter. Ich bin auch ein Mensch, der recht gut Italienisch kann.« Die Versicherungsagentin, die nebenbei an der Universität Gasthörerin in Kunstgeschichte ist, Fachliteratur liest und jede wichtige Ausstellung besucht, kann sagen: »Ich bin nicht nur Versicherungsagentin. Ich bin auch eine Frau, die auf ein kunstgeschichtliches Wissen zurückgreifen kann.« Der Lehrer, der nach dem Unterricht seinem Interesse für Kleintiere und Vögel nachgeht, alles darüber weiß und sich bei Krötenwanderungen ebenso engagiert wie bei den ausgebürgerten grünen Sittichen, denen er im Winter Futter aufhängt, kann sagen: »Ich bin nicht nur Lehrer für Geschichte und Deutsch. Ich bin auch ein gefragter Fachmann zum Thema Tierschutz.« Wenn Sie mehrgleisig fahren, fällt es leichter, von einem alten auf ein neues Gleis zu wechseln.

Entwickeln Sie sich weiter

Bleiben Sie nicht auf der Stelle stehen. Sorgen Sie für die Entfaltung Ihrer Persönlichkeit. Persönlichkeitsentwicklung wird zunehmend wichtiger – es ist das magische Wort des dritten Jahrtausends. Geben Sie deshalb Ihrer Persönlichkeit immer neues Futter: Besuchen Sie Vorträge und Seminare. Lesen Sie Bücher über Menschen, die Extremes geleistet haben und über sich selbst hinausgewachsen sind. Sprechen Sie mit Persönlichkeiten, die ihr Leben völlig umgekrempelt und sich etwas vorgenommen haben, was nicht alltäglich ist. Fragen Sie nach ihren Erfahrungen, den Vor- und Nachteilen eines solchen Verhaltens und wie sie die Probleme bewältigt haben, die sich durch einen solchen Schritt ergaben. Denken Sie sich in Lebensformen hinein, die Sie schon immer gereizt haben, in jedem Falle bleibt dabei etwas hängen, das Sie weiterbringt. Auf die eine oder andere Weise lernen Sie auch an sich selbst Stärken zu entdecken, die Sie vorher nicht sahen. Sie spüren vielleicht, was schon lange in Ihnen schlummert. Und dass Sie diese Stärken wecken können, wenn Sie an sich arbeiten. Überwinden Sie sich: Wecken Sie sie und werden Sie damit zukunftsfähiger!

Bleiben Sie hungrig

Wissen Sie, was die Schimpansen anders machen als wir Menschen? Sie hören nie auf zu spielen. Die britische Forscherin Jane Goodall fand in 40 Jahren Schimpansenforschung heraus: Der Spieltrieb der Primaten führt dazu, dass sie bis ins hohe Alter lernfähig bleiben. Bei den meisten Menschen jedoch lässt die Lust am spielerischen Ausprobieren und Lernen recht früh nach. Spätestens, wenn die Schul-, Lehr- und Studienjahre vorüber sind, betrachtet sich die Mehrzahl als fertig und ihr Leben als mehr oder weniger in festen Bahnen verlaufend.

Machen Sie es besser, und prüfen Sie dazu Ihre innere Einstellung. Denn wenn Sie für Ihren Weg irgendwann eine neue Wendung suchen, so ist es ratsam, Sie halten sich beweglich. Legen Sie sich die innere Einstellung zu, dass alles noch denkbar, vieles noch möglich und nichts für immer zementiert ist. Leben Sie statt in der »Fertigphase« – und damit schon in der »Endphase« – mehr in der »Zwischenphase«.

Was Sie dazu brauchen, ist eine Haltung, die ich »spielerische Ungewissheit« nenne. Wer sie kultiviert, hat beste Aussichten darauf, seinem Leben jederzeit eine andere Richtung geben zu können, er bleibt lernfähiger und aufgeweckter als all jene, die ihr Dasein gedanklich schon fertig geplant haben.

So können Sie sich diese Haltung aneignen: Denken Sie einmal an Zeiten zurück, als es Ihnen nicht gut ging. Vielleicht, weil eine langjährige Beziehung zerbrochen ist, Sie sehr krank waren oder beruflich einen falschen Weg eingeschlagen hatten. Erinnern Sie sich noch, wie orientierungslos Sie damals waren? Wie Sie Wochen und Monate verbrachten, ohne eine Ahnung, wie es weitergehen soll?

Wer solche Zeiten schon erlebt hat, weiß, wie sehr das an die Substanz geht. Und wie sehr man sich nach Hilfestellung und Ermutigung, Impulsen und Optionen sehnt. Das Interessante an diesem Zustand ist aber: Wir sind so wach und offen wie sonst nie in unserem Leben. Wir gehen auf Menschen zu, mit denen wir sonst – wenn wir fest im Sattel sitzen – vielleicht niemals sprechen würden. In einem Moment, in dem wir Ängste haben und schutzlos sind, möchten wir reden, uns mitteilen und vom anderen etwas erfahren – egal, ob das der Arzt ist oder der Taxifahrer, der Kneipenwirt oder der Steuerberater. Und wir hoffen insgeheim, die anderen könnten unser Bedürfnis nach Unterstützung stillen – mit ein paar verständnisvollen Worten, einigen hilfreichen Tipps oder einer neuen Chance.

Doch wenn Sie das kennen, dann wissen Sie sicher auch: Diese Offenheit vergeht. Wenn die schlimme Zeit vorüber ist und unser Leben wieder auf sicheren Füßen steht, ziehen wir uns wieder zurück. Die Gründe dafür sind menschlich: Wir mögen nicht mehr daran denken, dass wir so verletzlich waren. Es beschämt uns – wir versuchen also, diesen Zustand zu vergessen.

Und genau das ist falsch. Oder besser gesagt: Es ist nicht die richtige Methode, wenn Sie für Veränderungen präpariert sein möchten. Daher möchte ich Ihnen dazu raten, diese Zeiten, in denen Ihre Seele ausgehungert, Ihr Kopf hellwach und Ihr Herz weit offen waren, niemals ganz zu verdrängen. Denn es steckt auch ein außerordentlich positives Potenzial darin. Dieser Seelenzustand lässt sich einsetzen, wenn Sie wieder an einen Punkt geraten, wo Sie Ihrem Leben eine andere Richtung geben wollen. Wer wachsam und offen ist, dem wird grundlegende Veränderung leichter gelingen.

Daher möchte ich Sie ermuntern: Bewahren Sie sich etwas davon.

Halten Sie Ihre Wachsamkeit und Offenheit am Leben. Trainieren Sie täglich, nicht zu satt zu werden. Denn je mehr man wieder an Lebenssicherheit zurückgewinnt, je mehr kann auch so etwas wie Hochmut entstehen. Der wiederum zieht schlechte Angewohnheiten nach sich, zum Beispiel, dass wir manchmal denken, es sei unter unserer Würde sich mit gewissen Leuten, Lebensinhalten oder Lebensformen auseinander zu setzen. Und dann sind wir bald wieder so mit unserem »sicheren« Leben beschäftigt, dass wir gar nicht mitbekommen, wenn uns tolle Chancen zur Veränderung begegnen, die wie Blumen am Wegesrand blühen und die wir nur zu pflücken brauchten, wenn wir nicht zu satt wären, uns zu bücken.

Schützen Sie sich vor diesem Hochmut. Schaffen Sie sich irgendein Erinnerungszeichen an schwierige Zeiten, ein Symbol oder Talisman. Ich selbst trage zu diesem Zweck seit Jahren ein kleines Amulett bei mir. Denn wie jeder Mensch habe auch ich schon schwierige Zeiten durchlebt und musste durch Talsohlen hindurch. Ich bin zu dem Schluss gekommen, dass es besser ist, diese Tiefpunkte nicht auszublenden. Das Amulett hilft mir dabei, nicht zu vergessen, wie schwierig und ungewiss es damals war und welche Menschen mir geholfen haben. So schütze ich mich davor, mich zu sicher, etabliert und arriviert zu fühlen.

Werden Sie reaktionsschnell

Haben Sie sich einmal gefragt, weshalb eine Schlange ein Kaninchen zu fassen kriegt? Denn das Kaninchen mit seinen langen Hinterläufen ist im Grunde doch viel schneller als die Schlange. Es kann Haken schlagen und somit derart schnell die Richtung wechseln wie kaum ein anderes Tier. Trotzdem ist es der Schlange ausgeliefert, denn ein Kaninchen, das sich plötzlich einer Schlange gegenübersieht, bewegt sich nicht von der Stelle. Es macht von der Möglichkeit zur Flucht, um sein Leben zu retten, keinen Gebrauch, weil es im Schrecken verharrt und erstarrt.

Dasselbe passiert uns Menschen manchmal auch. Unverhofft taucht ein Problem auf, das uns bedroht, und anstatt rasch zu agieren, reagieren wir mit angstvollem Grübeln und vertun dabei wichtige Zeit. Deshalb empfehle ich Ihnen folgendes mentales Training. Es fördert die mentale Beweglichkeit und schult das Reaktionsvermögen – beides benötigen Sie. Denn wenn Sie sich vielleicht mit dem Gedanken tragen, Ihr Leben neu zu ordnen und umzugestalten, dann müssen Sie mit Problemen rechnen, die manchmal so plötzlich auftauchen können wie die Schlange vor dem Kaninchen. Es ist aber auch dann sinnvoll, wenn Sie sagen: »Ich will alles so lassen wie es ist.« Denn gesetzt den Fall, Sie werden überraschend von unangenehmen Neuigkeiten wie einer Kündigung bedroht, so sind Sie nicht vor Schreck wie gelähmt, sondern können Ihr Leben aktiv in die Hand nehmen. Diese Wendigkeit – die sich jeder aneignen kann – geht Ihnen am besten in Fleisch und Blut über, wenn Sie diese drei Merksätze verinnerlicht haben:

1. Ich begreife mich nicht als Opfer Fangen Sie erst gar nicht an, im Falle einer plötzlichen Änderung oder Krise zu klagen und den äußeren Faktoren die Schuld zu geben wie dem Arbeitgeber, dem Lebenspartner oder der Regierung. Damit verlieren Sie nur wichtige Zeit und begeben sich automatisch in die Position des Opfers. Es ist daher besser, Sie grübeln erst gar nicht lange darüber, wer, wie oder was jetzt Schuld hat und warum das alles passiert. Gewöhnen Sie sich stattdessen an, diese drei Fragen zu stellen und danach zu denken und zu handeln:

- Was will ich?
- Was kann ich?
- Was sind meine Möglichkeiten?

So fordern Sie sich selbst auf, aktiv zu werden.

2. Ich erwarte das Unerwartete Fühlen Sie sich nie zu sicher. Bedenken Sie bei allem, was Sie angehen, dass etwas Unverhofftes geschehen kann. Noch ratsamer ist es, fest damit zu rechnen. Denn das Unvorhersehbare ist ein Faktor, der ohnehin nicht ausbleibt. Wenn Sie Glück haben, kommt er Ihnen entgegen, und die Dinge wenden sich plötzlich zum Besseren. Haben Sie jedoch Pech, kann er Ihre Vorhaben so durcheinander wirbeln, dass alles zu scheitern droht. Und nichts ist schlimmer, als sich dann verzweifelt an die Erfüllung Ihrer ursprünglichen Absichten zu klammern. Wenn Sie das tun, sind Sie dem Unerwarteten ausgeliefert und werden lahm gelegt. Kalkulieren Sie daher Störungen von vornherein mit ein und halten sich genügend Zeit- und Gestaltungsräume offen, in denen Sie sich austoben können. Sagen Sie sich niemals, dass etwas sicher geschehen wird, so wie Sie sich das vorstellen. Besser ist, Sie visieren Fixpunkte in der Zukunft an, aber planen auch Wendepunkte ein – privat wie beruflich. So lernen Sie zu improvisieren und können sich rascher umorientieren.

3. Ich verändere meine Gewohnheiten Geben Sie Ihrem Leben gelegentlich eine neue Lackierung. Und überlisten Sie auf diese Weise den Trott und die Gleichförmigkeit. Beginnen Sie mit einfachen Übungen wie zum Beispiel auf einer anderen Seite des Bettes zu schlafen, auch wenn Sie das zunächst befremdet. Oder wenn Sie von Natur aus ein eher stiller Typ sind, einen »Kommunikationstag« einzulegen und bewusst auf Menschen zuzugehen und mit allen ein Gespräch zu führen – auch wenn es Sie Überwindung kostet. Vielleicht gehen Sie auch gezielt ins Spaßbad oder ein Schlagerkonzert, auch wenn Sie beides nicht besonders mögen.

Überraschen Sie sich selbst und andere mit einem neuen Äußeren, einer guten Idee oder einem ernst gemeinten Vorsatz. Denn mithilfe solcher Manöver bauen Sie nicht nur Widerstände ab. Sie merken auch, wie viel Freude es macht, mit den vielen Möglichkeiten zu spielen, die vorher nicht im Repertoire zu sein schienen. Und das zeigt in der Regel rasch Wirkung. Denn wer erst einmal Gefallen daran gefunden hat, alte Gewohnheiten infrage zu stellen und sich solchen überschaubaren Herausforderungen zu stellen, gelangt bald auch zu jener Entschlussfreudigkeit, die geboten ist, um Größeres in Angriff zu nehmen. Wie etwa sich endlich das Rauchen abzugewöhnen, mehr Zeit für den Partner und die Familie zu reservieren, statt auch noch am Wochenende zu arbeiten, weniger im Internet zu surfen und dafür mehr Sport zu treiben oder pünktlich zu sein.

Sie werden sehen: Wenn Sie Ihr Leben ab und zu auf den Kopf stellen und sich mit den Gefühlen vertraut machen, die daraus resultieren, so werden Sie es leichter haben, mit gänzlich Neuem und Unbekanntem zurechtzukommen und Aktivitäten in Angriff zu nehmen, bei denen Sie möglicherweise sogar über sich selbst hinauswachsen. Denn so wecken Sie in sich die Lust an der Veränderung. Und diese Lust hält Sie fit.

Machen Sie zur Unterstützung Ihrer Veränderungsfähigkeit jeden Tag eine der folgenden gedanklichen Übungen:

- Sagen Sie sich »Ich bin nicht immer gleich, sondern ich kann mein Leben auch mal anders betrachten und gestalten.«
- Nehmen Sie Stärken an sich wahr, die Sie bisher nie für erwähnenswert hielten, und überlegen Sie, für welchen neuen Weg diese Ausgangspunkt sein könnten.
- Achten Sie einmal besonders darauf, ob Sie noch flexibel und offen für Neues sind – sagen Sie sich, dass jede neue Begegnung etwas Interessantes für Sie bringen könnte.
- Rechnen Sie einmal bewusst mit dem Unerwarteten, bereiten Sie sich darauf vor zu improvisieren und sich auf Neues kurzfristig einzustellen.
- Brechen Sie einmal mit Gewohnheiten – stellen Sie sich »auf den Kopf«, und gewinnen Sie so eine neue Sicht auf Ihr Leben.

Selbsterfinder leben besser

Wandel ist ein Abenteuer. Ein neuer Job, eine neue Beziehung, neue Lebensinhalte – das schafft niemand im Handumdrehen. Oft ist es ein Weg voller Widerstände und Rückschläge. Und manchmal dauert es Monate oder gar Jahre, bis man spürt, dass man ein neuer Mensch geworden ist.

Dessen ungeachtet möchte ich Sie dazu bewegen, sich für dieses Abenteuer bereitzuhalten, auch wenn es vielleicht ein langwieriger Prozess wird. Denn egal, was Sie beruflich machen oder an welchem Punkt Sie privat stehen – Sie sind jetzt an einer wichtigen Gabelung Ihres Weges angelangt: Sie haben einen Blick in die Schatzkiste Ihrer Persönlichkeit geworfen und Impulse erhalten, wie Sie diese Schätze nutzen können. Fahren Sie weiter fort, ohne sich intensiver als bisher darum zu kümmern, mit Ihren Schätzen etwas anzufangen, so ist es wahrscheinlich, dass Sie sich irgendwann selbst anlügen, sich vielleicht einreden, dass die Umstände schuld sind. Lassen Sie sich jedoch auf das Abenteuer ein, so werden Sie feststellen, dass man nicht zwangsläufig durch ein Jammertal hindurchmuss, um Veränderungen zu erreichen. Vieles ergibt sich auch von ganz allein. Und manche Lawine, die man lostritt, scheint uns nur am Anfang zu erschlagen – und stellt sich später als ein Segen heraus.

Sicher gibt es Zeiten, in denen es nicht durchführbar ist, das alte Leben hinter sich zu lassen und ein neues zu beginnen. Doch ist es für mich einer der traurigsten Fehler, die wir machen können, wenn wir aus Bequemlichkeit oder Furcht vor Spannungen und Schereien darauf verzichten, unserem Leben eine neue Richtung zu geben, obwohl die Chancen dazu gegeben wären.

Ich bin davon überzeugt, dass ich nur deshalb ein zufriedener Mensch geworden bin, weil ich mich mein ganzes bisheriges Leben lang immer wieder selbst neu erfinden wollte und musste. Wann immer sich zeigte, dass ein Neuanfang gefordert war, um dem Verdruss zu entkommen, brach ich auf, um mich einem noch fremden

Teil von mir selbst zu überlassen und in einen neuen Menschen zu verwandeln. Ich muss zugeben, dass ich mehrfach die Sorge hatte, eine Riesenenttäuschung zu erleben. Und ich tat mich bisweilen schwer, einen Teil von mir zurückzulassen. Ich geriet ins Schwanken, fragte mich, ob es das wirklich wert war, und versuchte mir einzureden, dass sich die Unzufriedenheit irgendwann vielleicht wieder verflüchtigt. Sicher macht es keinen Spaß, sich selbst und anderen wehzutun. Oder von einem Karrieregipfel bewusst hinunterzusteigen, lange Zeit weniger Einkommen in Kauf zu nehmen, um dann – Jahre später – einen viel höheren beruflichen Gipfel erklimmen zu können. Es ist ein Selbstversuch, dem man sich jeden Tag aufs Neue unterziehen muss. Und manchmal hat man nicht mehr in der Hand als die vage Hoffnung auf ein besseres Leben – doch habe ich keinen dieser Veränderungsschritte je bereut. Wenn es sich aufdrängte, würde ich es wieder tun.

Trauen auch Sie sich weiterzuziehen, wenn keine Besserung in Sicht ist. Nehmen Sie Abschied von dem, was ausweglos ist, und begeben Sie sich auf Pfade, von denen Sie sich neue Lebendigkeit versprechen. Wagen auch Sie den Selbstversuch, sich neu zu erfinden. Denn nach meinen Erfahrungen besitzt jeder Mensch die Fähigkeit dazu. Es kommt dabei weniger darauf an, wie Ihre Vorsätze aussehen und wovon Sie träumen. Es ist auch keine Frage des Geldes oder der passenden Gelegenheit. Wenn Sie das Gefühl haben, auf einem falschen Weg zu sein, so kommt es vor allem darauf an, dass Sie eine Vision von einem besseren Weg entwickeln. Sie müssen glauben, aus sich selbst noch etwas anderes herausholen und machen zu können, als das, was Sie derzeit sind. Diese Vision von den eigenen Möglichkeiten und einem neuen Ich ist es, was die Metamorphose in Gang bringt und Sie schlussendlich als bunter Schmetterling in einem neuen Leben ausschlüpfen lässt.

Im Übrigen: Prominente machen es uns vor. Auch sie beschließen manchmal, sich noch einmal mitten im Leben neu zu definieren. So werden aus Ex-Bäckern Schlager-Ikonen mit dunkler Brille. Action-

Schauspieler reüssieren als Politiker, aus ehemaligen Stewardessen werden gefragte TV-Moderatorinnen und aus poetischen Liedermachern Zirkusgründer und Gartendesigner. Beleibte Modezaren mit Fächer werden zu 40 Kilo leichteren, gertenschlanken Diätbuchautoren. Aus düsteren Rockstars, die früher nichts Besseres im Sinn hatten, als einer Fledermaus den Kopf abzubeißen, werden liebende Familienväter. Und so weiter – diese Liste ließe sich beliebig fortsetzen.

Was also hält Sie noch zurück? Was diese Menschen können, können Sie auch!

Genießen Sie Ihr Leben?

Es gibt Tage, da wird uns schlagartig bewusst, wie schnell alles vorbei sein kann. Stellen Sie sich vor, Sie müssen zu einer Trauerfeier – Ihr Kollege ist mit dem Auto verunglückt, mit nur 35 Jahren. Sie betreten die Trauerhalle und sind geschockt von seinem Foto auf dem Sarg, Sie können nicht fassen, dass dieser vor kurzem noch quicklebendige Mensch nun tot sein soll. Stellen Sie sich weiter vor, wie Sie versuchen, die Familie zu trösten, obwohl Ihnen eigentlich nichts einfallen mag, und wie Sie sich auf der Rückfahrt vornehmen, Ihr Leben bewusster zu genießen und ihm mehr positive Seiten abzugewinnen. Doch schon bald werden Sie feststellen, wie der Alltag dieses Vorhaben überlagert und in den Hintergrund drängt.

Wenn wir mitbekommen, dass ein junger Mensch aus dem Leben gerissen wird, ist das Weinen über das Dahinscheiden eines anderen auch immer ein Weinen um sich selbst. Denn stand die Person uns nahe, weinen wir darum, dass sie nun nicht mehr für uns da ist und wir ohne sie weiterleben müssen. Stand sie uns weniger nahe, trauern wir wegen unserer eigenen Vergänglichkeit

Solche Gedanken führen uns vor Augen, dass wir selbst auch nicht ewig leben   dass alles, was wir wirklich besitzen, dieser Moment und diese Stunde ist und dass wir jeden Tag, an dem wir aufwachen, viel mehr genießen sollten. Stattdessen jagen wir von morgens bis abends diversen Aufgaben und Problemen hinterher, ärgern uns über Nichtigkeiten, streiten nur ums Rechthaben und gehen mit der so knapp bemessenen Lebenszeit um, als hätten wir unbegrenzt davon. Und warum das alles?

Steuern Sie in die richtige Richtung?

Wenn uns wirklich bewusst wäre, dass unser Leben ganz schnell vorbei sein kann, würden wir uns mehr darum bemühen, die vielen kleinen kostbaren Momente des Tages aufzusaugen wie ein Schwamm. Wir würden alles, was um uns herum geschieht, weniger kritisch betrachten, sprich, uns mehr auf die guten Seiten und Begebenheiten konzentrieren. Und wir würden es uns viel öfter gut gehen lassen und zu »I am singing in the rain« tanzen, egal, ob es Bindfäden regnet oder wir keinen Cent in der Tasche hätten.

Keine Sorge, ich möchte Ihnen jetzt nicht nahe legen, sich nicht mehr so hart für Ihre Ziele zu engagieren. Ich sage auch nicht, dass es immer möglich ist, aus jedem Tag ein Fest zu machen. Denn es gibt Phasen in unserem Leben, da ist uns nicht nach Feiern zumute, weil das Kind krank ist, unser Partner Nöte hat, eine Freundin auf der Intensivstation liegt oder unverhofft Dinge geschehen, die uns Angst machen. Wer mitfühlt, mitleidet oder selbst von etwas gepeinigt wird, und seien es nur Zahnschmerzen, den beschäftigt ausschließlich der Gedanke, dass die schmerzliche Zeit hoffentlich bald vorübergeht und endlich wieder Normalität eintritt.

Es gibt also Zeiten, da sind wir von Geschehnissen und Gefühlen so sehr in Anspruch genommen, dass bewusstes Genießen schwierig ist. Doch diese Tage gehen in der Regel auch wieder vorüber – das wünsche ich Ihnen jedenfalls. Und dann kehren auch die Möglichkeiten zurück, mit uns selbst und unserer Lebenszeit schonender umzugehen und auch aus einem gewöhnlichen Tag etwas Besonderes zu machen.

Daher möchte ich Sie bitten: Nehmen Sie diese Verantwortung

ernst – auch dann, wenn es Ihnen einmal nicht so gut geht. Ob Sie gerade die Karriereleiter emporklettern oder sich als Selbstständiger sehr darum mühen müssen, an Aufträge heranzukommen. Ob Sie in einer Firma tätig sind oder zu Hause arbeiten. Ob Sie sich aus der Arbeitswelt schon zurückgezogen haben oder als Arbeitssuchender alles versuchen, um endlich wieder einen Arbeitsplatz zu bekommen. Vergessen Sie bei allem, was Sie tun, nicht, jeden einzelnen Tag zu genießen, denn er kommt nicht wieder.

Take-Care-Prinzip: So können Sie Ihr Leben mehr genießen

Das ist leicht gesagt, aber nicht immer leicht in der Umsetzung. Es gibt Tage, die möchte man am liebsten mit der Toilettenspülung in die Kanalisation befördern. Manchmal geht man wirklich mit den besten Absichten los und bekommt gleich an der nächsten Ecke solche Ohrfeigen, dass einem jeder Spaß vergeht. Aber manchmal sind wir es auch selbst, die Dummheiten begehen und uns auf diese Weise den Tag vermasseln. Und das kommt am häufigsten vor.

Mein Rat ist daher ganz einfach: Setzen Sie sich für das ein, was Ihnen am Herzen liegt. Kämpfen Sie leidenschaftlich für alles, was Ihnen lieb und teuer ist in diesem Leben. Aber legen Sie auch geistige Richtlinien für sich fest – eine Art inneres Navigationssystem – das Ihnen hilft, jeden neuen Tag entsprechend einzuordnen und zu würdigen. Am besten, Sie installieren dieses System jetzt sofort. Denn dann können Sie bei aller Rennerei sofort abfragen, ob die Richtung stimmt, in die Sie brausen. Und wann Sie eine Vollbremsung machen und umdrehen sollten. Im Folgenden stelle ich sechs Prinzipien dar, mit deren Hilfe Sie jeden Augenblick Ihres Lebens mehr genießen können.

»Das Leben ist das, was passiert, während wir an etwas anderes denken«, hat Oscar Wilde einmal gesagt und damit den Nagel auf den Kopf getroffen. Denn viele Menschen sind Tag für Tag gedanklich damit beschäftigt, was sie in naher Zukunft erreicht haben wollen und machen werden. Dabei vergessen sie, dass ihr Leben *jetzt* stattfindet und nicht erst in einigen Jahren.

Leider haben wir alle die Tendenz, uns zu sehr auf die Zukunft auszurichten. Zum einen, weil wir es vielleicht gewohnt sind, in größeren Zeiträumen zu rechnen. Wir folgen den anerzogenen Wertvorstellungen, einer Vision von dem, was eines Tages sein soll oder einem strategischen Plan und preschen los, um diese Ziele zu verfolgen. Und wer vorankommen oder sich etwas aufbauen möchte, der muss natürlich Initiative zeigen und offensiv sein. Jeder Fußballspieler weiß, wenn er nur auf dem Spielfeld herumsteht, sich den schönen grünen Rasen anschaut und abwartet, dass ein anderer eine gute Vorlage liefert, schießt er nie ein Tor.

Der Plan, alles dafür zu unternehmen, irgendwann einen Treffer zu landen, ist natürlich an sich sinnvoll. Jedoch nur, solange man nicht in dem Glauben handelt, dass das Leben erst so richtig anfängt, wenn man sein Ziel erst mal erreicht hat. Wer so denkt, setzt das Wichtigste aufs Spiel: seine Lebenszeit.

Vielleicht sind Sie ja ein sehr zielstrebiger Mensch. Dann wissen Sie auch, dass zielstrebige Menschen ziemlich starrköpfig sein können. Wir verspüren nicht gerade den Wunsch, uns Zeit zu nehmen für etwas, was nichts mit der Sache zu tun hat, auf die wir gerade hinarbeiten. Wir wollen unser Spiel machen – alles andere blenden wir aus. Mit anderen Worten: Wir haben uns eine gewisse Schonungslosigkeit gegenüber der Gegenwart angewöhnt.

Warum sollten wir uns auch um diesen einen Augenblick kümmern. Wir sind ja sicher, bald dort zu landen, wo wir unsere Wünsche verwirklicht sehen. Und von diesem Tag an noch genug Zeit zu haben, um das Schöne am Leben zu genießen. Mit anderen Worten: Wer zielbewusst und planmäßig lebt, arbeitet oft durch, ohne nach rechts und nach links zu schauen. Der Genuss des Hier und Jetzt wird verschoben.

Vermeiden Sie diesen Fehler! Vertagen Sie nicht das Leben, das Sie eigentlich führen möchten, in die Zukunft. Eine Zukunft, von der Sie gar nicht wissen können, wie sie am Ende aussieht – denn das kann niemand wissen. Deshalb versuchen Sie, Ihr Leben hier und heute genauso intensiv zu leben, wie Sie es für spätere Jahre planen. Denn alles, was Ihnen gehört, ist der Moment. Alles, was Sie wirklich besitzen, ist diese Sekunde und Stunde. Aus all diesen kleinen Momenten formt sich Ihre Zukunft. Tun Sie auch etwas für das Leben, das Sie und vielleicht auch Ihre Familie in einigen Jahren einmal leben wollen. Aber nehmen Sie sich trotzdem genug Zeit für die Gegenwart.

Natürlich sollen Sie nun nicht jeden Tag denken, dass das Ihr letzter sein könnte. Das wäre lediglich das andere Extrem und würde nur zu unsinniger und hektischer Aktivität führen, zum Beispiel, nicht mehr vorzusorgen oder nur noch zu feiern und seinen ganzen Besitz zu verschenken.

Um sein Bewusstsein für die Gegenwart zu schärfen, reicht es meistens, sich diese Fragen zu stellen:

1. Kann ich noch spontan sein und manchmal meine Tagesplanung umwerfen, um den Moment zu genießen, oder habe ich dann jedes Mal ein schlechtes Gewissen?
2. Sind mir private Ziele noch genauso wichtig wie der Beruf oder bin ich dazu übergegangen, meine Zeit und Energie vor allem meinen Karriereplänen unterzuordnen?
3. Weiß ich noch, dass meine Lebenszeit begrenzt ist, oder verdränge ich dieses Wissen und denke nur sehr selten daran?

Nehmen Sie Ihre Antworten ernst. Falls Sie feststellen, dass auch Sie zu den Menschen gehören, die Ihr eigentliches Leben mehr »vertagen« als es gegenwärtig auszuleben, sollten Sie sich weiter befragen: Was ist der Grund dafür? Warum habe ich mir das angewöhnt? Bin ich vor mir selbst auf der Flucht? Oder ist es die aktuelle Lebenssituation, die mich davon abhält?

Genau hier lauert nämlich die Gefahr des Selbstbetrugs. Denn Ihr konservatives Selbst liefert dann sogleich zahlreiche Gründe: »Weil die Firma ganz allein auf deinen Schultern ruht, weil du nun mal für deine vierköpfige Familie zu sorgen hast, weil du kein Faulpelz bist, weil du für deine kranke Mutter da sein willst, weil du dich in einer Hilfsorganisation engagierst, weil deine beste Freundin dich braucht und so weiter.«

Hören Sie nicht auf diese Stimme! Sie wird nur verhindern, dass Sie Ihre Lebenszeit genießen. Glücklicherweise lässt sich nämlich beides leben. Sie können täglich einen Schritt zurücktreten, um schöne Augenblicke zu registrieren und diese auskosten – und Sie können zugleich an die Zukunft denken und Vorkehrungen treffen. Bringen Sie sich nicht um die kleinen Glücksmomente, die jeder Tag Ihnen bietet.

Gehen Sie auf eine aufmerksame Art und Weise mit sich selbst um: Bekommen Sie mit, was an positiven Gegebenheiten vorhanden ist. Entwickeln Sie ein Gefühl dafür, wie viele schöne Dinge Ihnen täglich begegnen. Registrieren Sie, wie gut es Ihnen geht, und sorgen Sie mit dafür, dass es auch den anderen gut geht, mit denen Sie diesen Tag gemeinsam verleben.

Denn das macht den Unterschied, genau das macht unser Leben aus: Gute Gespräche mit den besten Freunden; Erfolgsmomente im Job; der Blick auf die Stadt, abends, wenn die Sonne untergeht und das Licht am schönsten ist; die vertrauten Augen des Menschen, den wir lieben; ein Kuss; ein Kinderlachen; ein Lied, das uns mitten ins Herz trifft; Zeilen in einem Buch, die uns berühren; die Schönheit der Natur; tiefe Atemzüge in klarer Luft; der erste Schluck Bier in trockener Kehle; die wohlige Schwere und Leere nach dem Sport; die Ruhe am Sonntagmorgen; ein Spaziergang durch den verschneiten Schlosspark – aus diesen und anderen Momenten formt sich unser Sein. Die freudigen und die leidigen Augenblicke – das ist unser Leben. Das nehmen wir mit, wenn wir eines Tages gehen. Alles andere bleibt als Entwurf zurück: Die Mischung aus Terminen, Telefonlisten und Tagesplänen müssen wir zurücklassen. Also: Seien Sie verstärkt für die Gegenwart da, und nehmen Sie schöne Momente bewusster auf!

Versuchen Sie, sich Ihre Wünsche zu erfüllen

Wissen Sie, was der Denkfehler der ägyptischen Pharaonen war? Sie glaubten, wenn sie ihre Reichtümer mit ins Grab nähmen, könnten sie sie ins Schattenreich hinüberretten. Wir wissen inzwischen, dass ihr Plan missglückte, denn heute beherbergen Museen den Großteil ihrer Schätze oder sie zieren das Heim von Grabräubern.

Aber auch wir glauben zuweilen, das letzte Hemd habe doch Taschen. Von außen betrachtet, wirken die Aktivitäten um das Geldverdienen und -mehren jedenfalls oft so, als wollten wir es auf unsere letzte Reise mitnehmen. Natürlich möchten wir auch gut leben und vielleicht unseren Kindern etwas hinterlassen, es der Krebsforschung zur Verfügung stellen oder eine Stiftung gründen. Es ist natürlich nicht per se unsinnig, viel Geld zu erwirtschaften. Geld schafft Möglichkeiten, Sicherheit und hilft uns und anderen, schlechte Zeiten zu überbrücken.

Doch die Kehrseite ist: Wird Geld zum einzigen Lebensinhalt, so geben wir ihm immer Vorrang. Das heißt, wir tun häufig nicht das, was wir lieber täten, weil es uns weniger einbringt als etwas, was wir nicht gerne machen.

Deswegen ist es so eminent wichtig, dass wir uns von dieser Denk- und Lebensweise nicht völlig gefangen nehmen lassen. Und dass wir den Sinn darin entdecken, uns über den Beruf, das Sorgen und Absichern der Familie hinaus auch als Mensch auszuleben. Denn es ist eine Tatsache, dass diejenigen ihr Leben viel mehr genießen können, die nicht nur in finanziellen Kategorien denken. Sondern sich auch fragen, was kommt unter dem Strich als Mensch für mich dabei heraus? Ist das etwas, was ich immer schon gerne machen wollte? War das immer schon ein Wunsch oder gar ein Lebenstraum von mir?

Hand aufs Herz: Wie oft denken Sie daran, was Sie eines Tages gerne erleben würden? Wie oft träumen Sie von Erfahrungen, die Sie noch nie gemacht haben? Und wie oft sagen Sie dann von vornherein zu sich »Das ist doch alles Utopie« oder »Dafür bräuchte ich erst einmal genug Geld« oder »Dafür ist später noch Zeit, wenn ich in Rente bin«?

Geben Sie sich mit solchen Antworten nicht zufrieden! Befassen Sie sich ruhig öfter mit Ihrem Herzenswunsch, was es auch sein mag: ein Porsche, die Weltreise auf der Aida, den Winter über auf der Karibikinsel Antigua verbringen, einmal im Leben Karnevalsprinz sein, den Job als Friseurin hinschmeißen und Schauspielerin werden, ein Literaturcafé eröffnen oder alles verkaufen und in einer Hütte auf einer griechischen Insel leben – holen Sie einmal nicht die Entschuldigungen und Gegenargumente hervor, weshalb das alles nicht machbar ist. Geben Sie Ihrem persönlichem Wunschtraum eine Chance.

Am besten durchforsten Sie Ihren Kopf einmal nach den kleinen oder großen Plänen, die Ihr Herz sofort höher schlagen lassen. Stellen Sie sich dabei die folgenden Fragen:

- Wie viel Geld brauche ich *wirklich*, um meinen Lebenstraum zu realisieren?
- Was muss sich *wirklich* beruflich oder privat verändern, damit ich meinen Plan in die Tat umsetzen kann?
- Welches Risiko gehe ich *wirklich* ein, wenn ich schon heute erste Schritte unternehme, mir meinen Herzenswunsch zu erfüllen?

Sehr wichtig ist, dass Sie sich trauen, an die Machbarkeit Ihrer Wünsche zu glauben. Denn in den vielen Gesprächen, die ich über das Thema »Lebenstraum« geführt habe, stellte sich heraus: Ihre Träume verwirklichen können am Ende immer nur die, die sie nicht gleich abqualifizieren, sondern Begeisterung dafür entwickeln, was sie liebend gerne machen würden – auch wenn sie noch nicht in der glücklichen Lage sind, es tun zu können.

Sie sehen, es ist oft gar nicht der Mangel an finanziellen Mitteln, der uns abhält, Lebensträume zu realisieren. Viele lassen sich schon mit den Mitteln umsetzen, die wir haben. Es ist auch nicht so, dass Lebensträume erst im Alter verwirklicht werden können. Viele können und sollten früher angefasst werden, da wir später oft nicht mehr die Kraft dazu haben. Deshalb: Nehmen Sie Ihre Wünsche ernst und verschieben Sie sie auch nicht auf später. Denn es kann passieren, dass Sie nie mehr die gleiche Chance wie hier und jetzt bekommen, sie zu verwirklichen.

All jenen, die mit einem diffusen Mangelgefühl durchs Leben laufen, da sie liebend gerne ein anderes Leben führen würden, rate ich: Entlassen Sie sich in eine befreitere Art zu leben. Lösen Sie sich aus dem Zwang, alles absichern zu müssen. Hören Sie auf damit, all Ihre Energien von der Existenzsicherung und der Erfüllung des Renten- und Sparplans wegfressen zu lassen und zugleich neidvoll auf jene zu schauen, die sich das Recht nehmen, einfach ihre Träume zu leben. Denn das ist kein kluger Umgang mit sich selbst. Solches Tun verselbstständigt sich, und irgendwann kann man nicht mehr träumen. Irgendwann kann man auch nichts mehr realisieren, weil man zu lange gewartet hat und der letzte Traum wie eine Seifenblase zerplatzt ist. Deshalb erlauben Sie sich, Ihre Pläne und Ideen schon heute gedanklich zu packen, auch wenn das Monatsgehalt noch zu knapp oder die Verhältnisse noch nicht ideal dafür sein sollten.

Sie werden sehen: Das setzt sofort Energie frei! Und vor allem haben Sie ein Auge für all die Chancen, die Ihnen vielleicht schon morgen über den Weg laufen können – vielleicht genau *die* Gelegenheiten, auf die Sie immer gewartet haben. Denn Sie genießen Ihr Leben mehr, wenn Sie öfter über Ihre Wünsche und Träume ins Schwärmen geraten!

Ab und zu müssen wir ein wenig schummeln, um durchs Leben zu kommen – vielleicht auch, indem wir uns etwas größer und bedeutender machen, als wir in Wirklichkeit sind. Gelegentlich verschweigt man, was dem Ansehen und Image schaden kann, weil man sich davon einen Vorteil erhofft, ganz im Sinne der Selbstmarketing-Spielregeln: Verkaufe dich, so gut es geht.

Wenn dieses Selbstmarketing außer Kontrolle gerät, müssen Sie jedoch teuer dafür bezahlen. Wenn Sie irgendwann nur noch Ja sagen, obwohl Sie eigentlich Nein sagen wollen. Wenn Sie in die elterliche Baufirma einsteigen, obwohl Sie viel lieber Balletttänzer geworden wären. Wenn Sie jedes Jahr mit dem Partner in Fernost Urlaub machen, obwohl Sie lieber im Bayerischen Wald zum Wandern gehen würden. Wenn Sie sich nur noch mit Diäten quälen, um auf 60 Kilo zu kommen, obwohl Sie sich im Grunde lieber mit Ihren 75 Kilo Wohlfühlgewicht arrangieren würden.

Wenn Sie das feststellen, sollten Sie aufmerksam werden, denn sonst kann es passieren, dass Sie sich den vermeintlichen Erwartungen anderer zu sehr anpassen. Dass Sie sich, um Streit und Auseinandersetzungen zu vermeiden oder um andere nicht zu enttäuschen, so sehr verbiegen, dass Sie mit der Zeit aus den Augen verlieren, wie Sie wirklich leben möchten. Sie riskieren, eines Tages vor dem Spiegel zu stehen und sich selbst nicht mehr leiden zu mögen. Ihnen fehlt der Mut zu zeigen, wie Sie wirklich sind. Dadurch, dass Sie jahrelang Ihre eigene Persönlichkeit unterdrückten, immer brav mitgespielt und sich und die anderen beschwindelt haben, sind Sie sich selbst fremd geworden.

Und wie lässt sich das auflösen? Die Alternative zur Verstellung besteht darin, sich zu einem authentischen Sein zu bekennen – egal, was andere Menschen von Ihnen verlangen oder was an Erwartungen im Raume steht.

Authentisch zu sein, bedeutet:

- leben, ohne dass Sie etwas vortäuschen müssen,
- nur noch Dinge zu tun, hinter denen Sie stehen können,
- sich anderen gegenüber so zu verhalten, wie Sie wirklich sind.

Ich weiß, dass das im alltäglichen Leben nicht ganz leicht ist. Es setzt ein klares Auftreten, Konsequenz und Konfliktbereitschaft voraus. Deshalb genügt es auch nicht, sich vorzunehmen, ab sofort nur noch zu machen, was man will. Denn das ist weder im Berufsleben noch in der Partnerschaft durchführbar. Sie wissen selbst: Es gibt Interessenskonflikte, die sind nicht einseitig zu lösen – schließlich möchten und sollen auch die anderen zu ihrem Recht kommen.

Es ist daher realistischer, sich auf dem Weg zu mehr Authentizität weniger dem Egoismus als dem eigenen Profil zu widmen. Vielleicht bedarf es nach all den Jahren einer Erneuerung und einer Rückkehr zu dem, was Sie wirklich sind und sein wollen.

Dazu sind zwei Schritte notwendig. Erstens: Widmen Sie sich aktiv Ihrer Persönlichkeit, und beziehen Sie andere dabei mit ein. Eine einfache Möglichkeit ist es in diesem Zusammenhang, von den Qualitäten anderer zu lernen. Selbst Leute, die Sie vielleicht nicht sehr sympathisch finden, verfügen zumeist über irgendeine Seite, an der Sie sich ein Beispiel nehmen können. Vielleicht spricht einer Ihrer Bekannten besonders offen über seine Gefühle, ein anderer arbeitet diszipliniert an sich selbst und trainiert seine Fähigkeiten. Ein dritter schreibt vielleicht besonders originelle und herzliche kleine Mitteilungen, während ein vierter besonders großzügig und altruistisch ist. Nehmen Sie solche Qualitäten an anderen deutlicher wahr. Allerdings soll es hier nicht darum gehen, jemanden nachzuahmen oder eine Eigenschaft anzunehmen, die Ihnen eigentlich fremd ist, sondern darum, die eigene Persönlichkeit zu entwickeln und Ihr Profil zu betonen.

Der zweite Schritt ist: Machen Sie nicht alles, was man von Ihnen fordert. Passen Sie sich nicht mehr an, nicht der Anerkennung und auch nicht des lieben Friedens wegen, sondern tun Sie nur noch, wozu Sie »wahrhaftig« in der Lage sind. Machen Sie einen Vorstoß, sich nur für das eine oder nur das andere zu entscheiden, auch wenn es dann Menschen geben mag, die darüber enttäuscht oder wütend sind. Denn es dürfte für Sie befriedigender sein, Ihr Sein und Handeln zusammenzubringen und keine Diskrepanzen mehr zwischen dem, was Sie in sich spüren und dem, was Sie tun, zu dulden. Endlich können Sie wieder sein, wie Sie wirklich sind, statt sich in diese oder jene Richtung biegen zu lassen. So kommt nicht nur wieder Ihr persönliches Profil zum Vorschein, sondern Sie werden Ihr Leben auf diese Weise auch mehr genießen.

Das folgende Beispiel zeigt Ihnen, wie sich ein solcher Entschluss zum authentischen Leben äußern kann. Als ich einmal händeringend nach einer Assistenz für eine Veranstaltung suchte, sprach ich einen technisch begabten Bekannten an. Einige Tage nach unserem Gespräch sagte er mir zu meiner Überraschung mit folgender Begründung ab:

»Ich habe mich die letzten Jahre darum bemüht, wahrhaftig zu leben und Dinge zu tun, hinter denen ich stehe und für die ich stehen kann. Das ist in der angedachten Zusammenarbeit nicht möglich. Ich bin nur gut, wenn ich bei einem Job genau das tun kann, was mir am ehesten liegt. Und vor einer größeren Gruppe von Menschen zu arbeiten – jeden meiner Schritte von ihnen beobachtet zu wissen – das liegt mir überhaupt nicht. Ich bin eher jemand, der aus dem Hintergrund agiert. Deshalb denke ich, dass es besser ist, wenn wir diese Zusammenarbeit nicht realisieren.«

Wie hätte ich ihm böse sein können? Ich konnte ihm nur beipflichten, seine konsequente Haltung war bewundernswert. Lassen auch Sie sich von diesem Beispiel ermutigen und ermuntern, dem den Vorrang zu geben, was Ihnen entspricht. Tun Sie alles dafür, mehr Sie selbst sein zu können, und lassen Sie sich nicht umstimmen! So können Sie Ihr Leben mehr genießen.

Kennen Sie diese Paare, die sich ewig streiten, aber unzertrennlich sind? Man denkt dann als Außenstehender oft: »Ob das auf Dauer gut geht?« Dabei halten Beziehungen, in denen die Fetzen fliegen manchmal sogar länger als jene, bei denen immer eitel Sonnenschein herrscht.

Ich denke, wir sind uns darin einig, dass Konflikte in einer Beziehung notwendig sind. Zwei Menschen, die Tag für Tag das Leben miteinander teilen, liegen sich hin und wieder in den Haaren. Denn der gewöhnliche Alltag und die unterschiedlichen Bedürfnisse erzeugen Reibung. Doch sollten wir uns auch darüber im Klaren sein: Jeder Streit kostet Kraft – Kraft, die irgendwann nur noch ins Leere läuft. Denn nach der x-ten Auseinandersetzung wird nichts mehr bewirkt, was zur Besserung des Beziehungsalltags beiträgt. Früher oder später ist der Punkt erreicht, an dem die ewigen Debatten und polemischen Äußerungen keinen echten Gegenstand mehr haben, sondern nur noch Selbstzweck sind. Und wer erst so weit ist, dass er gar nicht mehr gerne nach Hause geht, weil er fürchtet, dass es wieder wegen Nichtigkeiten Krach gibt, der lebt in keiner gesunden Verbindung.

An diesem Punkt ist Ihre Verantwortung für sich selbst gefragt. Denn ungesunde Verbindungen verringern das persönliche Energiereservoir und rauben uns den Elan, ein gelingendes Leben auf die Beine zu stellen. Nimmt der Stress in der Partnerschaft überhand, kann man mit sich selbst und seinem Leben nicht mehr vernünftig umgehen. Man ist nur noch angespannt, lebt mit der diffusen Angst vor dem nächsten häuslichen Konflikt und versucht ihn vergeblich zu vermeiden. Und so geht man mit der Zeit auf Abstand zu sich selbst und verliert den Kontakt zu den eigenen positiven Gefühlen.

Betrachten Sie deshalb einmal Ihre jetzige Partnerschaft oder Ehe. Fragen Sie sich, wie oft Sie normalerweise Auseinandersetzungen haben, wie viel Zeit Sie wöchentlich mit Zank und Ärger verbringen. Und ob Sie bereits angefangen haben, sich vom Partner zu distanzieren, um Ihre Ruhe zu haben. Folgender Test gibt Ihnen eine erste Orientierung.

Schnelltest: Wie gesund ist Ihre Beziehung?

Schauen Sie Ihrem Partner einmal beim Schlafen zu und fragen Sie dabei Ihre Gedanken und Gefühle ab. Beantworten Sie sich die folgenden Fragen:

Sind es Gedanken und Gefühle tiefer Zuneigung? Wachen Sie zum Beispiel gerne über den Schlaf des anderen? Mögen Sie diese stillen Momente, wenn Sie wach sind und der andere sich träumend in die Kissen gekuschelt hat oder auf dem Sofa liegt und schläft? Weckt der Blick in das schlafende Gesicht zärtliche Gefühle – möchten Sie ihm dann über den Kopf streicheln oder sachte zudecken? Gibt Ihnen der Anblick Ihres schlafenden Partners das Gefühl, beieinander gut aufgehoben zu sein?

		Ja	*Nein*
A	Das denke / fühle ich immer	○	○
B	Das denke / fühle ich nicht immer, aber häufig	○	○
C	Das habe ich schon lange nicht mehr gedacht / gefühlt	○	○

Sind es Gedanken und Gefühle der eigenen Entspannung und Befreiung? Zum Beispiel: »Endlich Ruhe«, »Jetzt kann ich endlich mal was für mich tun« oder »Solange der andere schläft, streiten wir nicht«.

		Ja	*Nein*
A	Das habe ich noch nie gedacht / gefühlt	○	○
B	Das habe ich hin und wieder mal gedacht / gefühlt	○	○
C	Das denke / fühle ich in letzter Zeit häufiger	○	○

Sind es Gedanken und Gefühle, die Sie befremden? Denken Sie zum Beispiel: »Nett zurechtgemacht oder im Nadelstreifenanzug finde ich den anderen sexy, aber schlafend und somit ungeschminkt und ohne Erfolgsinsignien nicht.« Oder überkommt Sie beim Anblick des anderen das Gefühl, allein gelassen zu werden, weil er mal wieder schläft und Sie sich selbst überlässt? Denken Sie in solchen Momenten möglicherweise auch, dass Sie keine Lust mehr haben, ewig über seinen Schlaf zu wachen, dass Sie eines Tages flüchten wollen und noch nicht angekommen sind?

		Ja	*Nein*
A	Das habe ich noch nie gedacht / gefühlt	◯	◯
B	Das habe ich hin und wieder mal gedacht / gefühlt	◯	◯
C	Das denke / fühle ich in letzter Zeit häufiger	◯	◯

Wenn Ihr Ergebnis mehrheitlich aus A-Antworten besteht, so gratuliere ich Ihnen! Es deutet alles darauf hin, dass Sie in einer gesunden Beziehung leben, die auf starken Grundpfeilern steht und in der Liebe, Vertrauen und gemeinsame Ziele so sind wie am ersten Tag.

Enthält Ihr Ergebnis einige B-Antworten, so ist das kein Grund zur Sorge! Nehmen Sie es aber zum Anlass, um zu prüfen, was denn zur momentanen Schwächung der Beziehung geführt hat (zum Beispiel starker Stress im Job, persönliche Krise, Überlastung).

Weist Ihr Ergebnis eine oder mehrere C-Antworten auf, so sollten Sie konkret etwas ändern! Ihre Beziehung scheint sehr ungesund für Sie beide zu sein und steht einem positiven Umgang mit sich selbst im Weg. Versuchen Sie, Ihre Beziehung – falls noch zu retten – wieder zum Positiven zu verändern, und suchen Sie sich dazu auch professionelle Hilfe.

Sollten Sie beim genaueren Blick auf die Anatomie Ihrer Beziehung erkennen, dass sie seit einiger Zeit kränkelt, sollten Sie nichts unversucht lassen, mit Ihrem Partner oder Partnerin offen darüber zu sprechen. Denn Sie machten es sich zu leicht, wenn Sie Ihrer Gemeinsamkeit keine Chance mehr gäben. Sie sollten aber auch nicht darüber hinweggehen, so tun, als sei alles in Ordnung und sich in das Fortführen einer Verbindung zwingen, die im Grunde schon lange keine mehr ist.

Versuchen Sie daher wiederholt, mit Ihrem Partner oder Ihrer Partnerin zu sprechen, und geben Sie nicht gleich auf, wenn sich Widerstand regt. Seien Sie hartnäckig und vor allem – nehmen Sie sich Zeit dazu. Führen Sie solche Gespräche nicht, wenn Sie beide müde und abgespannt sind, sondern schaffen Sie sich dafür eine entspannte Situation: Fahren Sie vielleicht übers Wochenende weg, gönnen Sie sich den längst nötigen Tapetenwechsel, um mal wieder die Beziehung in den Mittelpunkt zu stellen und gemeinsame schöne Erlebnisse zu teilen. Oder bringen Sie bei einem ausgedehnten Spaziergang die störenden destruktiven Zustände Ihres Beziehungsalltags zur Sprache.

Und noch etwas ist wichtig: Formulieren Sie das, was Sie sagen möchten, nicht als Kritik am Verhalten des anderen. Stellen Sie es nicht so dar, als ob allein Ihr Partner die Schuld trage – das erzeugt nur einen noch größeren Graben zwischen Ihnen. Argumentieren Sie so, dass offensichtlich wird, wie sehr Ihnen daran gelegen ist und dass Sie eine Zukunft gestalten möchten, in der Sie beide glücklicher miteinander sind. Bekräftigt durch den hoffentlich beiderseitig bestehenden Willen dazu und noch vorhandene Zuneigung, sollten Sie auf diese Weise Veränderungen erreichen.

Falls Sie nun entgegnen: »Das haben wir schon tausendmal durchexerziert, und es hat nichts gebracht«, dann scheinen Sie über das Stadium hinaus zu sein, wo man durch offene Gespräche und intensivere Beziehungspflege wieder mehr Harmonie erreicht. In diesem Fall sollten Sie den nächsten Schritt überlegen, nämlich konkret darüber nachzudenken, sich von Ihrer ungesunden Beziehung zu lösen. So schwer durchführbar es Ihnen auch erscheinen mag – das ist die Alternative zu einer unrettbar verfahrenen Beziehungssituation, wenn Sie seelisch nicht verhungern und wieder mehr Spaß am Leben haben möchten. Denn wenn Sie erkennen, dass sich nichts mehr zum Besseren verändern lässt, haben Sie keine andere Wahl: Sie müssen einen schmerzhaften Schnitt vornehmen, der es Ihnen erlaubt, wieder in ein Leben zurückzukehren, dass Ihnen gehört. Wir müssen manchmal sehr weit gehen, um uns selbst zu retten; das gilt auch und besonders für eine Beziehung, die sich nur noch dahinschleppt und keine andere Perspektive mehr bietet, als sich entweder davon zu befreien oder für den Rest seiner Tage darunter zu leiden.

Machen Sie sich das Erdulden nicht zum Lebensprinzip. Wenn alle Rettungsversuche gescheitert sind, sollten Sie sich das Überlebensmotto der Bremer Stadtmusikanten zu Eigen machen: »Etwas Besseres als den Tod werden wir überall finden.« Verharren Sie nicht, sondern lösen Sie sich und brechen Sie auf, um einer gesünderen Beziehung eine Chance zu geben.

Natürlich lässt sich das leicht sagen, fühlt man sich bei einer Trennung doch häufig, als müsste man bei vollem Bewusstsein einen Teil von sich selbst abschneiden. Doch ich halte es in bestimmten Situationen für unumgänglich. Ein kleiner Trost: Manchmal wird eine Beziehung sogar gesünder als vorher, wenn man sich erst getrennt hat – sie besteht dann nur in anderer Form, nämlich einer Freundschaft. Und das kann manchmal viel schöner als eine Liebe sein, die zuerst in den siebten Himmel stieg, im realen Alltag aber so stark abstürzte, dass man sich gegenseitig nicht mehr gut tat. Finden Sie sich nicht mit dem Status quo ab, sondern lösen Sie sich von einem Zustand, der Ihnen die Luft zum Atmen nimmt und sagen Sie – auch wenn es weh tut: »Ruf mich nicht mehr an!«

Bewerten Sie ein Scheitern nicht als endgültig

Wir alle haben bestimmte Sehnsüchte, doch so vieles, was wir gerne hätten, haben wir bisher noch nicht bekommen. So hat die eine vielleicht immer noch nicht ihren Traumpartner gefunden, der andere bemüht sich trotz Diplom weiter vergeblich um einen Arbeitsplatz. Eine dritte hat die letzten Monate hart darum gekämpft, ihr Unternehmen durchzubringen und muss es schließlich doch aufgeben. Ein vierter klopft mit seinen Ideen schon ewig an die Türen potenzieller Auftraggeber und findet immer noch kein Gehör, und eine fünfte wünscht sich schon lange ein Baby ...

Solange nicht eingetreten ist, wonach wir uns am meisten sehnen, fühlen wir uns kaum glücklich. Manche fühlen sich sogar so schlecht dabei, dass sie aus einem missratenen Jahr den Schluss ziehen, ein Verlierer zu sein. In unserer Gesellschaft gibt es viele, die sich aus diesen Gründen niedermachen. Weil es nicht wie geplant läuft oder anders gekommen ist, als gedacht, denken sie, gescheitert zu sein. Und ziehen häufig folgende Schlüsse:

- Ich bin einfach zu blöd.
- Ich hatte noch nie Glück.
- Ich habe mal wieder versagt.
- Das Leben ist hart und ungerecht zu mir.
- Bei mir klappt eben nie etwas.
- Wenn ich schon mal schlauer sein will als die anderen, so falle ich gleich auf die Nase.
- Alle schauen jetzt auf mich herab.
- Aus dem Loch komme ich nie wieder heraus.
- Die anderen können alles viel besser.
- Das kann ich mir niemals verzeihen.
- Es gibt niemanden, der so viele Fehler macht wie ich.

Wer so über sich denkt, wird sich schwer tun, das Leben zu genießen. Falls auch Sie zu denen gehören, die in letzter Zeit kein Glück hatten oder aus irgendeinem Grunde mit etwas gescheitert sind, stimmen Sie nicht in den Chor der genannten Negativurteile ein. Denn das führt nur dazu, dass Sie sich fortan mit gesenktem Haupt durch den Tag schleppen und auf sich selbst herabschauen. Das kann nicht Ihr

Ziel sein, denn das wäre kein guter Umgang mit sich selbst. Mit dieser Haltung nimmt man auf Dauer nur Schaden. Versuchen Sie deshalb, eine andere Position einzunehmen – weg von Selbstkritik und dem Geschimpfe auf das eigene Schicksal und hin zu einer gerechteren Sicht auf sich selbst.

Akzeptieren Sie eine neue Rolle

Ich weiß nicht, welche Hoffnungen Sie haben, und ob sie sich bereits erfüllt haben oder noch erfüllen werden. Ich weiß nur: Falls Sie sich in gewisser Weise als gescheitert betrachten, so sollten Sie Ihre Meinung von sich selbst korrigieren. Denn nicht Sie sind es, die scheitern können. Scheitern können nur die Vorstellungen, die Sie sich von sich selbst gemacht haben.

Zur Verdeutlichung ein Beispiel: Chris, ein rühriger Unternehmer Ende fünfzig, machte es sich zur Aufgabe, Firmen zu retten, die am Abgrund standen. Dazu steckte er nicht nur Geld in diese Unternehmen, sondern tauschte auch das Management aus, brachte eigene Ideen ein, lenkte und steuerte mit. Das brachte ihm finanzielle Erfolge und das Lob der Branche, denn schließlich schrieben seine Firmen wieder schwarze Zahlen. Er erhielt den Ruf eines »Firmenretters«, eine Bezeichnung, die er liebte. Sie gab ihm das Gefühl, etwas bewegen zu können, jung und lebendig zu sein. Doch nach wenigen Jahren schrumpften seine Erfolge. Nicht alle Firmen kamen wieder hoch; einige blieben trotz seines Engagements auf der Strecke. Chris schoss immer mehr Kapital in die kriselnden Betriebe und machte auch vor seinem privaten Vermögen nicht Halt. Bis nichts mehr da war und er, der eigentlich Firmenpleiten verhindern wollte, selbst pleite war. Chris, der kluge Rechner, musste sich eingestehen, Geld zum Fenster hinausgeworfen zu haben. Er, der es sich zur Aufgabe gemacht hatte, das Scheitern anderer zu verhindern, war selbst gescheitert. Eine Erfahrung, die zwar die Führungskräfte seiner geretteten Firmen kannten, er aber noch nicht. Das Bild, das man von ihm gemalt hatte und dem er weiter zu entsprechen suchte, brach für ihn zusammen. Schamgefühle gegenüber der Familie befielen ihn, Ängste vor der Schmach und Häme sowie das für ihn niederschmetternde Gefühl, Fehler gemacht zu haben. Er verschloss sich der Außenwelt, hörte seine Freunde nicht mehr, die ihm helfen wollten, verstand seine Frau nicht mehr, die ihm ständig versicherte, dass sie ihn liebe und dass es irgendwie weitergehe. Er beharrte darauf, ein Versager zu sein und glaubte, keine Daseinsberechtigung mehr zu haben. Erst nach seinem Selbstmordversuch wollte er sich helfen lassen.

Sollten Sie je einen Absturz dieser Art erleben, erlauben Sie sich unbedingt, das Bild loszulassen, das Sie von sich hatten. Tauschen Sie Ihre bisherige Rolle gegen eine andere ein: Aus dem Starken darf auch mal ein Schwacher werden. Aus dem Lehrer ein Schüler. Aus dem allseits Korrekten einer, der Fehler macht. Aus dem wohlhabenden Menschen ein Sozialhilfeempfänger. Aus dem Retter einer, der sich retten lässt.

Denn es ist lediglich eine Vorstellung, die da platzt, ein Gedankengebilde, eine gedachte Wertigkeit dessen, was und wer Sie sind. Dafür alles aufs Spiel zu setzen, ist gefährlich und unnötig. Denn in einem solchen Moment geht es darum, sich nicht mehr daran zu klammern, was Sie einmal waren. Was zählt, ist, was Sie noch alles sein können. Entwickeln Sie eine neue Vorstellung von sich selbst – wenn auch nur vorübergehend. Sobald Sie sich wieder aufgerichtet haben, können Sie ja in die Rolle zurückkehren, die Sie am liebsten spielen.

In der Zwischenzeit können Sie einfach Sie selbst sein. Der Partner Ihres Partners. Der Vater oder die Mutter Ihrer Kinder. Der Freund oder die Freundin. Der Fachkundige, der Sie immer waren. Denn das und noch viel mehr hat sich nicht einfach in Luft aufgelöst. Sie haben nichts von alledem verloren. Sie haben vielleicht etwas gewagt und zu viel riskiert – aber wer nichts wagt, lebt nicht.

Es gibt niemanden, der nicht schon Niederlagen hätte einstecken müssen: Ob man von seinem Schwarm abgewiesen wird oder das Abitur verpatzt, ob die Ehe in die Brüche geht oder man das Studium abbricht. Ganz gleich, ob kleine Zurückweisungen oder jähe Bauchlandungen – wir müssen erkennen: Missgriffe und Misserfolge gehören zum Leben und sind nicht vermeidbar, denn jeder scheitert irgendwann einmal an irgendetwas.

Allerdings versteht es nicht jeder, Gewinn aus solchen Situationen zu ziehen. Denn dazu gehört außer der Bereitschaft, seine alte Rolle für eine Weile aufzugeben, auch die Fähigkeit, die Geschehnisse zu reflektieren. Jedes Scheitern bietet Ansatzpunkte, etwas für sich daraus zu lernen, und wenn es nur die Erkenntnis ist, dass man falsch vorgegangen ist und wie es beim nächsten Mal besser klappen könnte.

Dazu müssen wir uns allerdings die Mühe machen, die Situation genau zu analysieren: Welche Widerstände haben mich aus der Bahn geworfen? War es einzig und allein das Unvorhersehbare, das mich scheitern ließ? Oder war auch meine Denkweise das Problem? Ging ich zu unvorsichtig oder halbherzig an die Sache heran? Liegen die Gründe vielleicht dazwischen, haben sich mir zugleich äußere Faktoren in den Weg gestellt, und habe ich mir selbst Fallen gebaut?

Manch einer mag eine solche Analyse scheuen und sich nach einer Niederlage lieber lange im Selbstmitleid suhlen, denn solche Fragen entlarven genau, wodurch man sich ins Aus gelenkt hat. Doch mit wirklicher Bewältigung hat das nichts zu tun. Es ist wichtig, nach einem gescheiterten Vorhaben genau hinzuschauen; wer es unterlässt, die Verflechtungen zu erkennen, die ihn zu Fall gebracht haben, kann sich nicht weiterentwickeln.

Wandeln Sie deshalb jeden Misserfolg in Lernstoff um. So birgt er die Chance zum Neuanfang und schafft Möglichkeiten, schlechte Erfahrungen dazu einzusetzen, in Zukunft neue und viel größere

Erfolge zu erringen. Demzufolge wäre es falsch, sich als Verlierer anzusehen, bloß weil man ein- oder zweimal danebenlag. Garantiert haben Sie jahrelang viel für Ihren Erfolg getan, daher hieße nach einer Niederlage liegen zu bleiben, diese Mühen wegzuwerfen und sich selbst nicht mehr ernst zu nehmen. Geben Sie sich nicht einer »Aus-und-vorbei«-Stimmung hin, sondern nehmen Sie alle Kraft zusammen und stehen Sie wieder auf. Was Ihnen geschah, kam nicht von ungefähr, sondern diente auch der Erneuerung Ihres Lebens und der Weiterentwicklung Ihrer Persönlichkeit. Anders gesagt: Wir wachsen am Widerstand. Die Widerstände unseres Lebens schleifen uns zu funkelnden Edelsteinen. Grund genug, sich dafür wieder der eigenen Standortbestimmung zu widmen und sich nach dem klaren Rückblick die Vorschau vorzunehmen: Wie muss mein Kurs fortan ausschauen? Wie lauten meine neuen Ziele? Was kann ich tun, um sie zu erreichen? Gehen Sie wieder los!

Geben Sie die Hoffnung nicht auf

Ziehen Sie keine voreiligen Schlüsse. Es gibt keinen Grund, anzunehmen, dass Sie nichts mehr erwartet, und nur deshalb ein Vorhaben aufzugeben, weil Sie möglicherweise wiederholt leer ausgingen oder Nieten gezogen haben. Das wäre eine Reise in die vollkommen falsche Richtung. Denn wenn man glaubt, man sei mit einem Thema fertig, kann es unter Umständen gerade erst richtig anfangen. Der Traum, den Sie vielleicht als junger Mensch schon träumten und nie vergessen haben, die unterschiedlichen, zum Teil schmerzvollen Erfahrungen, die vielen Umwege, die Sie gegangen sind – plötzlich ergibt alles, was bisher im Leben geschah, einen Sinn. Klüger ist es daher, sich immer wieder zu sagen, dass Ihre Zeit noch kommt. Und daran sollten Sie auch glauben.

Denn dann laufen Sie vielleicht eine Straße entlang, auf der Sie schon oft gegangen sind, nur biegen Sie diesmal ab. Möglicherweise gehen Sie so durch eine Tür, durch die Sie nie zuvor getreten sind, und begegnen einem Menschen, der sein Herz für Sie freigehalten hat. Es bieten sich auf diese Weise lauter neue Möglichkeiten – und Sie ergreifen diese auch. Vielleicht tragen Sie wieder Ihre Idee für ein Projekt vor, nur plötzlich stellt Ihr Gegenüber die richtigen Fragen, und Sie erhalten genau die Chance, auf die Sie immer gewartet haben. Sie bemühen sich um Arbeit und gehen zu Vorstellungsgesprächen, und auf einmal haben Sie die Stelle, und die anderen kriegen die Absagen. Sie treffen jemanden, der Ihnen zeigt, wie Sie sich endlich selbstständig machen können. Sie haben Ihren Kinderwunsch vielleicht schon an den Nagel gehängt, und auf einmal werden Sie doch noch schwanger. Vielleicht bekommen Sie auch von einer Lebenswelle unerwartet ein fremdes Menschenkind vor die Füße gespült, das genauso Ihrer Liebe und helfenden Händen bedarf und für das Sie sorgen wollen wie für ein eigenes.

Vielleicht bekommen Sie am Ende vom Leben etwas ganz anderes geschenkt als ersehnt, doch muss es deshalb nicht weniger umwerfend sein. Mit Sicherheit wird es etwas sein, wodurch sich Ihr jahrelanger Verzicht mit einem Mal erklären wird.

Was es auch sein wird: ein neuer Mensch, eine neue Aufgabe, eine besondere Gabe, um die Sie viele beneiden werden – Sie sind dem nur gewachsen, wenn Sie sich heute nicht am Ende sehen, sondern stets unterwegs zu Ihrem Ziel. Verfolgen Sie Ihre Wünsche und Träume! Und lassen Sie sich nicht von Fehlversuchen beirren, sondern unternehmen Sie immer wieder einen neuen Anlauf. Geben Sie niemals auf, lassen Sie sich überraschen, und seien Sie gespannt, was noch so alles kommt! So können Sie Ihr Leben mehr genießen. Auch das Lachen ist eine Möglichkeit, sein Leben mehr zu genießen. Besonders schwerwiegende und traurige Ereignisse lassen sich manchmal ganz wunderbar »weglachen«. Wie das funktioniert, erfahren Sie in folgendem Abschnitt.

Lachen Sie oft

Wir lachen alle zu wenig, obwohl herzhaftes Lachen Wunder wirken kann und eine der einfachsten und direktesten Methoden ist, sein Leben mehr zu genießen. Die neueste Forschung zeigt, dass die Wirkungen des Lachens auf Körper, Geist und Seele noch sehr viel segensreicher sind, als bisher angenommen. Deshalb hält die Lachtherapie in Kliniken Einzug: Kinderkrankenhäuser setzen Clowndoktoren ein, Altenheime und Sanatorien führen Lachprojekte durch. Und selbst Ärzte werden inzwischen angeleitet, öfter zu lachen. Lachen beeinflusst den Stoffwechsel positiv, aktiviert das Immunsystem, setzt Glückshormone frei und verscheucht so Ängste und Traurigkeit und lindert Schmerzen. Das lässt sich sofort testen: Einmal lachen, und wir fühlen uns gleich viel wohler in unserer Haut.

Wenn sogar kranke Menschen von einem kleinen Gelächter profitieren, so dürfte es auch die Grundstimmung eines jeden anderen aufhellen, wenn er sein Zwerchfell öfter hüpfen lässt.

Am besten, Sie beginnen sofort mit Ihrem ganz individuellen Lachprogramm, denn gerade in Zeiten, wo der Verstand die Lage als ernst beurteilt, sollten wir alles dafür tun, eine heiter-gelassene Gemütsverfassung zu erwerben.

Denn Lachen ist – in diesem Punkt sind sich die Gelehrten und Philosophen von Demokrit und Diogenes über Kant bis Wittgenstein einig – ein wahres Allheilmittel. Es hilft, mit dem, was uns das Leben manchmal zumutet, besser klarzukommen und verschafft Erleichterung. Zu lachen bedeutet Anarchie gegenüber allem, was uns in die Knie zwingen will. Lachend gelingt uns die Befreiung des Herzens von den Grenzen des Verstandes. Oder wie es der französische Theaterschriftsteller Pierre Augustin Caron de Beaumarchais (1732–1799) beschrieb: »Ich beeile mich, über alles zu lachen, um nicht gezwungen zu sein, darüber zu weinen.«

Ein Schmunzeln, Kichern oder erfrischendes Gelächter – etwas Besseres können Sie gar nicht für sich tun.

Die drei Stufen der Lachbereitschaft

Trotz aller Bereitschaft, auf Kommando lachen funktioniert selten. Um lachen zu können, braucht es das Unerwartete, den Ausnahmezustand, die unfreiwillige Komik einer Situation oder Person. Aber Lachen beginnt im Kopf: Um jenen befreienden Reflex auszulösen, dem wir uns kaum erwehren können, müssen wir vor allem geistige Blockaden auflösen. Mit folgenden Methoden schaffen Sie Ihrem Lachen wieder freie Bahn.

Lernen Sie, über Alltagsprobleme zu lachen

Wie reagieren Sie in der Regel auf folgende Situationen: Sie wachen morgens auf, draußen ist Schmuddelwetter, die Heizung ist ausgefallen, Sie beißen ins Brötchen, und eine Zahnkrone bricht heraus, an Ihrem Auto haftet ein Strafzettel, der Motor springt nicht an, Sie stellen sich an die Bushaltestelle, ein Lastwagen fährt vorbei und besprengt Sie von oben bis unten mit Wasser? Würden Sie schimpfen und fluchen? Oder gehen Sie trotzdem gut gelaunt zur Arbeit? Es soll Leute geben, die spätestens beim unfreiwilligen Bad am Straßenrand zu lachen beginnen. Und das, obwohl sie an diesem Morgen einen wichtigen Termin haben, zu dem sie dann noch zu spät erscheinen. Solche Menschen haben sich angewöhnt, der eigenen Aufregung zuvorzukommen, indem sie einfach lachen, so bizarr es auf Umstehende auch wirken mag.

In solch misslichen Lagen lacht nur, wer erkannt hat, dass all die Aufregung nichts ändert. Mit Wettern und Schimpfen können Sie vielleicht kurzfristig Dampf ablassen. Aber die Auflehnung dagegen, was im Alltag unplanmäßig und ungewollt auf Sie zukommt, bleibt. Die daraus resultierende schlechte Stimmung ist auf Dauer nicht nur ungesund, weil sie die Ausschüttung von Stresshormonen fördert und das Immunsystem schwächt, sondern auch dafür sorgt, dass eine negative Lebenssicht die Oberhand gewinnt. Wie kann man also aus der Gewohnheit ausbrechen, sich von allem den Spaß verderben zu lassen, was uns in die Quere kommt?

Gewinnen Sie Störfällen eine komische Seite ab! Denn wenn Sie alles ernst nehmen, was im Alltag so passiert, sieht das Leben bald düster und traurig aus. Warum betrachten Sie solche Tage nicht mal als Bühnenstück und Komödie? Vieles von dem, was wir täglich erleben, gleicht doch im Grunde wirklich einer Posse. Wir können nur oft nicht drüber lachen, weil wir meinen, in der Realität gefangen zu sein. Aber stimmt das wirklich? Oder ist es nicht auch so, dass wir gedanklich aus unserem Leben heraustreten und uns selbst einmal von außen zusehen könnten? So, als seien wir nur die Protagonisten in einem Stück, das gerade gespielt wird. Versuchen Sie einmal, sich selbst zuzuschauen, und plötzlich erwischen Sie sich dabei, Ihre eigene Rolle komisch zu finden. Denn sich selbst zuzuschauen, wie man zum Beispiel mit Mütze und Wintermantel wegen der kalten Heizung beim Frühstück sitzt und sich dann noch eine Zahnkrone ausbeißt, kann ziemlich skurril sein. Sich selbst dann auch noch als übergossenen Pudel am Straßenrand stehen zu sehen, weil der LKW einen anspritzte, nicht minder. Man denkt unweigerlich an bekannte Komiker und ihre Missgeschicke.

Probieren Sie es aus. Lernen Sie, sich in Situationen zu erkennen, die Sie alle schon mal bei Loriot, Anke Engelke oder in Monty Python-Szenen, in Filmen mit Steve Martin oder Eddie Murphy gesehen haben. Selbst in einem hektischen Leben finden sich unzählige Möglichkeiten dazu. Und Sie werden feststellen: So ein ganz »normaler« Tag kann manchmal mehr Stoff zum Lachen bieten als alle Komödien und Comedy-Shows zusammen.

Über sich selbst lachen zu können ist eine Kunst. Die höchste Stufe aber ist, von anderen ausgelacht zu werden und damit kein Problem zu haben. Doch ist auch diese Stufe zu schaffen, wenn Sie lernen, mitzulachen.

Stehen Sie zu sich selbst! Geben Sie sich so, wie Sie wirklich sind. Kümmern Sie sich nicht darum, schief angesehen zu werden, bloß weil Sie Angewohnheiten oder Eigenheiten haben, die andere zum Lachen reizen. Die Zeiten, in denen es immer hieß »bloß nicht auffallen«, sind ja zum Glück längst vorbei. Inzwischen ist Persönlichkeit gefragt – fragen Sie sich doch selbst: Wer will heute noch langweilige Menschen sehen, mit ihnen täglich zusammenarbeiten oder gar verheiratet sein? Sehen Sie! Und deshalb sollten Sie nichts kaschieren. Wenn Sie sich von Ihren Zeitgenossen in punkto Verhalten und Lebensphilosophie unterscheiden möchten – tun Sie es! Wenn Ihnen danach ist, zu zeigen, dass Sie ein spannendes Leben führen – zeigen Sie es! Auch wenn Ihre Art gelegentlich als lächerlich empfunden wird und andere hinter Ihrem Rücken zu feixen beginnen. Freuen Sie sich, dass diese Menschen etwas zum Lachen haben. Finden Sie es lustig, dass die Sie lustig finden.

Nehmen Sie den Alltag nicht zu tragisch! Fühlen Sie sich nicht bis ins Mark getroffen, wenn Sie dachten, eine Spitzenidee zu haben und nur ein müdes Grinsen ernten. Oder wenn Sie gerade eine harte Zeit durchleben und andere sich auch noch darüber lustig machen. Sie wissen ja: Wer den Schaden hat, braucht für den Spott nicht zu sorgen. Wenn Sie die Angelegenheit zu ernst und sich zu sehr zu Herzen nehmen, kann Sie das lange Zeit frustrieren, demotivieren und sogar traumatisieren. Wollen Sie das? Falls nicht, haben Sie keine andere Wahl: Starten Sie bei Tiefschlägen ins Reich Ihrer wunden Punkte eine geistige Scherzoffensive. Machen Sie Witze über sich selbst. Denn dass das Leben manchmal tragisch ist, wissen Sie. Wäre es daher nicht sinnvoller, das eigene Verwickeltsein in tragische

Momente zu überhöhen – sich beißend scherzhaft aus der Affäre zu ziehen? Versuchen Sie, diese Art von Reaktion auf die Härten des Lebens zu einer Weltanschauung zu machen. Bevor Sie sich verletzt fühlen, wehren Sie sich mit Witzen.

Und falls Ihnen die humorvollen Bemerkungen nicht gleich über die Lippen kommen, machen Sie Witze über die, die Sie an Ihrem »Lindenblatt« erwischt haben. Stellen Sie sich den, der sich über Sie lustig gemacht hat, mal in irgendeinem komischen und schratigen Aufzug vor – zum Beispiel in albernen Badeshorts oder nackt und in Socken. Hauptsache, Sie finden ein Bild für die Person, das Sie zum Lachen finden.

Um von keiner Tragik verwundet zu werden, machen Sie am besten immer beides zugleich: explizit über sich selbst witzeln und implizit über die, die Sie verunglimpfen oder lächerlich machen wollten. So überleben Sie alle ungewollten und gewollten Kränkungsversuche – mit einem Lächeln auf den Lippen.

Trainieren Sie Ihr Lachen

Nachdem Sie nun geübt haben, die Blockaden im Kopf aufzulösen, gilt es, auch im Bauch mehr Lachbereitschaft herzustellen. Dafür kann ich sehr unterschiedliche Mittel empfehlen. Die nachstehenden Anregungen zeigen zum Teil direkt umzusetzende Wege auf – teilweise bedarf es aber auch ein wenig Vorbereitung.

Nun heißt es ausprobieren und Ihrem Bauch signalisieren, dass Sie nicht mehr ernst bleiben wollen. Finden Sie »Lachnummern«, die zu Ihnen passen. Und versuchen Sie, unverkrampft damit zu trainieren. Machen Sie sich die Mühe, vor allem, wenn Sie spüren, dass Ihnen der Spaßfaktor hier und da ziemlich abhanden gekommen ist. Lernen Sie die vielen Vorteile dieser äußerst effektiven Zapfsäule für mehr Lebensfreude noch besser kennen.

Wenn Sie sich entschieden haben, besser mit sich selbst umzugehen, sollten Sie sich auf alle Fälle angewöhnen, mehr zu lachen. Denn das ist der erste Schritt zur Besserung. Als Belohnung winkt, dass Sie das Leben und die Menschen weniger ärgern können. Und sich auf diese Weise ein kleines Stück Himmel auf Erden zu schaffen. Ist das etwa nichts?

Gute Nachrichten   Am liebsten sind uns Tage, an denen wir nur erfreuliche Dinge zu hören und zu sehen bekommen. Doch die sind in der Regel spärlich gesät. Häufiger dagegen sind Tage voller schlechter Nachrichten – meistens kommt alles auf einmal. Kein Grund, sich zu vergraben. Machen Sie sich einmal gezielt Tage zum Geschenk, an denen Sie nur gute Nachrichten aufnehmen. Bringen Sie sich selbst zum Schmunzeln. Verzichten Sie zum Beispiel bewusst auf die Horrormeldungen des Frühstücksfernsehens. Auch wenn Sie meinen, sich über das Weltgeschehen informieren zu müssen – lesen Sie heute nur die Seiten der Tageszeitung, auf der »Vermischtes aus aller Welt« vermeldet wird, wie zum Beispiel ein Pandabär- oder Delfin-Zuchterfolg oder die Comics auf der letzten Seite. Sagen Sie Termine mit Miesepetern ab. Telefonieren Sie nicht mit unfreundlichen Zeitgenossen. Lassen Sie vermutlich unangenehme Post ungeöffnet. Bleiben Sie einen Tag lang den guten Nachrichten auf der Spur, und schreiben Sie sich die gesammelten kleinen positiven Eindrücke ins Gedächtnis. So haben Sie tags darauf kleine Trumpfkarten im Ärmel, wenn es mal wieder schlechte Nachrichten regnet.

Humor-Bibliothek   Warten Sie nicht, bis lustigere Zeiten und schräge Spaßmacher kommen, die Ihnen Spaß bescheren. Holen Sie sich all Ihre Lieblings-Comedy-Heros direkt ins Haus, zum Beispiel mit humorvollen Büchern. Lesen Sie regelmäßig witzig geschriebene Literatur, angefangen von Altmeister Roald Dahl über Karl Valentin, Helge Schneider bis hin zu Florian Illies, um nur einige wenige zu nennen. Dasselbe gilt für verrückte Filme oder TV-Serien. Warum nicht eigens eine kleine Videothek anlegen, bestehend aus alten

Marx Brothers- oder Woody Allen-Filmen, Leslie Nielsens *Nackte Kanonen*, allen Folgen von *Sex and the City* und was Ihnen sonst noch einfällt. So können Sie an Tagen, an denen es nichts zu lachen gab, abends umschalten – auf Ihr persönliches Aufheiterungsprogramm.

Lachklub Lachen Sie am liebsten in großer Runde, sollten Sie überlegen, ob Sie nicht einem Lachklub beitreten. Sie haben richtig gelesen, es gibt Gruppen, die sich regelmäßig treffen, um nichts anderes zu tun als miteinander zu lachen. Dies sind keine feucht-fröhlichen Gelage, bei denen die neuesten Blondinenwitze oder Lachsäcke mitgebracht werden. Denn im Lachklub werden vorrangig gemeinsam stimulierende Übungen durchgeführt, die nicht selten wahre Lachorgien zur Folge haben. Es ist genau das Richtige, wenn Sie vom Ernst des Lebens mal eine Auszeit nehmen möchten. Probieren Sie es aus, und melden Sie sich zu einem Schnuppertag an. Unter dem Stichwort »Lachklub« lassen sich im Internet die offiziellen Listen der Klubs in Ihrer Region anklicken.

Lachyoga Wessen Interesse geweckt wurde, eingefahrene Gleise wie Karneval oder den Damen- und Herrenabend mal zu verlassen und etwas Neues zu probieren, dem empfehle ich einen speziellen Kursus in Lachyoga zu belegen. Es wurde von dem indischen Arzt und Yoga-Experten Dr. med. Madan Kataria entwickelt. Der Gründer des ersten Lachklubs möchte mit Hilfe von Yoga die heilenden Kräfte des Lachens aktivieren. Die Techniken dazu hat Dr. Kataria auch an autorisierte Trainer in Deutschland weitergegeben. Lernen Sie deren Angebote kennen und Sie werden sehen: Dieses Yoga hat mit Übungen wie dem Lotussitz wenig gemein, sondern es bedient sich lediglich bewährter Yoga-Atemtechniken. Der Rest besteht aus Rollenspielen und psychologischen Lachprovokationstricks. Das Prinzip ist: Zunächst ein künstliches Lachen zu erzeugen, das bald darauf in ein echtes umschlägt. Das Verrückte beim Lachyoga-Kurs ist häufig: Zuerst fragen Sie sich »Spinnen die hier eigentlich alle?«, und dann können auch Sie nicht anders als lachen.

Spiegellächeln Sie können sich auch selbst eine Portion Lachprovokation verabreichen. Und zwar auf diese Weise: Stellen Sie sich, bevor Sie aus dem Haus gehen, vor den Spiegel, und lächeln Sie sich zu. Sagen Sie jetzt nicht: »Dazu habe ich morgens keine Zeit.« Denn wenige Minuten reichen schon. Der Trick ist nicht neu, und doch ist er immer noch ein einfaches und wirksames Rezept. Denn ähnlich wie beim Lachyoga wird dem Gehirn ein Lachgefühl suggeriert. Das hat in der Regel zur Folge, dass Glückshormone ausgeschüttet werden, auch wenn die Situation künstlich ist. Aus diesen Minuten vor dem Spiegel entsteht kein überschwängliches Lachen, aber mit Sicherheit gehen Sie Ihren Tagespflichten weniger zähneknirschend entgegen.

Kinderquatsch Wer oben nichts Fröhliches einfüllt, bekommt unten nichts Fröhliches heraus. Deshalb tun Sie sich einen Gefallen und spielen Sie öfter mal mit Kindern – den eigenen, denen Ihrer Freunde oder Geschwister. Denn wenn es darum geht, ein Lachen zu erzeugen, sind Kinder wahre Spezialisten. Ihr Humor wirkt so ansteckend wie das Streichholz an einer Zigarette – Sie können nicht anders als mitlachen. Kinder überbieten hoch bezahlte Pausenclowns, weil sie direkt und ohne Umwege denken, handeln und sprechen und dabei unfreiwillig süß und drollig sind.

Sollten Sie also mal eine Lachsperre haben, weil der Tag extrem grau und die Stimmung extrem düster ist, geben Sie Kindern das Witzkommando. Rutschen Sie auf Knien, blödeln Sie herum – gehen Sie bei Kindern in die Lachschule. Wenn Sie vorher gar nichts Fröhliches vor sich sahen, so finden Sie plötzlich tausend gute Gründe, Zeit und Raum zu vergessen und sich lachend zu ergeben.

252 Sei gut zu dir, wir brauchen dich

Lachen bei der Arbeit

Zuerst läuft alles nach Plan. Sie haben Ihre Präsentation gut vorbereitet, sämtliche Unterlagen in den neuen Alukoffer Ihrer Frau gepackt – denn der sieht schicker aus als Ihrer – und wollen loslegen. Ihre Zuhörer folgen erwartungsvoll Ihren Gesten, Sie sagen noch selbstsicher »Guten Morgen, meine Damen und Herren, an diesen Tag werden Sie sich noch lange erinnern.« Und dann passiert es: Der Koffer lässt sich nicht öffnen. Sie stellen erstmalig fest, dass sich daran ein Zahlenschloss befindet, das hat sich verstellt, und Sie kennen die Nummer nicht. Sie greifen zum Handy, stottern nervös, dass Sie mal kurz Ihre Frau anrufen müssen, und spätestens bei »Hallo Schatz, ich stehe hier und kriege den Koffer nicht auf!« beginnt auch der Letzte im Saal zu lachen. Sie haben Glück, Ihr Publikum verfügt über Humor. Und Sie sorgen ungewollt für gute Laune und einen Einstieg von hohem Erinnerungswert.

Alles wird leichter, wenn wir uns angewöhnen, häufiger zu lachen – das gilt natürlich auch für den Berufsalltag. Ein Lachen kann zusammenhalten, was auseinander zu driften droht und schwierige Situationen entkrampfen. Es hilft, Fehler viel leichter zu verzeihen und sprachliche Barrieren zu überbrücken. Es wirkt motivierend, fördert die Kreativität und Produktivität. Letzteres hat einige fortschrittliche Unternehmen wie zum Beispiel Daimler-Chrysler dazu bewegt, eigens Humortrainer anzustellen. Der Fokus ihrer Lachseminare liegt darauf, Druck abzubauen, Auflockerung zu erreichen, das Klima zu verbessern und den Teamgeist zu stärken. Denn Führungskräfte und Mitarbeiter, die täglich den rauen Wind hoher Leistungsziele zu spüren bekommen, benötigen hin und wieder neuen Schub für ihre Motivation und mentale Techniken, die den Arbeitsalltag weniger hart erscheinen lassen. Ein Lachen wärmt, vor allem aber erleichtert es die Leistungserfüllung und macht handlungsfähiger, wenn Probleme auftauchen.

Es gibt also gute Gründe, auch am Arbeitsplatz öfter dafür zu sor-

252 *Sei gut zu dir, wir brauchen dich*

gen, dass es etwas zu lachen gibt. Und zwar nicht, indem man sich einfach nur Witze erzählt und so die Zeit totschlägt, sondern um effektiver und lieber zu arbeiten. Und falls Sie nicht von eigens dafür engagierten Animateuren aufgeheitert werden, können und sollten Sie die Sache selbst in die Hand nehmen. Sie müssen dazu keine Stimmungskanone sein, Sie müssen auch nicht zu jenen Personen gehören, die bei jeder Kleinigkeit laut losgackern. Es reicht schon, wenn Sie die tägliche Kommunikation in Büro und Betrieb mit ein bisschen mehr Humor anreichern – wenn Sie Gefühle der Überforderung, schlechte Stimmung oder zu viel Versachlichung mit einem Scherz zu beruhigen und zu entspannen versuchen.

Denn Ihr Lachen nur am Feierabend zu kultivieren, ist zu wenig. Gerade inmitten einer stressgeprägten Atmosphäre muss es hin und wieder aufscheinen. In der Arbeitswelt sollte es zum Repertoire unserer Reaktions- und Handlungsmuster gehören, denn Lachen im Job macht Sie stressresistenter, leistungsfähiger und attraktiver. Sie erzeugen dort mehr Sinnlichkeit, wo Zeitdruck und Erfolgszwang herrschen. Sie signalisieren sich selbst aktive Selbstbestimmung, anstatt fremdbestimmt unter Druck zu stehen. Nutzen Sie die Ressource Humor also ganzheitlich, und nehmen Sie nicht nur im Privatleben jede Gelegenheit wahr. Geben Sie Ihrem Lächeln und Lachen auch im Job so viel Raum wie möglich.

Vorsicht: Vertrottelung! oder: Wer nicht lacht, wird dumm

Neben der allgegenwärtigen besseren Laune hat das Lachen noch einen weiteren Nutzen: Es hält die Intelligenz wach. Mal abgesehen davon, dass es lebensverlängernd wirkt, Stress abbaut und Seelenbalsam bedeutet, die Ausstrahlung verbessert und leistungsfähiger macht, unternehmen Sie mit jedem Lachen auch etwas gegen die Erlahmung der grauen Zellen. Handlungsbedarf besteht vor allem dann, wenn Ihr Alltag in äußerst geregelten Bahnen verläuft. Gerade die tägliche Wiederholung des Ewigselben, der Alltagstrott birgt die Gefahr, dass unser Denkvermögen einrostet.

Natürlich können wir nicht auf einmal jeden Tag etwas völlig anderes machen, schließlich gibt es ja auch feste tägliche Verpflichtungen. Was also können wir tun, wenn wir uns einerseits von der täglichen Routine nicht ganz befreien können, andererseits aber geistig beweglich bleiben möchten? Die einfachste Lösung: Halten Sie sich selbst dazu an, täglich ein Humortraining zu absolvieren. Ausgehend von Ergebnissen der Lachforschung, die besagen, dass eine Minute Lachen für Körper und Geist ebenso anregend und befreiend sein kann wie zwölf Minuten Dauerlauf oder 45 Minuten Entspannungsübungen, empfehle ich Ihnen pro Tag mindestens fünf Minuten zu scherzen und zu witzeln. Denn das bringt Abwechslung in den Alltag, und die Wirkung kommt kleinen Denkübungen gleich. Wer sich beim humorvollen Schlagabtausch möglichst spritzige Retourkutschen einfallen lässt, löst den Geist aus den gewohnten Bahnen, erhöht so die Kreativität und Denkgeschwindigkeit und trainiert auf diese Weise sein Gehirn.

Sammeln Sie deshalb tagsüber und abends fleißig Lachgelegenheiten. Gönnen Sie sich Unterbrechungen, bei denen Sie die Humorareale im Hirn ansprechen und mal richtig laut lachen. Und versuchen Sie, täglich Ihre fünf Minuten voll zu bekommen. Das Schöne daran: Sie bestimmen, worüber Sie lachen. Sie steuern, mit wem Sie sich schlagfertig die Bälle zuwerfen. Sie halten den Schalthebel in Händen, mit dem Sie dem täglichen Trott immer wieder davonjagen können.

Werden Sie ansteckend!

Starten Sie einfach den Versuch, sich selbst und die eigene kleine Welt vermehrt mit Humor und Lachen zu infizieren. Fakt ist: Wer lacht, lebt besser. Und selbst kleine Portionen können große Effekte haben.

Aber auch die große Welt gilt es als Versuchsfeld zu betrachten. Auch wenn alles um einen herum nicht sehr spaßig aussieht, ist das kein Grund, nur noch düster dreinzublicken. Es mag uns manchmal schwer fallen, angesichts gewisser Missstände eine Lachoffensive in die Welt hinauszutragen. Dennoch sehe ich darin eine bessere Möglichkeit, die bestehenden Probleme anzupacken, als die Eintrübung der Aussichten zum Lieblingssport zu machen. Denn in einer Atmosphäre, in der wir nur noch die gegenwärtigen Entwicklungen beklagen, kann nichts Gutes entstehen.

Was wir benötigen, sind Menschen, die sich dagegen verwahren, dass die Aussichten nur noch trübe sind. Wenn Sie es nicht schon längst sind, so schlagen Sie sich auf deren Seite. Werden auch Sie eine oder einer von denen, die sich harten Zeiten nicht freudlos beugen. Machen Sie mit, und setzen Sie positive Zeichen! Ob privat oder beruflich unterwegs – nutzen Sie jede sich bietende Gelegenheit, einem anderen ein Lächeln ins Gesicht zu zaubern.

Natürlich reicht dieses Lächeln allein noch nicht, aber es kann der Anfang für eine bessere Stimmung sein. Denn in vielen Bereichen des Lebens haben wir es allein in der Hand, ob sich etwas zum Positiven verändert oder nicht. Wir entscheiden, ob wir stumm nach unten schauen oder den Kopf heben, anderen freundlich ins Gesicht lächeln und mit einem Scherz das erste Eis brechen.

»Lebe gut, lache gut, mache deine Sache gut«, heißt es in einem Gedicht von Joachim Ringelnatz. Diese Worte möchte ich Ihnen ans Herz legen. Lachen Sie mehr, und haben Sie möglichst viel Spaß bei allem, was Sie tun. Freuen Sie sich daran, ein Mensch zu sein, der nicht nur im eigenen Mikrokosmos, sondern auch draußen vor der Tür etwas anstoßen kann. Sehen Sie es als Ihre Aufgabe an, das Leben mit Ihrem persönlichen Humor jeden Tag ein kleines bisschen reicher zu machen. Die Welt braucht Menschen, die dazu bereit sind.

Treffen Sie mit sich selbst eine Vereinbarung

Stellen Sie sich vor, Sie kommen nach Hause und finden eine Nachricht auf Ihrem Anrufbeantworter. Sie drücken den Wiedergabeknopf und können es nicht fassen, denn wer sich da bei Ihnen meldet, ist Ihr Selbst:

Hallo!

Ich bin es – dein Selbst. Ich rufe dich an, weil ich schon lange nichts mehr von dir gehört habe. Wahrscheinlich hast du im Moment kaum Gelegenheit, an mich zu denken. Bestimmt hast du mal wieder viel zu tun, und nichts klappt so wie es sollte. Und jetzt ruf ich auch noch an und will etwas von dir. Doch gerade weil dich dein Alltag immer so in Anspruch nimmt, muss ich dir dringend etwas sagen.

Und zwar: Du kümmerst dich gar nicht mehr um mich. Mag ja sein, dass du mich für völlig anspruchslos hältst. Aber das stimmt nicht, und deshalb dachte ich, dass es ganz klug wäre, wenn du dir mal wieder ein bisschen mehr Zeit für mich nimmst. Wir könnten plaudern, scherzen, Gefühltes und Gedachtes mal wieder gemeinsam auf den Punkt bringen – einfach eine schöne Zeit verbringen, und der Alltag wäre ganz weit weg. Nur du und ich. Das wäre schön.

Du könntest mich ansehen, so wie damals, als du nach langer Zeit endlich aus dem Krankenhaus entlassen wurdest. Oder als du deinen Liebeskummer überwunden hattest. Oder diese zermürbenden Jahre in deinem Job. Weißt du noch: Fast jeden Tag hast du gesagt: »Wenn diese Zeit durchgestanden ist, dann lebe ich – und wie!«

Damals warst du so verletzlich, und als du über den Berg warst, warst du so froh und wolltest alles anders machen. Viel mehr Zeit bewusst mit mir verbringen, mich jeden Tag umarmen und nie wieder links liegen lassen.

Und heute? Heute sitze ich hier und warte, dass du mal wieder ein nettes Wort an mich richtest. Das Mindeste wäre: »Danke, dass es dich gibt.«

Vielleicht waren Sie in der Vergangenheit auch zu sehr beschäftigt, als dass Ihnen immer bewusst gewesen wäre, wie viel doch von Ihnen selbst abhängt, Ihr Leben als gut und richtig zu erleben. Daher empfehle ich Ihnen: Schließen Sie mit sich selbst einen Vertrag. Eine Abmachung, in die Sie alles miteinschließen, um was Sie sich zukünftig verstärkt kümmern wollen, welche Prioritäten Sie in Zukunft setzen und wie, wo und wann Sie bewusster mit sich und Ihrem Leben umgehen möchten. Legen Sie auch fest, dass Sie sich fortan selbst ein guter Freund sein wollen – ein besserer vielleicht, als Sie es in letzter Zeit waren. Einer, der Sorge trägt, dass es dem anderen gut geht und der niemals müde wird, ihn vor sich selbst zu schützen.

Benutzen Sie dazu den folgenden »Freundschaftsvertrag«. Füllen Sie ihn aus, datieren und unterschreiben Sie ihn. So haben Sie etwas in der Hand, was Ihnen als persönliche Richtlinie dienen kann. Natürlich können Sie sich aufgrund einer schriftlichen Vereinbarung nicht einfach in ein neues Leben befördern. Aber Sie können sich immer dann, wenn Sie merken, dass Sie sich selbst eher wie einen Feind behandeln statt wie einen Freund, Ihre Vorsätze ins Gedächtnis zurückrufen, sie auffrischen und neu im Bewusstsein verankern. Und das schafft ein neues Lebensgefühl.

Auch ich habe daher schon vor Jahren einen solchen Freundschaftsvertrag mit mir selbst geschlossen. Ich bin zu dem Schluss gekommen, dass er mir sehr hilft, nicht mehr so leicht in alte Muster zurückzufallen und sich vom hastigen Atem des Alltags in Aktivitäten treiben zu lassen, mit denen ich mir selbst keinen Gefallen tue.

Außerdem unterstützen mich die Punkte, zu denen ich mich eigenhändig verpflichtet habe, darin, meine persönliche Situation in regelmäßigen Abständen einer Prüfung zu unterziehen. Werde ich gewahr, dass sich zu viel Negativität aufgebaut hat, kann ich eingreifen und sie zurücknehmen. Und merke ich, dass ich mich selbst mal wieder zu sehr gefordert habe, zu viel auf einmal wollte, keine Geduld und Nachsicht mit mir selbst oder den Menschen um mich herum hatte, kann ich gezielt gegensteuern.

Am besten, Sie stecken Ihren Vertrag nach dem Ausfüllen in einen Briefumschlag und legen ihn für einige Wochen zur Seite. Jedoch nicht, ohne sich zuvor im Terminkalender zu notieren, wann Sie wieder hineinschauen wollen: So kommt eines Morgens plötzlich wieder auf den Tisch, was man vor Wochen im Moment der Erkenntnis für sich selbst entwarf. Und jeder muss selbst entscheiden, inwieweit er dem entsprechen konnte und inwieweit er nachbessern möchte.

Stellen Sie fest, dass Sie an Fixpunkten vorbeigerauscht sind, die Sie mit sich vereinbart hatten, sollten Sie am gleichen Tag umdrehen und wieder zurückgehen.

Und nun gilt: Feiern Sie Ihre Vereinbarung mit sich selbst! Warum nicht mit einem Glas Sekt oder etwas ähnlich Feierlichem. Füllen Sie dazu zwei Gläser, nehmen Sie eins in die linke und eins in die rechte Hand, und stoßen Sie mit sich selbst an. Oder füllen Sie wie gewöhnlich nur ein Glas, und prosten Sie sich vor dem Spiegel zu. Die Hauptsache ist, Sie halten für einen Augenblick inne und machen die Besiegelung Ihres Freundschaftsvertrages zu einer besonderen Gelegenheit. Denn was Sie sich vorgenommen haben, soll sich ja in Ihrem Bewusstsein verankern und nicht gleich wieder vom Alltag in alle Winde zerstreut werden. Daher darf und sollte dieser Moment ruhig etwas ausgefallen und ungewöhnlich gestaltet sein. Vielleicht nehmen Sie sich sogar extra einen Tag frei, um diesen Neubeginn so richtig feiern zu können. Am besten mit den Menschen gemeinsam, die Ihnen lieb und teuer sind. Wie auch immer, lassen Sie die Gläser klingen. Ich proste Ihnen von hier aus zu und wünsche Ihnen für alles, was Sie sich nun auf die Fahnen geschrieben haben, gutes Gelingen.

Take-Care-Freundschaftsvertrag

Zwischen . . . .
(im Folgenden »ich« genannt)
und sich selbst wird folgende Vereinbarung getroffen:

§ 1 Vertragsgegenstand

(1) Im Umgang mit mir selbst möchte ich gerne verändern,
dass . . . .
. . . .
. . . .

(2) Im Umgang mit meinem Leben möchte ich gerne ver-
ändern, dass . . . .
. . . .
. . . .

(3) Ich verpflichte mich, meine Lebensträume und Ziele,
. . . .
. . . . , genauer zu
definieren und zu verfolgen, so dass ich . . . .
. . . . erreiche.

(4) Beim Umgang mit Schwierigkeiten und Konflikten
werde ich in Zukunft darauf achten, dass . . . .
. . . .

(5) Zusammen mit denen, die mir nahe stehen, möchte ich
verändern, dass . . . .
. . . .

(6) Bei Erfüllung dieses Vertrags gewinne ich . . . .
. . . .
. . . .
. . . .

(7) Die Menschen, mit denen ich meinen Vertrag bespre-
chen möchte, sind . . . .
. . . .
. . . .
. . . .

(8) Das Kennwort, um mich an die Punkte dieser Abma-
chung zu erinnern, ist . . . .
. . . .

§ 2 Schlussbestimmungen

(1) Der Vertrag tritt am . . . . in Kraft,
er kann nicht gekündigt werden.

Er sollte halbjährlich, spätestens zum 31. 12. eines jeden
Jahres, überprüft werden.

In Anschluss daran kann und sollte eine Überarbeitung und
Neuformulierung vorgenommen werden.

. . . . , den . . . .
Ort   Datum

Unterschrift . . . .

Nachwort

Vielleicht denken Sie jetzt: »Das sind aber viele Dinge, an die ich von nun an denken muss.« Vielleicht fürchten Sie auch, im Stress des Tagesgeschäftes Probleme zu bekommen, all das zu koordinieren, was Sie sich im Anschluss an die Kapitel vorgenommen haben. Lassen Sie mich Ihnen versichern, dass Sie diese Dinge nur regelmäßig Stück für Stück üben müssen, damit es in Fleisch und Blut übergeht, denn dann ist es auch im größten Stress gut lebbar.

Die Position, an der Sie jetzt stehen, lässt sich in etwa damit vergleichen, als Sie Ihre erste Fahrstunde hatten. (Alle Leser ohne Führerschein mögen den Vergleich verzeihen, doch werden Sie sicherlich über adäquate Lern- und Lebenserfahrungen verfügen.) Wissen Sie noch? Damals schien das, was Sie sich vorgenommen hatten, auch nicht einfach. Und einige von Ihnen mögen sich zum damaligen Zeitpunkt auch gesagt haben: »Ob ich das jemals hinkriegen werde: Gang einlegen, Kupplung ganz langsam kommen lassen, sanft Gas geben, ein Gefühl für die Maße des Autos entwickeln, sich in den Verkehr einfädeln, auf Hinweisschilder achten und für jene mitdenken, die mal wieder achtlos rasen, drängeln oder schlafen.«

Heute ist all das für Sie völlig selbstverständlich. Sie werden fast ein wenig Mühe haben, sich an die gemischten Gefühle Ihrer ersten Fahrstunden zu erinnern. Vielleicht ist Ihnen lediglich noch präsent, dass es Spaß gemacht hat und ein vollkommen neues Gefühl war, ein Auto zu bewegen und eigenständig durch den Verkehr zu steuern. Deshalb möchte ich Sie zum Schluss dieses Buches noch einmal beruhigen und zugleich ermuntern: Irgendwo in Ihnen, da bin ich mir sicher, haben Sie längst eine Vorstellung davon entwickelt, wie Sie sich als Mensch in Zukunft weniger selbstschädigend, sondern glücklicher, gesünder und erfolgreicher durch das Leben bewegen.

Machen Sie es sich zur Lebensaufgabe, jeden Tag ein bisschen besser mit sich selbst umzugehen als am Tag zuvor. Eine Aufgabe, die gar nicht so schwer umzusetzen ist, wie es zuerst scheint.

Und eine Aufgabe, für die es sich zu leben lohnt. In diesem Sinne: Seien Sie gut zu sich, wir brauchen Sie!

Danksagung

Sich selbst nicht schonen, immer alles geben, oftmals bis an den Rand der Überforderung – es gab eine Zeit, da habe auch ich gedacht, es gäbe nichts anderes. Damals stellte ich mir nicht die Frage, wie es besser gehen könnte. Bis ich Menschen begegnet bin, die mir vorgelebt haben, dass ein freundlicherer Umgang mit sich selbst keine Schwäche oder gar Faulheit, sondern Klugheit bedeutet, und dass ein Gang niedriger und ein »Schongang« manchmal bessere Ergebnisse bringt, als sich selbst an der falschen Stelle zu viel abzuverlangen. Bei diesen Frauen und Männern möchte ich mich zuerst bedanken. Dazu gehören persönliche Mentoren, Lebenspartner und gute Freunde, aber auch Kollegen und Mitarbeiter, die mich auf meinem bisherigen Weg ein Stück begleitet haben. Ihnen allen verdanke ich, dass ich die Idee von einem Kompendium für den besseren Umgang mit sich selbst verfolgen und umsetzen konnte.

Als nächstes möchte ich meiner Frau Alexa danken, die wie schon so oft auch diesmal meine erste Leserin war und das Manuskript mit kritischen Anmerkungen und guten Ideen bereichert hat.

Danke an Britta Kroker, der damaligen Programmleiterin im Campus Verlag, die mich zu diesem Projekt ermutigt und für eine Zusammenarbeit begeistert hat. Dass dieses Buch ein Bestseller geworden ist, der in mehrere Sprachen übersetzt wurde, zeigt, dass ihr Gespür richtig war.

Meinem Verleger Thomas Carl Schwoerer sowie der Verlagsleiterin Dr. Annette C. Anton gebührt ebenfalls Dank. Ihre Entscheidung, dieses Werk den heutigen Lebensgegebenheiten anzupassen und zu aktualisieren, habe ich sehr begrüßt.

Juliane Meyer aus dem Lektorat hat mir bei der Überarbeitung professionell und engagiert zur Seite gestanden – auch dafür bin ich dankbar.

Mein ganz spezieller Dank jedoch richtet sich an die vielen Frauen und Männern, die zu meinen Coaching-Klienten zählen oder meine Vorträge besuchen. Denn ohne sie gäbe es dieses Buch nicht. Ihre privaten oder beruflichen Veränderungswünsche sowie Ihre persönlichen Lebenssituationen und Fragen waren für mich Anlass und Motor und haben mich inspiriert. Für sie und für Sie habe ich dieses Buch geschrieben.

Horst Conen

Internet: www.conencoaching.com
E-Mail: info@conencoaching.com

Weiterführende Literatur

Birkenbihl, Vera F.: *Jeden Tag weniger ärgern. Das Anti-Ärger-Buch*. München 2002

Buzan, Tony: *Kopftraining. Anleitung zum kreativen Denken*. München 1993

Csikszentmihalyi, Mihaly: *Flow im Beruf. Das Geheimnis des Glücks am Arbeitsplatz*. Stuttgart 2004

Conen, Horst: *Schenk dir selbst ein neues Leben. Die Kunst, sich immer wieder neu zu erfinden*. Frankfurt/New York 2007

Conen, Horst: *Zeigen Sie Profil! So machen Sie Ihre Ecken und Kanten zum Plus*. München 2004

Conen, Horst: *Und ich schaffe es doch! Sich von negativen Lebensbotschaften befreien und Selbstvertrauen gewinnen*. München 2005

Conen, Horst: *Optimisten brauchen keinen Regenschirm. Das Programm für Ihre positive Zukunft*. Landsberg 1999

Conen, Horst: *Tu, was dir gefällt! Warum wir nicht länger warten sollten, so zu leben, wie wir wollen*. Und *Du Bist mehr, als Du bist!* (Doppelband) Augsburg 2009

Conen, Horst: *Happy Box. 77 Karten für ein glückliches Leben*. Bergisch-Gladbach 2010

Chopra, Deepak: *Der Jugendfaktor. Das Zehn-Stufen-Programm gegen das Altern*. München 2004

Dahlke, Ruediger: *Krankheit als Sprache der Seele. Be-Deutung und Chance der Krankheitsbilder*. München 1997

Damasio, Antonio R.: *Der Spinoza-Effekt. Wie Gefühle unser Leben bestimmen*. Berlin 2004

Doubek, Katja: *Was uns nicht umbringt, macht uns stark. Wie man eine schwierige Vergangenheit überwindet*. Reinbek 2003

LeDoux, Joseph E.: *Das Netz der Persönlichkeit. Wie unser Selbst entsteht*. Düsseldorf/Zürich 2003

Ernst, Heiko: *Psychotrends. Das Ich im 21. Jahrhundert.* München/Zürich 1998

Fuchs, Helmut; Huber, Andreas: *Die 16 Lebensmotive. Was uns wirklich antreibt.* München 2002

Fromm, Erich: *Die Kunst des Liebens.* Berlin 2005

Goleman, Daniel: *EQ2. Der Erfolgsquotient.* München 2000

Greenspan, Stanley I.; Benderly, Beryl Lieff: *Die bedrohte Intelligenz. Die Bedeutung der Emotionen für unsere geistige Entwicklung.* München 2001

Harris, Amy B.; Harris, Thomas A.: *Einmal o.k. immer o.k. Transaktionsanalyse für den Alltag.* Reinbek 2002

Hesch, Rolf-Dieter; Bosch, Gerald: *Absolut Mann. Fit bleiben und gut aussehen – die besten Strategien.* München 2003

Küstenmacher, Werner Tiki; Seiwert, Lothar J.: *Simplify your life. Einfacher und glücklicher leben.* Frankfurt/New York 2004

Lazarus, Arnold A.: *Innenbilder. Imagination in der Therapie und als Selbsthilfe.* Stuttgart 2006

Neu, Hajo: *Weniger arbeiten, mehr leben. Strategien für konsequentes Downshifting.* Frankfurt/New York 2003

Norfolk, Donald: *Denken Sie sich gesund. Sieben Schritte neuen Denkens, die Ihre Vitalität steigern.* Berlin 2004

Nuber, Ursula: *Lass die Kindheit hinter dir. Das Leben endlich selbst gestalten.* Frankfurt / New York 2010

Rogers, Carl R.: *Entwicklung der Persönlichkeit. Psychotherapie aus der Sicht eines Therapeuten.* Stuttgart 2008

Schwartz, Tony; Loehr, Jim: *Die Disziplin des Erfolgs. Von Spitzensportlern lernen, Energie richtig managen.* München 2003

Savant, Marilyn vos; Fleischer, Leonore: *Brainbuilding. Das Supertraining für Gedächtnis, Logik, Kreativität.* Reinbek 1994

Schütz, Astrid: *Psychologie des Selbstwertgefühls. Von Selbstakzeptanz bis Arroganz.* Stuttgart 2003

Seiwert, Lothar J.: *Life-Leadership. So bekommen Sie Ihr Leben in Balance.* Offenbach 2007

Selby, John: *Arbeiten ohne auszubrennen. Spirituelle Techniken für den Berufsalltag.* München 2004

Sheldrake Rupert; Fox Matthew: *Die Seele ist ein Feld. Der Dialog zwischen Wissenschaft und Spiritualität.* Bern, München, Wien 1998

Sloterdijk, Peter: *Kritik der zynischen Vernunft.* Frankfurt 2003

Sprenger, Reinhard K.: *Aufstand des Individuums. Warum wir Führung komplett neu denken müssen.* Frankfurt/New York 2004

Titze, Michael: *Die heilende Kraft des Lachens. Mit Therapeutischem Humor frühe Beschämungen heilen.* München 2007

Weeks, David J.; James, Jamie: *Exzentriker. Über das Vergnügen anders zu sein.* Reinbek 1998

Dieses Buch macht Ihren Kopf zum schönsten Ort der Welt!

Barbara Tammes
BAU DIR DEIN
LUFTSCHLOSS
Ein Grundriss fürs Glück
Aus dem
Niederländischen von
Anja Lademacher
208 Seiten
ISBN 978-3-7857-6077-2

Treten Sie ein in Ihr persönliches Luftschloss! Es ist unser persönlicher Rückzugsort, in dem wir Ruhe und Geborgenheit finden und neue Pläne schmieden können. Hier finden alle unsere Bedürfnisse und Emotionen – ob positiv oder negativ – ihren eigenen Raum. Das gibt uns die Möglichkeit, unsere Gefühle zu ordnen und sich ihnen unbefangen zu nähern. Mit viel Fantasie lernen wir, unser Leben bewusst zu führen und unsere Stärken zu schätzen. Eine wunderbare Inspirationsquelle auf dem Weg zu mehr Zufriedenheit und Glück.

»Barbara Tammes schenkt Ihnen einen wundervollen Ort, an dem Sie Ihr Leben frei gestalten können. Das Luftschloss ist dabei ein bezauberndes und tiefgründiges Hilfsmittel.«
DEEPAK CHOPRA, Autor von Schöpfung oder Zufall?

Lübbe Paperback

»Ich hatte keinen Jojo-Effekt,
ich hatte Spaß«

Bernd Stelter

Bernd Stelter
WER ABNIMMT, HAT
MEHR PLATZ IM LEBEN
232 Seiten
mit zahlreichen
Abbildungen
ISBN 978-3-404-60709-9

Lebendgewicht 130 Kilo. Bernd Stelter war auf dem besten Weg, richtig dick zu werden. Sein Lieblingsgetränk war Bratensoße, und wenn er das Handy von der linken in die rechte Hand wechseln wollte, musste er werfen.

So konnte es nicht weitergehen. Bernd verschrieb sich ein intensives Trainingsprogramm, allerdings nicht ohne Gesundheitscheck. Und landete damit in der Schwangerengruppe.

In seinem Buch verrät Bernd Stelter, wie er es dennoch geschafft hat und was einen Mann überhaupt dazu treibt, in wenigen Monaten dreißig Kilo abzuspecken. Mit vielen lustigen Geschichten über Sport, Aerobicstunden mit dreißig Frauen, furchtbar gesunde Ernährung und allerhand praktischen Tipps zum Selberausprobieren!

Bastei Lübbe Taschenbuch

*Eine Botschafterin der Stille in unserer
hektischen Welt*

Miek Pot
IN DER STILLE HÖRST
DU DICH SELBST
Meine 12 Jahre in einem
Schweigekloster
Aus dem
Niederländischen von
Waltraud Heitzer-Gores
240 Seiten
ISBN 978-3-404-60698-6

Studium, Partys, Freunde – Miek Pot lebt das pralle Leben. Überraschend entschließt sie sich nach Abschluss der Universität, mit
allen Erwartungen an sie und ihr Leben zu brechen. Angezogen
von der Aussicht auf Stille tritt sie in den Kartäuserorden ein. Fast
zwölf Jahre verbringt sie im Schweigen, einem Seinszustand, den
sie als inspirierende Versenkung und Weg zu sich selbst empfin-
det. Sie berichtet vom inneren Glück der Meditation, der sinnlichen Erfahrung der Lithurgie, der Begegnung mit dem inneren
Ich – und warum sie sich letztlich doch entschloss, in die Gesellschaft zurückzukehren.

Bastei Lübbe Taschenbuch

Was soll ich tun? Wer zahlt?
Und: Kann ich noch fahren?

Dieter Nuhr
DER ULTIMATIVE
RATGEBER FÜR ALLES
304 Seiten
mit zahlreichen
Abbildungen
ISBN 978-3-7857-6055-0

Dieses Buch ist etwas völlig Neues. Denn es macht schlau. Man liest ja kein ganzes Buch, um am Ende immer noch blöd zu sein wie ein Sack Dinkelmehl. Doch hier werden sogar elementare Fragen beantwortet: Dies ist ein Ratgeber für alle Gelegenheiten, vom Urknall bis zum Jüngsten Gericht. Dieter Nuhr gibt Ratschläge zur Reinkarnation, dem Umgang mit Alkohol, Hautcreme, dem Schöpfer, Privatfernsehen, Weinbrandbohnen und dem Leben an sich. Der Philosoph unter den Comedians mit neuen brüllend komischen Weisheiten.

»Dieter Nuhr beweist, dass Komik und Intelligenz sich nicht aus-
schließen.« BERLINER MORGENPOST

Lübbe Paperback